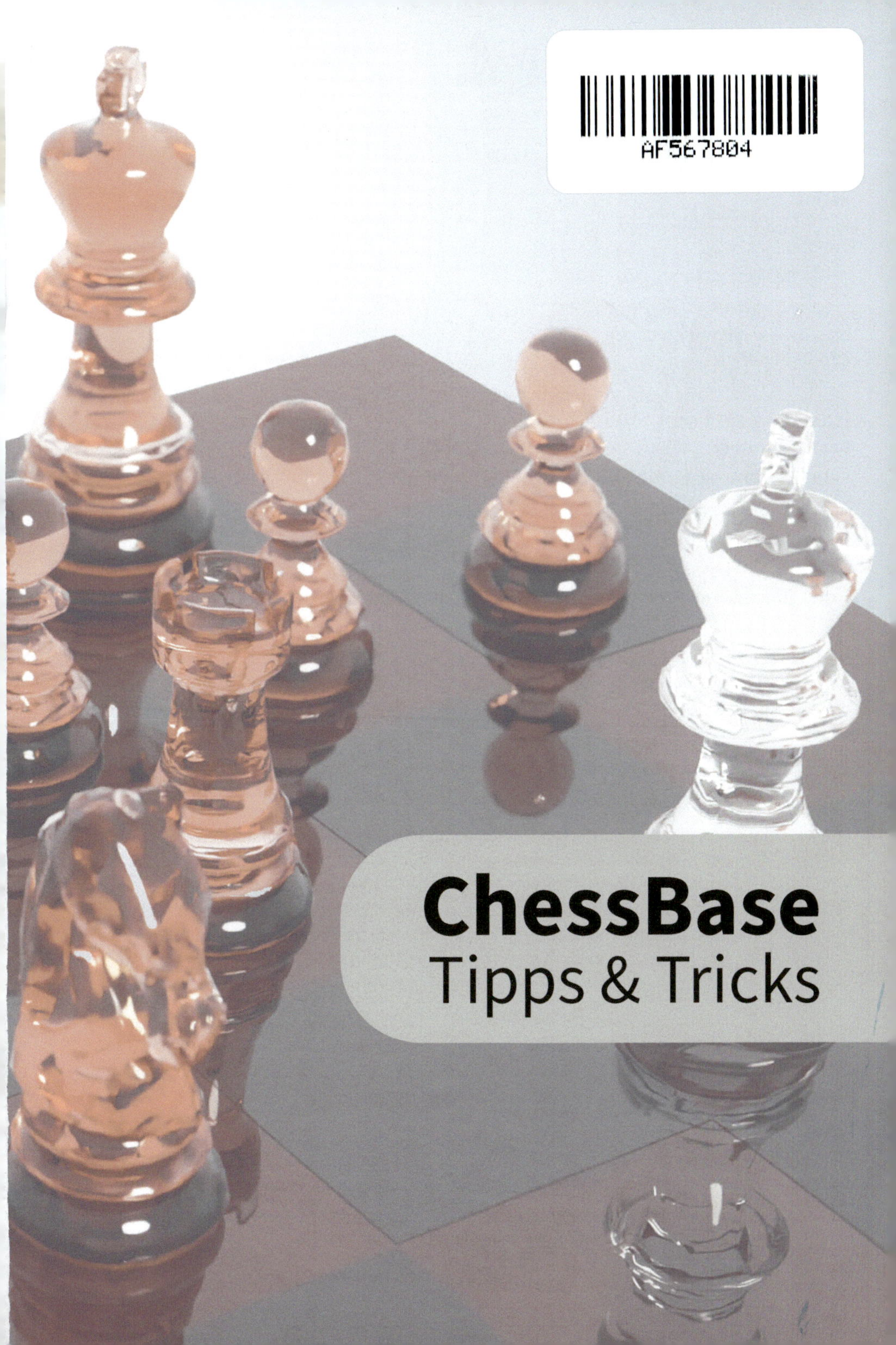
AF567804
ChessBase
Tipps & Tricks

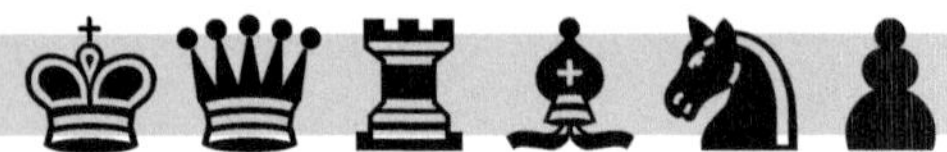

Verlag:
BILDNER Verlag GmbH
Bahnhofstraße 8
94032 Passau

http://www.bildner-verlag.de
info@bildner-verlag.de

ISBN: 978-3-8328-0605-7
Bestellnummer: 0623

Aktualisierte Ausgabe für Chessbase 17, Februar 2023

Autor: Walter Saumweber
Herausgeber: Christian Bildner

Druck: Digital Print Group, Neuwieder Straße 17, 90411 Nürnberg

Bildquellen für Cover und Inhalt:
Screenshots aus Chessbase 17 mit freundlicher Genehmigung
der Chessbase GmbH

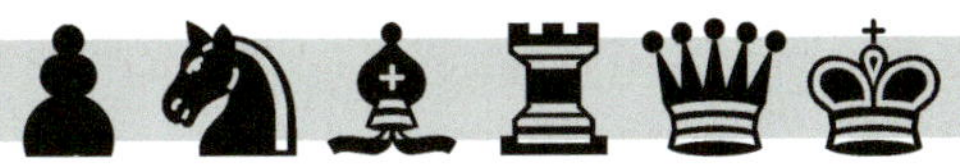

Vorwort

ChessBase gibt es seit 1987 und es ist weltweit »das« Schach(datenbank)programm schlechthin. Zum einen ist es ist zwar korrekt, die Software so zu bezeichnen, es sagt aber bei Weitem nicht alles über den Umfang und vor allem über den Nutzen dieses Programms aus. Sie können sich mit ChessBase zum Beispiel auch perfekt auf Ihre nächsten Schachgegner vorbereiten oder neue Eröffnungen lernen, und darüber hinaus kann ChessBase Ihnen dabei helfen, Ihre taktischen Fähigkeiten und ganz allgemein Ihre Spielstärke zu verbessern. Dafür können Sie direkt im Programm nicht nur auf eine Vielzahl von integrierten Funktionen zugreifen, sondern auch auf solche Features, die ChessBase online zur Verfügung stellt. Wie Sie sich denken können, ist ChessBase daher – wie jede leistungsstarke Software – entsprechend komplex, und genau hier setzt das vorliegende Buch an. Es richtet sich vornehmlich an folgende Lesergruppen:

- Schachspieler, die sich mit ChessBase oder speziell mit den neuen Funktionen noch nicht so gut auskennen und sich auf dem schnellsten Weg in die Bedienung einarbeiten wollen.
- Schachspieler, die ChessBase zwar schon länger verwenden, aber dennoch verschiedene spezielle Funktionen und Features noch nicht kennen oder nicht genau wissen, wie man sie anwendet.

Zu welcher Gruppe Sie sich selbst zählen, bleibt natürlich Ihrer persönlichen Einschätzung überlassen. Hilfreich kann Ihnen das Buch auf jeden Fall sein, wenn Sie den Ehrgeiz haben, den bestmöglichen Nutzen aus ChessBase zu ziehen.

Das Tipps-und-Tricks-Format haben wir ganz bewusst gewählt. Es erlaubt uns und auch Ihnen als Leser eine sinnvolle Themenauswahl. Das heißt, Sie brauchen das Buch nicht von Anfang bis zum Ende durchzulesen, sondern Sie können sich erst einmal das herauspicken, was Sie am meisten interessiert. Allerdings empfehlen wir Ihnen, innerhalb eines Tipps immer ganz bis zum Ende zu lesen, bevor Sie die darin gezeigten Methoden praktisch umsetzen, da mögliche Alternativen zu Hauptmethoden, wichtige Zusatzinformationen oder Dinge, auf die Sie besonders achten sollten, oft erst am Schluss eines Tipps beschrieben sind.

Wir haben versucht, das Wichtigste und das Interessanteste für Sie auszuwählen. Entsprechend der oben genannten Zielgruppen wurde der Fokus dabei unter anderem auf folgende Aspekte gelegt:

- Etwas ist so wichtig, dass man es unbedingt kennen muss, um mit ChessBase zu arbeiten.
- Ein Feature/eine Funktion gehört zu den »Highlights« von ChessBase.
- Ein Feature/eine Funktion ist zwar grundlegend, sie bedarf jedoch einiger zusätzlicher Informationen, um sie in vollem Umfang nutzen zu können.
- Über ein erklärungsbedürftiges Feature/eine erklärungsbedürftige Funktion gibt es an anderen Stellen – zum Beispiel im Internet – keine oder nur sehr wenig Informationen oder die Informationen sind nicht mehr aktuell.
- Ein spezielles Feature/eine spezielle Funktion ist wenig bekannt oder sie wird erfahrungsgemäß nur selten genutzt, obwohl sie für den Anwender sehr nützlich sein kann.

Die Tipps in diesem Buch erfüllen jeweils eine oder mehrere dieser Kriterien, sodass sich die Auswahl mit den Attributen grundlegend, sehr wichtig, speziell, kompliziert, besonders effizient und sehr nützlich charakterisieren lässt. Während wir bei der Auswahl der Tipps selektiv vorgegangen sind, haben wir uns bemüht, die behandelten Themen so vollständig und so verständlich wie möglich darzustellen, sodass beim Lesen keine Fragen offen bleiben. Das gilt vor allem auch für solche ChessBase-Funktionen, die etwas komplizierter anzuwenden sind als andere.

Besonders danken möchten wir Herrn Rainer Woisin und Herrn Matthias Müller von der Firma ChessBase, die uns bei der Arbeit am Buch unterstützt haben. Unseren Lesern wünschen wir viel Spaß und viel Erfolg bei der Lektüre dieses Buches.

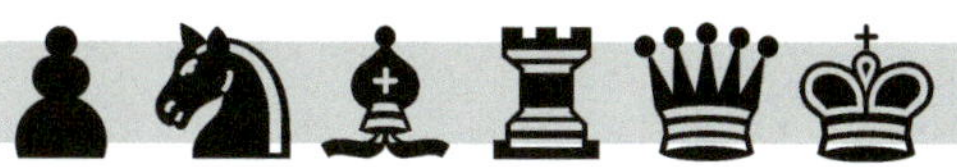

Inhaltsverzeichnis

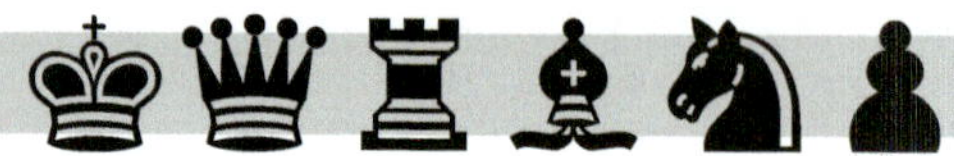

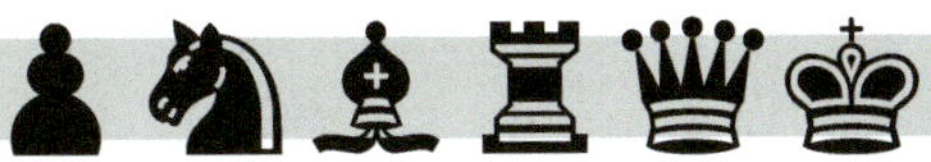

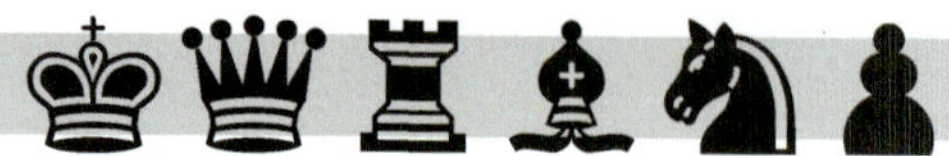

1 Grundlegende Bedienung

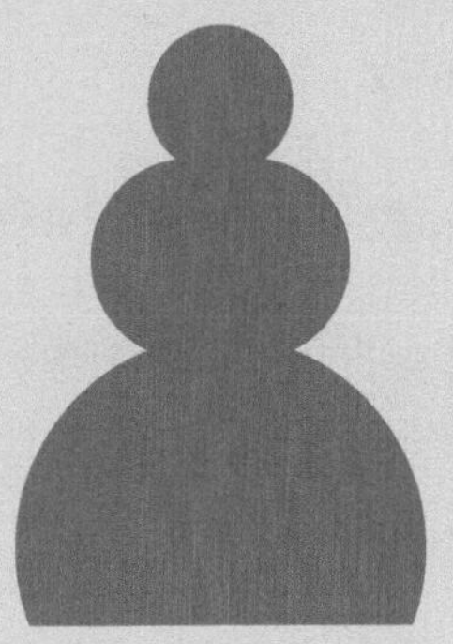

In diesem Kapitel geht es einmal um die Bedienelemente von ChessBase sowie um die wichtigsten Einstellungen. Sie erfahren, wie Sie Ihre Umgebung Ihren Wünschen entsprechend einrichten können.

Paul Morphy – Herzog Karl von Braunschweig und Comte Isoard de Vauvenargue, Paris 1858

Anstatt der Oper zu lauschen, trafen sich in einer Loge der Pariser Oper drei Männer zum Schachspiel. Dieses Spiel dient heute noch als Lehrstück für schnelle Figurenentwicklung und zeigt die Überlegenheit des amerikanischen Schachmeisters Morphy, der fast alle der gegnerischen Züge erzwang. Er kontrollierte die Partie gegen den Herzog von Braunschweig und den französischen Graf Isoard, die sich beratend, gemeinsam mit Schwarz antraten.

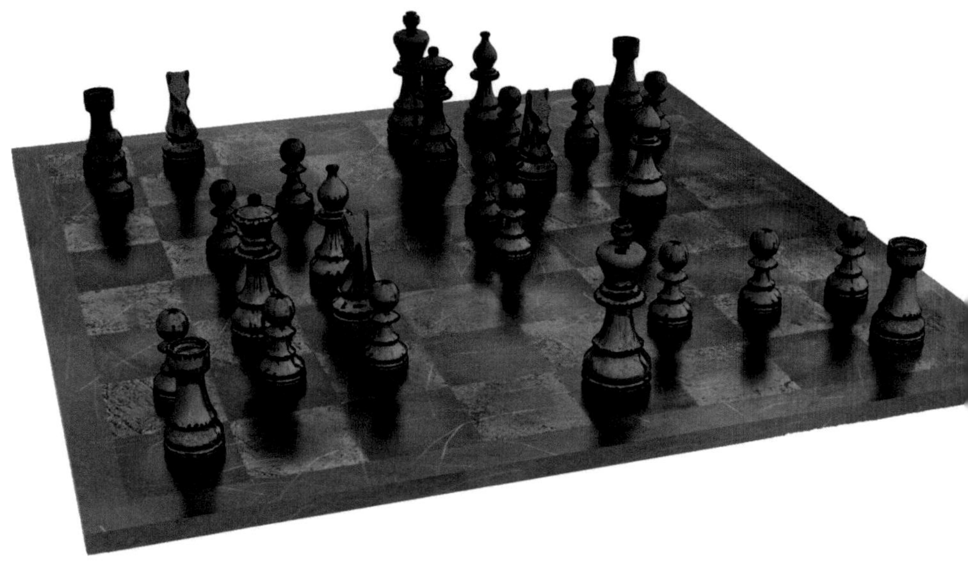

1.1 Funktionsleiste minimieren/erweitern

Fast alle Befehle und Funktionen von ChessBase finden Sie jeweils in der oberen Funktionsleiste. So eine Funktionsleiste gibt es sowohl im Hauptfenster von ChessBase (Datenbankfenster) als auch im Brettfenster, allerdings mit unterschiedlichen, dem Kontext angepassten Registerkarten und darauf befindlichen Befehlen/Optionen. Die Funktionsleiste ist in ChessBase gewissermaßen das, was das Menüband in Office-Programmen darstellt.

Wenn Sie mehr Platz für den Hauptbereich zur Verfügung haben wollen, können Sie die Funktionsleiste minimieren. Im minimierten Zustand sind nur die Registerreiter, also die Namen der Registerkarten, zu sehen. Um eine Funktionsleiste zu minimieren, klicken Sie darin mit der rechten Maustaste auf eine beliebige Stelle und anschließend im erscheinenden Kontextmenü mit der linken Maustaste auf ***Funktionsleiste minimieren*** 1.

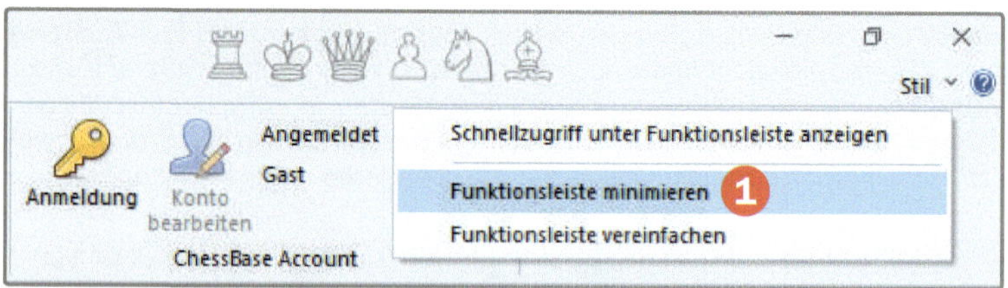

Funktionsleiste des Datenbankfensters, rechte Seite

Um eine Registerkarte einer minimierten Funktionsleiste temporär anzuzeigen, klicken Sie einfach auf deren Namen. Nach Auswahl des gewünschten Befehls verschwindet die Registerkarte automatisch wieder.

Wenn Sie eine minimierte Funktionsleiste später wieder vollständig anzeigen wollen, klicken Sie wiederum mit der rechten Maustaste auf den noch sichtbaren Teil – zum Beispiel auf einen der Registernamen – und klicken dann mit der linken Maustaste erneut auf ***Funktionsleiste minimieren*** (im minimierten Zustand steht vor diesem Befehl ein Häkchen).

Neu in ChessBase 17 ist die Option ***Funktionsleiste vereinfachen*** ❷ im Kontextmenü der Funktionsleiste. Die Registerkarten bleiben eingeblendet, die Symbole darauf sind jedoch deutlich kleiner und ohne Beschriftung. QuickInfos stehen aber nach wie vor zur Verfügung – halten Sie einfach die Maus über ein Symbol, um dessen Beschreibung anzuzeigen. Wenn die Vereinfachung der Funktionsleiste aktiviert ist, erkennen Sie das im Kontextmenü ebenfalls an dem Häkchen vor dem Befehl. Klicken Sie gegebenenfalls erneut darauf, um den alten Zustand (Funktionsleiste in voller Größe) wiederherzustellen.

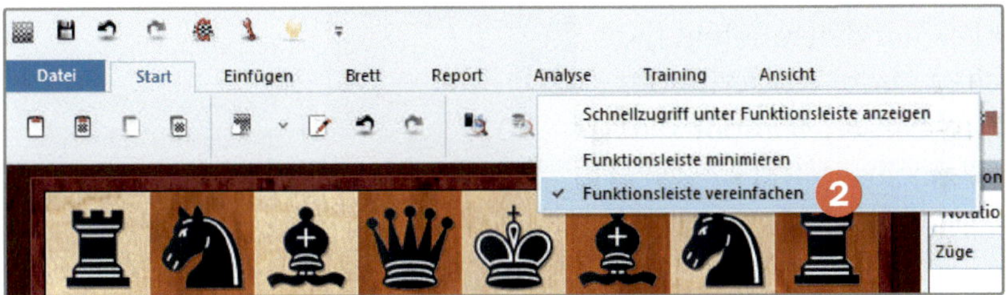

Vereinfachte Funktionsleiste im Brettfenster

1.2 Schnellzugriff anpassen

Links oben im Datenbankfenster und auch in anderen Fenstern (Brettfenster, Partienlistenfenster) befindet sich eine kleine Symbolleiste, der sogenannte Schnellzugriff. Dieser ist zunächst nur mit wenigen Symbolen bestückt, von denen anzunehmen ist, dass die meisten Anwender die Befehle/Funktionen, die sie repräsentieren, häufig benötigen. Wenn Sie gerne mit dem Schnellzugriff arbeiten, können Sie diese Symbolleiste nach Belieben erweitern oder Symbole, die Sie nicht benötigen, daraus entfernen.

Einige gängige Befehle bietet der Schellzugriff direkt in einem Menü an, das sich öffnet, wenn Sie auf das äußerste rechte Symbol mit der nach unten gerichteten Pfeilspitze klicken (wenn Sie die Maus darüber halten, erscheint die QuickInfo ***Schnellzugriff anpassen***). Die folgende Abbildung zeigt dieses Menü im Brettfenster. Die Befehle, die mit einem

Häkchen versehen sind, befinden sich bereits in der Schnellzugriff-Symbolleiste.

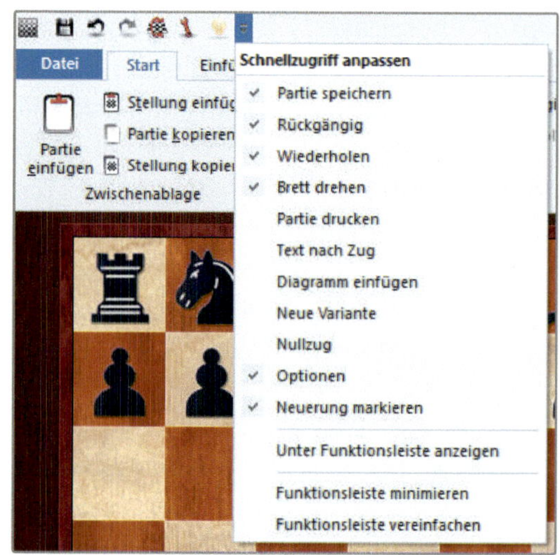

*Schnellzugriff-Symbolleiste mit geöffnetem Menü **Schnellzugriff anpassen** im Brettfenster*

Klicken Sie im geöffneten Menü ***Schnellzugriff anpassen*** auf einen Befehl ohne Häkchen, dann wird das entsprechende Symbol im Schnellzugriff hinzugefügt. Ein Klick auf einen Befehl mit Häkchen davor entfernt das entsprechende Symbol aus dem Schnellzugriff.

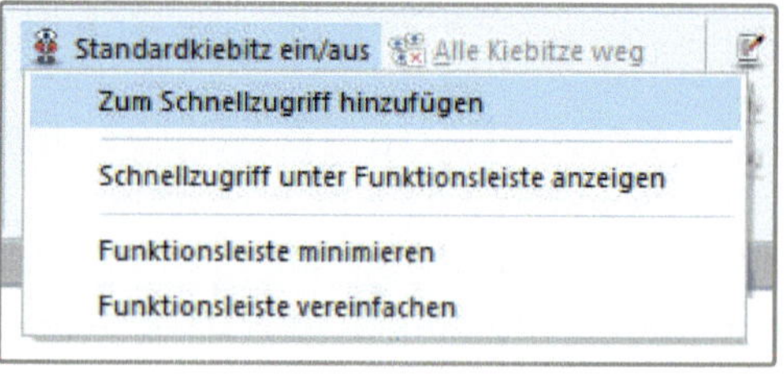

Um Befehle/Optionen, die ChessBase nicht im Menü ***Schnellzugriff anpassen*** anbietet, im Schnellzugriff hinzuzufügen, suchen Sie den Befehl beziehungsweise die entsprechende Symbolschaltfläche in der Funktionsleiste auf und klicken mit der rechten Maustaste darauf. Wählen Sie im erscheinenden Kontextmenü den Befehl ***Zum Schnellzugriff hinzufügen***.

Der gleiche Befehl ist nicht nur direkt in der Funktionsleiste, sondern auch im ***Datei***-Menü verfügbar, wie die folgende Abbildung für das Datenbankfenster zeigt.

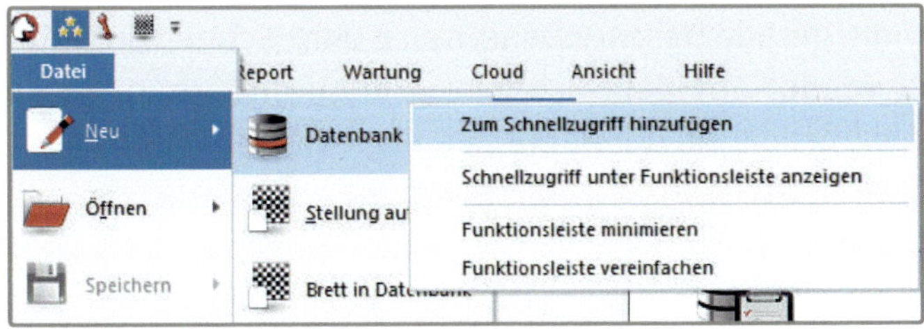

*Der Kontextmenübefehl **Zum Schnellzugriff hinzufügen** fügt dem Schnellzugriff hier ein Symbol zum Anlegen einer neuen Datenbank hinzu.*

Übrigens könnte man den Rechtsklick auch direkt auf ***Datei/Neu*** ausführen, ohne das Untermenü zu öffnen, um das Symbol zum Anlegen einer neuen Datenbank im Schnellzugriff hinzuzufügen. ChessBase nimmt in diesem Fall bei Ausführung von ***Zum Schnellzugriff hinzufügen*** immer den Standardbefehl, das ist jeweils der erste Befehl des Untermenüs (hier ***Datei/Neu/Datenbank***).

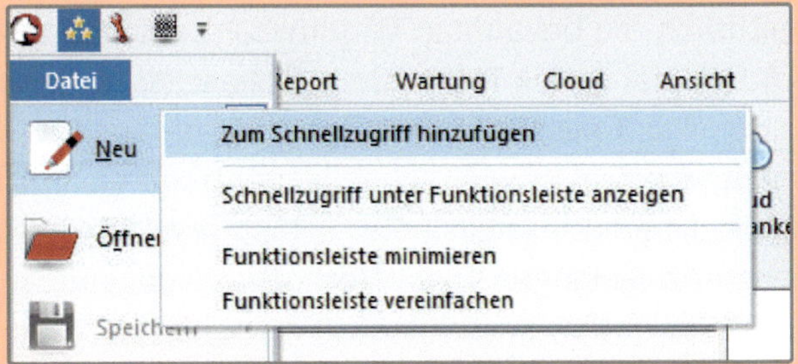

Möchten Sie dagegen beispielsweise das Symbol ***Neue Stellung aufbauen*** im Schnellzugriff hinzufügen, müssen Sie im Untermenü zu ***Datei/Neu*** direkt auf ***Stellung aufbauen*** rechtsklicken und in diesem Kontextmenü ***Zum Schnellzugriff hinzufügen*** auswählen.

Um ein auf die gerade beschriebene Weise dem Schnellzugriff hinzugefügtes Symbol wieder aus dem Schnellzugriff zu entfernen, klicken Sie das Symbol im Schnellzugriff mit der rechten Maustaste an und wählen im Kontextmenü ***Aus Schnellzugriff entfernen***.

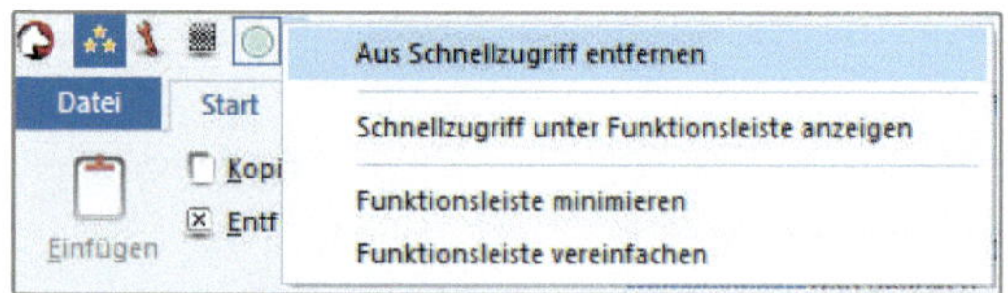

1.3 Zwischen mehreren geöffneten ChessBase-Fenstern wechseln

Um zwischen verschiedenen ChessBase-Anwendungsfenstern (zum Beispiel Datenbankfenster plus mehrere geöffnete Brettfenster) zu wechseln, können Sie natürlich die bekannten Windows-Funktionen nutzen. Sie klicken also zum Beispiel in der Taskleiste auf die entsprechenden Symbole oder drücken ***Alt***+***Tab***. ChessBase bietet darüber hinaus einen programmeigenen Shortcut, mit dem es noch schneller geht: Halten Sie die ***Strg***-Taste gedrückt und drücken Sie zusätzlich die ***F6***-Taste, um zum jeweils nächsten ChessBase-Fenster zu gelangen. Diese Methode hat gegenüber ***Alt***+***Tab*** den Vorteil, dass die Navigation ausschließlich zwischen geöffneten ChessBase-Anwendungsfenstern und nicht zwischen allen in Windows geöffneten Fenstern erfolgt.

1.4 Direktliste einblenden

Die Direktliste im Datenbankfenster ist sehr praktisch. Wenn Sie im Datenbankbereich eine Datenbank selektieren, listet sie die enthaltenen Partien auf. Abhängig davon, was Sie gerade tun wollen, kann die Direktliste somit ein Partienlistenfenster ersetzen, sodass Sie die Datenbank eventuell gar nicht zu öffnen brauchen.

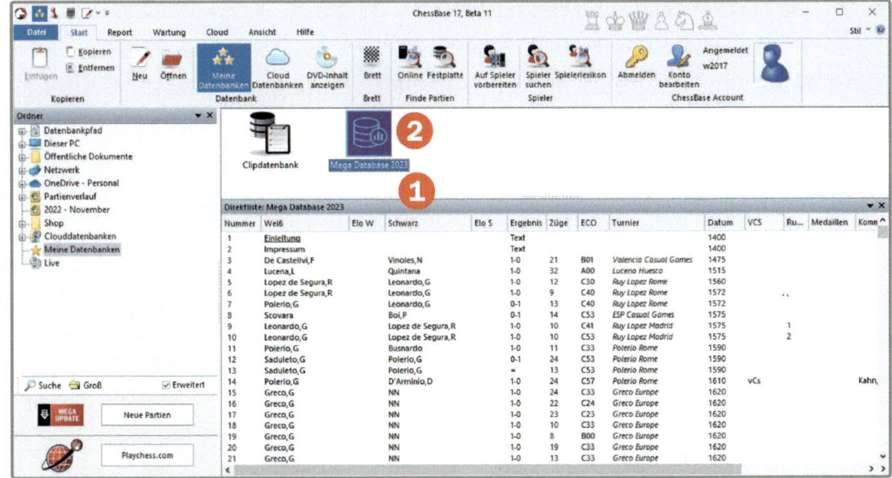

Die Direktliste **1** *zeigt die Partien der im Datenbankbereich selektierten Mega Database* **2**.

Sie können in der Direktliste zum Beispiel wie in einem Partienlistenfenster die Anzeige der Partien per Klick auf einen Spaltentitel neu sortieren. Klicken Sie zum Beispiel einmal auf den Spaltentitel ***Datum***, um die neuesten Partien zuerst anzuzeigen. Jeder weitere Klick auf den Spaltentitel kehrt die Sortierreihenfolge um. Ebenso wie in einem Partienlistenfenster öffnet ein Doppelklick auf eine Partie diese in einem Brettfenster.

Falls die Direktliste nicht angezeigt wird, können Sie sie einblenden, indem Sie auf der Registerkarte ***Ansicht*** das entsprechende Kontrollkästchen aktivieren **3**.

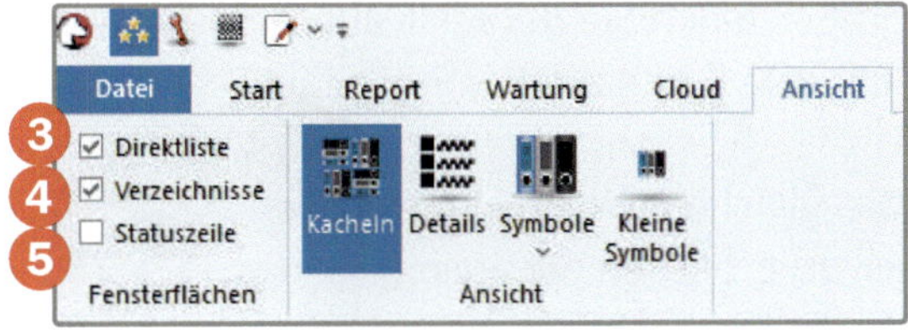

Mit dem Kontrollkästchen neben ***Verzeichnisse*** **4** blenden Sie den Datenbankexplorer aus und ein. Wenn das Kontrollkästchen neben ***Statuszeile*** aktiviert ist **5**, erscheint am unteren Rand des Datenbankfensters eine Statuszeile mit kontextabhängigen Informationen. Ist im Datenbankexplorer zum Beispiel ein physischer Ordner selektiert, sehen Sie in der Statuszeile dessen Pfad.

1.5 Größe der Datenbanksymbole anpassen

Wenn Ihnen die Datenbanksymbole im Datenbankbereich zu groß oder zu klein sind, können Sie dies wunschgemäß ändern. Die für Sie passende Anzeigegröße können Sie auf der Registerkarte ***Ansicht*** in der gleichnamigen Gruppe auswählen.

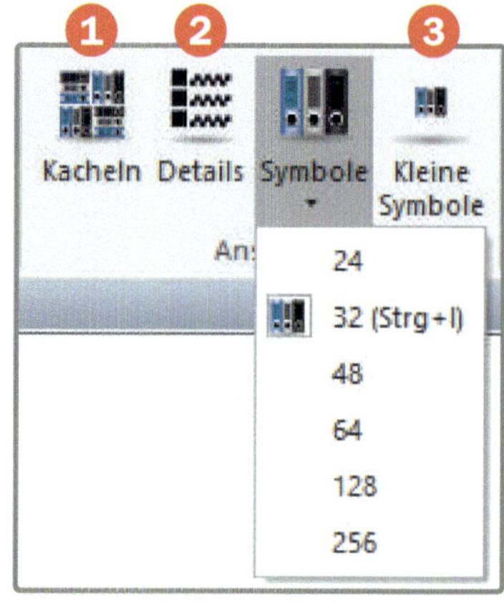

Kacheln ❶ zeigt mittelgroße Kacheln mit ein paar zusätzlichen Infos wie die Anzahl der enthaltenen Partien. Klicken Sie dagegen auf die Symbolschaltfläche ***Details*** ❷, wenn Sie die Datenbanken zeilenweise mit noch mehr Informationen anzeigen wollen (alternativ können Sie die Detailgröße für Datenbanksymbole auch durch Drücken von ***Strg***+***D*** einstellen; beachten Sie jedoch, dass sich der Cursor im Datenbankbereich befinden muss, wenn Sie die Tastenkombination drücken). Ein Klick auf die untere Hälfte der Schaltfläche ***Symbole*** öffnet das Menü, das Sie in der obigen Abbildung sehen. Hier können Sie unter mehreren Kachelgrößen – allerdings ohne zusätzliche Infos – auswählen. Die Größe 32 lässt sich auch durch Drücken der Tastenkombination ***Strg***+***I*** einstellen. Die kleinstmögliche Kachelgröße stellen Sie per Klick auf ***Kleine Symbole*** ❸ dar. Probieren Sie einfach aus, was Ihnen am besten gefällt.

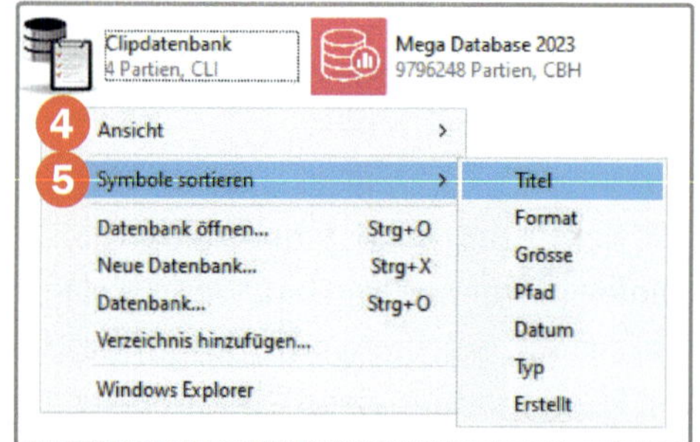

Die gleichen Einstellungsmöglichkeiten erreichen Sie auch über das Kontextmenü. Klicken Sie mit der rechten Maustaste im Datenbankbereich auf eine freie Stelle, um es zu öffnen. Klicken Sie dann ganz oben im Kontextmenü auf ***Ansicht*** ❹ und wählen Sie im Untermenü die gewünschte Größe aus.

Über den Kontextmenübefehl ***Symbole sortieren*** ❺ können Sie die Datenbanksymbole im Datenbankbereich wahlweise nach Datenbanktitel, Datenbankformat, Datenbankgröße, Datenbankpfad, Datum der letzten Änderung, Datenbanktyp oder Erstelldatum sortieren.

1.6 Fensterflächen anordnen

Sie können die in einem ChessBase-Anwendungsfenster (Datenbankfenster sowie Brettfenster) integrierten Fensterflächen nach Ihren Vorstellungen neu anordnen, indem Sie sie an der Titelleiste anfassen und mit der Maus an die gewünschte Stelle ziehen. »Anfassen« heißt, die Titelleiste mit der linken Maustaste anklicken und beim Ziehen die Maustaste gedrückt halten.

Während des Ziehens erscheint ein Führungssymbol ❶. Um das Fenster an einem der Ränder anzudocken, führen Sie den Mauszeiger auf einen der Pfeilschalter, wobei Sie die Maustaste gedrückt lassen. Der Bereich, den das Fenster einnehmen wird, erscheint dann in hellblauer Farbe.

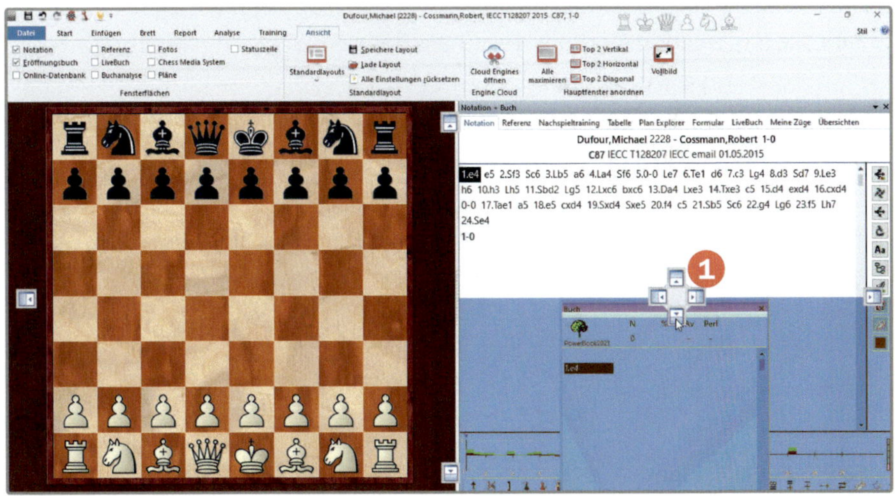

Bewegen Sie den Mauszeiger auf einen der Pfeilschalter des Führungssymbols, um die Fensterfläche an dem entsprechenden Rand anzudocken.

Wenn Sie die Maustaste nun loslassen, wird die Fensterfläche an dem gewählten Rand verankert; in der folgenden Abbildung das Buchfenster am unteren Rand des Brettfensters ❷.

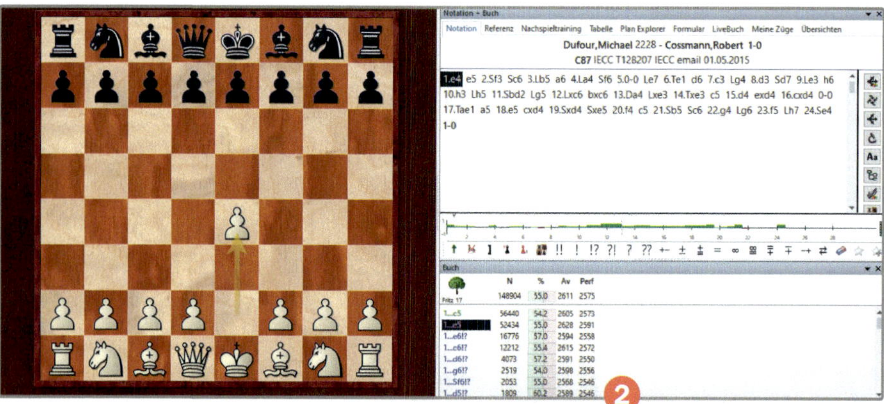

Möchten Sie eine Fensterfläche aus der Verankerung lösen, fassen Sie sie wiederum an der Titelleiste an und ziehen sie einfach ein Stück in eine beliebige Richtung (jedoch nicht auf das Führungssymbol mit den Pfeilschaltern), bevor Sie die Maustaste loslassen. Danach können Sie das Fenster frei positionieren, auch außerhalb des ChessBase-Anwendungsfensters.

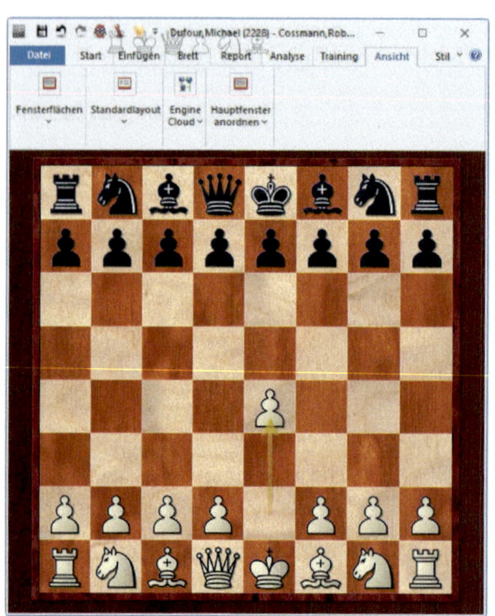

Eine losgelöste, das heißt unverankerte, Fensterfläche (hier die Notationsfläche) erscheint in einem eigenen Fenster.

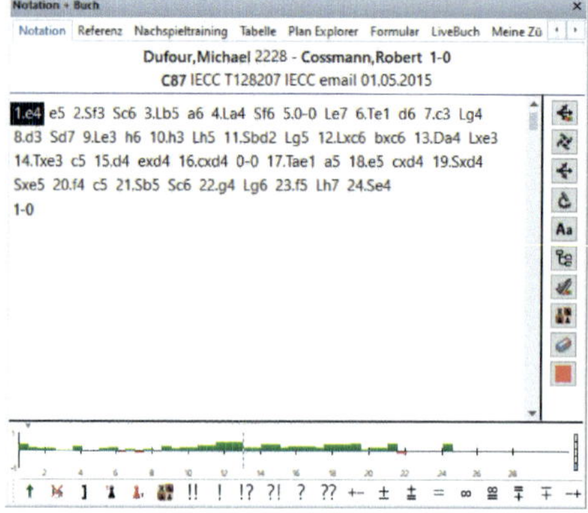

1.7 ChessBase-Optionen aufrufen

Die wichtigsten Einstellungen für Ihr ChessBase-Programm können Sie in einem Dialogfeld namens ***Optionen*** vornehmen. Um es aufzurufen, klicken Sie links oben im Datenbankfenster auf ***Datei*** und anschließend ganz unten im aufklappenden Menü auf ***Optionen*** ❶.

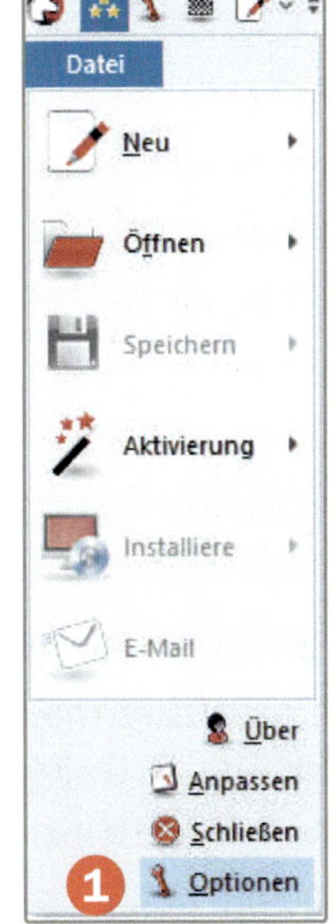

Mit der gleichen Menüfolge ***Datei/Optionen*** können Sie das ***Optionen***-Dialogfeld auch aus dem Brettfenster heraus aufrufen.

Das in der QuickInfo angegebene Tastaturkürzel *Strg*+*N*+*O* funktioniert nicht auf jedem Computer, da es manchmal von anderen Programmen belegt ist.

Wie Sie in den ChessBase-Optionen die Sprache einstellen, erfahren Sie im nächsten Tipp. Auf weitere Einstellungsmöglichkeiten werden wir später an verschiedenen Stellen noch zu sprechen kommen.

Aufruf des Optionen-Dialogfelds im Datenbankfenster

1.8 Die Sprache für die Benutzeroberfläche einstellen

Möglicherweise erscheint Ihre Benutzeroberfläche nach der Installation in englischer Sprache. Um die deutsche Sprache einzustellen, rufen Sie wie im vorherigen Tipp beschrieben die ChessBase-Optionen auf. Selektieren Sie im linken Bereich des Dialogfelds die Kategorie ***Sprache*** ❶ und stellen Sie dann im rechten Bereich als erste Sprache ***Deutsch*** (oder eine andere Sprache Ihrer Wahl) ein ❷.

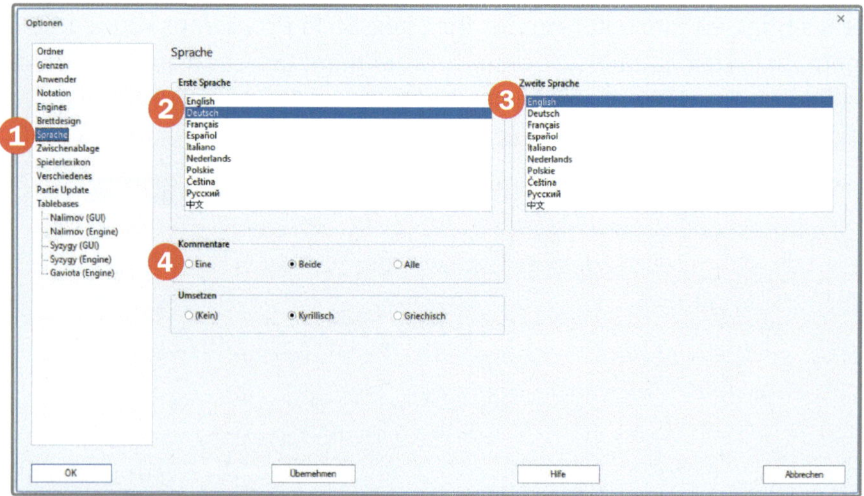

Die zweite Sprache ❸ bezieht sich auf Textkommentare in einer Partie. Da ChessBase mehrsprachige Kommentare unterstützt, können Sie hier einstellen, in welcher zweiten Sprache die Kommentare – falls vorhanden – erscheinen. Mit der Auswahl ***Eine***, ***Beide*** oder ***Alle*** ❹ regeln Sie, ob nur Ihre erste, beide oder gegebenenfalls alle Sprachen angezeigt werden sollen, falls eine Partie in mehreren Sprachen kommentiert ist.

1.9 Befehle/Funktionen per Rechtsklick ausführen

Viele Features lassen sich in ChessBase über einen Klick mit der rechten Maustaste aufrufen. Die angezeigten Kontextmenüs sind situationsbezogen, das heißt, sie enthalten genau diejenigen Optionen, die im aktuellen Kontext sinnvoll sind. Somit kommen Sie mit einem Rechtsklick oft schneller zum Ziel als über Menüeinträge. Denken Sie also bei der Arbeit in ChessBase immer an diese Möglichkeit.

Manche Optionen sind sogar ausschließlich über Kontextmenüs erreichbar. Um zum Beispiel in den Brettfenstern die Darstellung des Schachbretts anzupassen, klicken Sie an einer beliebigen Stelle mit der rechten Maustaste darauf und wählen ganz unten im Kontextmenü den Menüpunkt ***Brettdesign***. Dieser öffnet ein gleichnamiges Dialogfeld, in dem Sie die gewünschten Anpassungen vornehmen können.

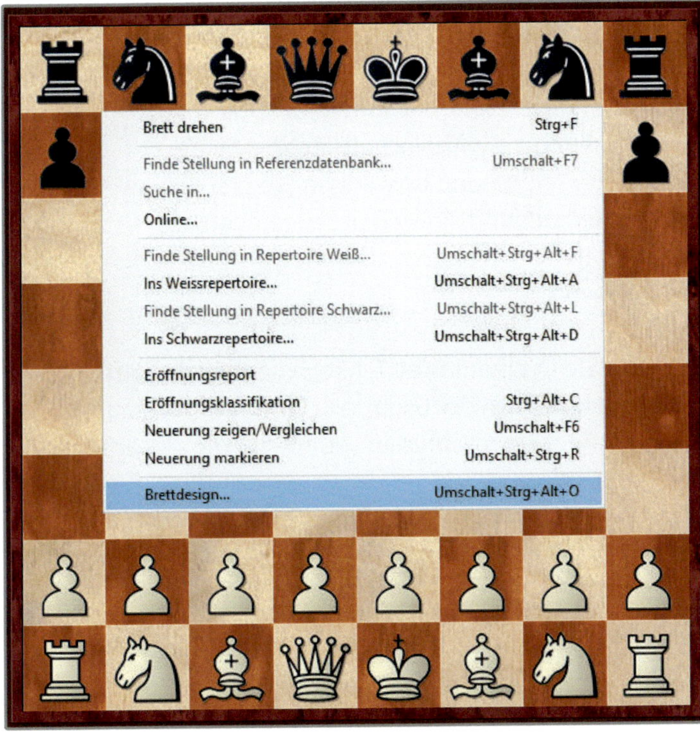

Kontextbezogene Menüs können praktisch an jeder Stelle per Rechtsklick aufgerufen werden. Sie stellen in ChessBase ein wichtiges Bedienelement dar (die im Bild ausgegrauten Optionen sind momentan nicht verfügbar, weil sich auf dem Brett noch die Ausgangsstellung befindet).

1.10 ChessBase-Einstellungen zurücksetzen

Bei Bedarf können Sie Ihre ChessBase-Einstellungen jederzeit wieder auf den Ausgangszustand zurücksetzen. Die entsprechende Option gibt es sowohl im Datenbankfenster als auch im Brettfenster.

Klicken Sie im Datenbankfenster auf den Registerreiter ***Wartung***, um diese Registerkarte anzuzeigen. Klicken Sie am rechten Ende der Registerkarte ***Wartung*** in der Gruppe ***Programmwartung*** auf die Symbolschaltfläche ***Alle Einstellungen rücksetzen*** ❶ und bestätigen Sie erscheinende Meldungsfenster und eine eventuelle Rückfrage der Benutzerkontensteuerung von Windows mit ***OK*** beziehungsweise mit ***Ja***.

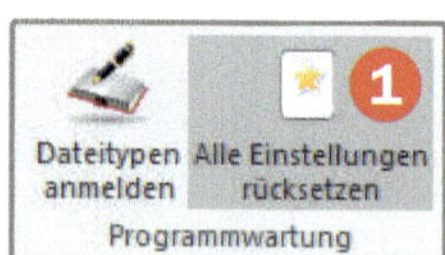

Alternativ holen Sie in einem Brettfenster die Registerkarte ***Ansicht*** in den Vordergrund und klicken in der Gruppe ***Standardlayout*** auf ***Alle Einstellungen rücksetzen*** ❷. Danach müssen ebenfalls die genannten Rückfragen bestätigt werden.

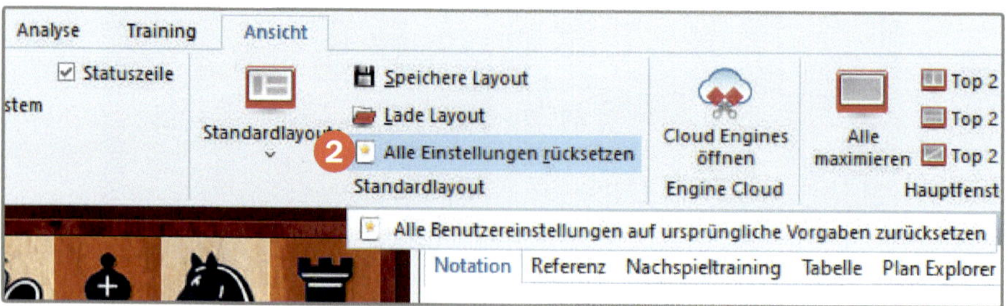

Ein Brettfenster können Sie öffnen, indem Sie ***Strg+N*** drücken oder im Datenbankfenster auf der Registerkarte ***Start*** auf das Brettsymbol klicken.

Mit dem Befehl ***Alle Einstellungen rücksetzen*** setzen Sie unter anderem alle Einstellungen des Dialogfelds ***Optionen***, das sowohl im Datenbankfens-

ter als auch im Brettfenster über die ***Datei***-Schaltfläche aufgerufen werden kann (siehe 1.7, »ChessBase-Optionen aufrufen«), wieder auf die ursprünglichen Werte zurück. Ob diese Aktion über die Schaltfläche im Datenbankfenster oder über die nämliche Schaltfläche im Brettfenster ausgeführt wird, spielt keine Rolle – das Ergebnis ist das gleiche.

1.11 Standardlayout wiederherstellen

Wenn Sie für die Brettfenster das ursprüngliche Fensterlayout wiederherstellen möchten, klicken Sie in einem geöffneten Brettfenster, ebenfalls in der Gruppe ***Standardlayout*** der Registerkarte ***Ansicht***, auf die obere Hälfte der Symbolschaltfläche ***Standardlayouts*** ❶.

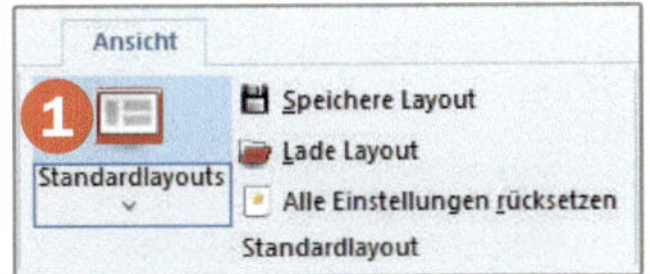

Vor allem diese Möglichkeit sollten Sie immer im Auge behalten. So können Sie im Brettfenster ohne Bedenken nach Lust und Laune »herumprobieren«, um zu sehen, welche Fensteranordnung Ihnen am besten gefällt. Falls dabei einmal alles durcheinandergeraten sollte, stellen Sie das ursprüngliche Layout einfach mit einem Mausklick wieder her.

1.12 Fensterlayout speichern und wiederverwenden

Im Brettfenster gibt es viele Möglichkeiten, die Darstellung den eigenen Wünschen anzupassen. Sie können zum Beispiel das Schachbrett durch Ziehen mit der Maus vergrößern oder verkleinern oder durch Aktivieren der Kontrollkästchen in der Gruppe ***Fensterflächen*** der Registerkarte ***Ansicht*** weitere Bereiche (ein extra Buchfenster, ein Suchfenster für die Online-Datenbank, ein Fenster für Trainingsvideos usw.) einblenden und diese wie in 1.6, »Fensterflächen anordnen«, beschrieben nach Belieben platzieren.

Wenn Ihnen das aktuelle Layout im Brettfenster besonders zusagt, können Sie es in einer Datei speichern, um es bei Bedarf wiederzuverwenden:

1 Klicken Sie dazu in der Gruppe ***Standardlayout*** der Registerkarte ***Ansicht*** auf die Symbolschaltfläche ***Speichere Layout*** ❶.

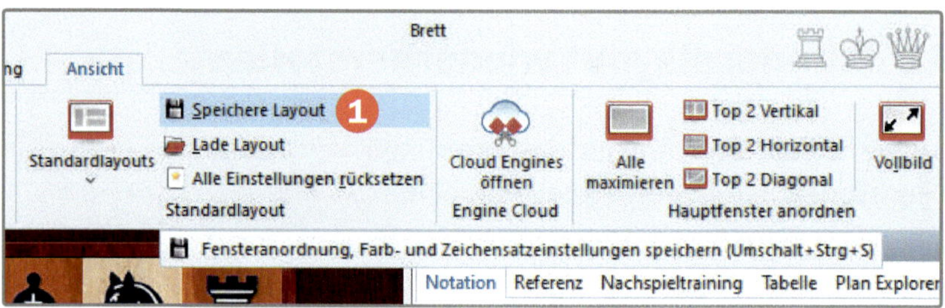

2 Es erscheint das Dialogfeld ***Layout speichern***. ChessBase schlägt als Speicherort für die Layout-Datei den Ordner ***Dokumente\ChessBase\NoGames\CB17Layout*** im Windows-Benutzerverzeichnis vor, Sie können die Datei aber auch an jedem anderen Ort speichern.

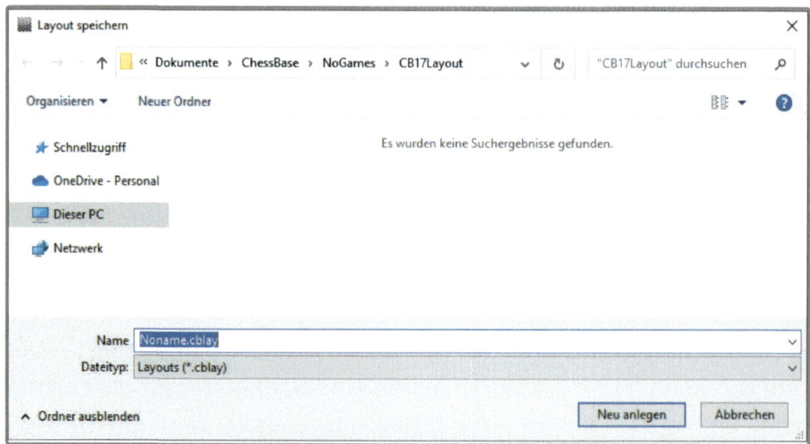

3 Überschreiben Sie gegebenenfalls den vorgeschlagenen Dateinamen. Nennen Sie die Layout-Datei zum Beispiel ***MeinLayout*** (die Dateierweiterung ***.cblay*** brauchen Sie im Feld ***Dateiname*** nicht mit anzugeben).

4 Klicken Sie im Dialogfeld ***Layout speichern*** auf die Schaltfläche ***Neu anlegen***, um die Layout-Datei im angegebenen Ordner zu speichern.

Wenn Sie das gespeicherte Layout später im Brettfenster wieder verwenden wollen – vielleicht weil die Fensteranordnung dort aus irgendwelchen Gründen durcheinandergeraten ist –, klicken Sie in der Gruppe ***Standardlayout*** der Registerkarte ***Ansicht*** auf die Symbolschaltfläche ***Lade Layout***, wählen im erscheinenden Dialogfeld die Layout-Datei aus und klicken auf ***Öffnen***.

Dateierweiterungen spielen in ChessBase eine große Rolle. Beispielsweise kann eine gewöhnliche Datenbank aus mehr als zwanzig verschiedenen Dateien gleichen Namens bestehen (bei der Mega Database 2023 sind es über dreißig), die sich allein in ihren Erweiterungen unterscheiden (die Datei mit der Erweiterung ***.cbh*** enthält zum Beispiel den Partiekopf, in der Datei mit der Erweiterung ***.cbg*** sind die Züge und Varianten gespeichert, die ***.cba***-Datei enthält Kommentare, die ***.cbp***-Datei die Spielernamen und so weiter). Damit Sie die Erweiterungen von Dateien, wie zum Beispiel auch ***.cblay***, in allen Dialogen sehen, empfiehlt es sich, deren Anzeige auf Windows-Ebene zu aktivieren. Setzen Sie dazu im Windows-Explorer auf der Registerkarte ***Ansicht*** in der Gruppe ***Ein-/ausblenden*** neben ***Dateinamenerweiterungen*** ein Häkchen in das Kontrollkästchen ❶.

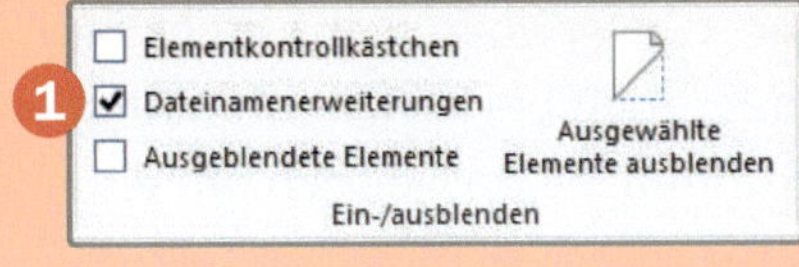

1.13 Dem ChessBase-Programm alle unterstützten Dateitypen zuordnen

Wenn man im Windows-Explorer eine Datei doppelt anklickt, wird diese mit dem Programm geöffnet, das dem entsprechenden Dateityp als Standard zugeordnet ist. Diese Verhalten ist sehr praktisch, da man das Standardprogramm vorher gar nicht zu starten braucht, es startet dann gewissermaßen von alleine. Bei der Installation von ChessBase führt das Setup die passenden Dateityp-Zuordnungen automatisch durch. Das heißt, alle unterstützten Dateitypen wie zum Beispiel CBH, PGN, CTG usw. (also Dateien mit den Erweiterungen ***.cbh***, ***.ctg***, ***.pgn***) werden mit ChessBase verbunden.

Nun kann es aber vorkommen, dass diese an und für sich wünschenswerten Dateityp-Zuordnungen – sei es beabsichtigt oder unbeabsichtigt – nachträglich geändert werden. Beispielsweise wenn auf dem Computer noch weitere Schach-Software installiert wird und deren Setup die Dateityp-Zuordnungen quasi »umbiegt«. Oder Sie selbst bevorzugen, eventuell nur vorübergehend, für einzelne Dateitypen ein anderes Programm und haben dafür dieses andere Programm als Standard festgelegt (was Sie dazu tun müssen, erfahren Sie im nächsten Tipp). Womöglich öffnen Sie ***.pgn***-Dateien ab und an auch im Editor von Windows und möchten, dass dies wie oben beschrieben per Doppelklick geschieht, und deshalb haben Sie den Windows Editor als Standardprogramm für ***.pgn***-Dateien festgelegt.

Wenn die Dateityp-Zuordnungen einmal geändert wurden, lässt sich der ursprüngliche Zustand – also der Zustand nach der Installation von ChessBase – auf Windows-Ebene mittlerweile nicht mehr ganz so einfach wiederherstellen, wie das früher (noch bei Veröffentlichung von Windows 10) der Fall war. In ChessBase können Sie das jedoch mit einem einzigen Mausklick erledigen.

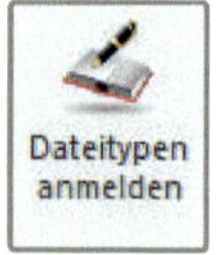

Die zuständige Schaltfläche finden Sie im Datenbankfenster auf der Registerkarte ***Wartung***. Ein Klick auf ***Dateitypen anmelden*** verbindet ChessBase auf einen Schlag wieder mit allen Dateitypen, die das Programm unterstützt.

1.14 Einzelne Dateitypen einem anderen Programm zuordnen

Wenn Sie es doch einmal vorziehen, dass bestimmte Dateien auf einen Doppelklick hin in einem anderen Programm als ChessBase geladen werden sollen, können Sie das auf Windows-Ebene einrichten. Zur Demonstration greifen wir das im vorherigen Tipp genannte Beispiel mit den ***.pgn***-Dateien auf. Führen Sie die folgenden Schritte durch, wenn Sie möchten, dass eine Datei mit dieser Erweiterung per Doppelklick nicht in ChessBase, sondern mit dem Windows Editor geöffnet wird:

1 Klicken Sie im Windows-Explorer mit der rechten Maustaste auf eine ***.pgn***-Datei (das kann jede beliebige Datei sein, der Dateiname spielt keine Rolle; wichtig ist nur, dass die Datei dieses Format, also die Erweiterung ***.pgn***, besitzt). Wählen Sie ***Öffnen mit/Andere App auswählen*** im Kontextmenü ①.

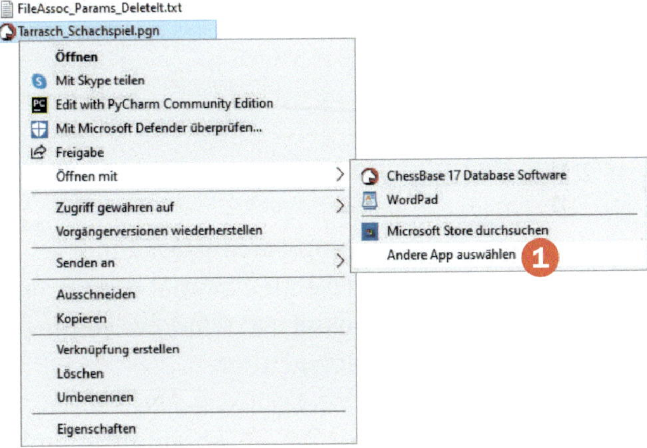

Wählen Sie den Befehl ***Andere App auswählen*** im ***Öffnen mit***-Untermenü selbst dann, falls dort ebenfalls ein Eintrag für den Windows Editor vorhanden sein sollte.

2 Aktivieren Sie im erscheinenden Pop-up-Fenster das Kontrollkästchen bei ***Immer diese App zum Öffnen von .pgn-Dateien verwenden*** ❷ (Abbildung unten).

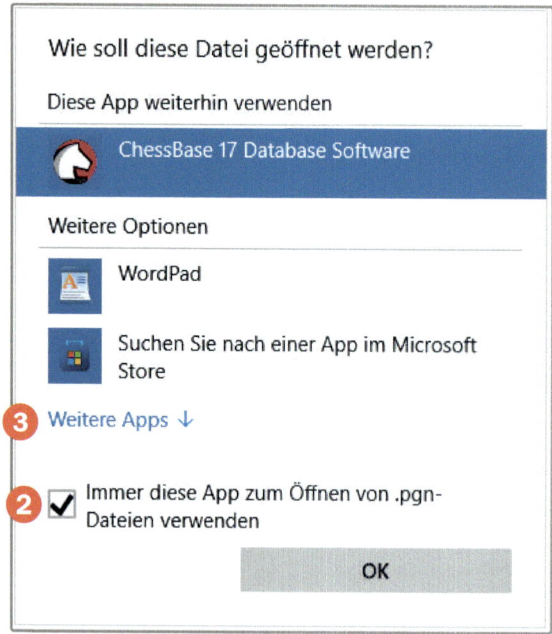

3 Wenn nun im erscheinenden Pop-up-Fenster der Windows Editor direkt zur Auswahl angeboten wird, klicken Sie einmal darauf, um ihn auszuwählen. Klicken Sie anschließend auf ***OK***. Windows verbindet daraufhin den Dateityp .***pgn*** mit dem Windows Editor.

4 Klicken Sie dagegen auf ***Weitere Apps*** ❸ (Abbildung oben), wenn – wie in der obigen Abbildung der Fall – in der Liste kein Eintrag für den Windows Editor vorhanden ist. Wenn die erweiterte Liste den Windows Editor enthält, wählen Sie ihn hier aus und schließen danach das Pop-up-Fenster mit ***OK***.

5 Falls auch in der erweiterten Liste kein Eintrag für den Windows Editor erscheint, können Sie die ausführbare Datei des Windows Editors immer noch im Dateisystem des Computers auswählen (beachten Sie auch in diesem Fall, dass das Kontrollkästchen bei ***Immer diese App zum Öffnen von .pgn-Dateien verwenden*** aktiviert sein muss). Scrollen Sie die Liste bis ganz nach unten und klicken Sie auf ***Andere App auf diesem PC suchen*** 4.

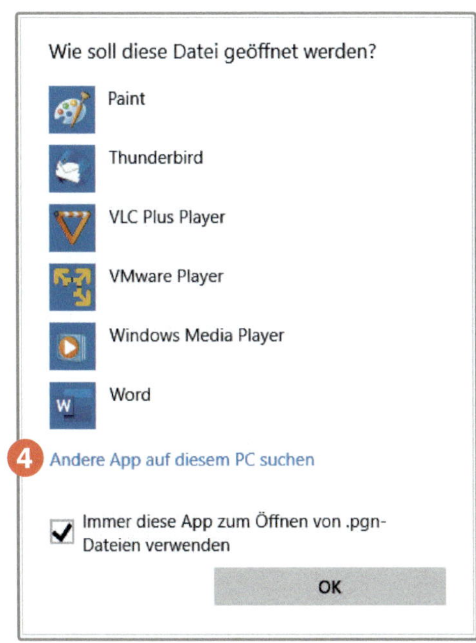

Die ausführbare Datei des Windows Editors heißt ***notepad.exe*** und sie befindet sich auf der ersten Ebene des Windows-Verzeichnisses oder darunter im Ordner ***System32*** – also zum Beispiel unter ***C:\Windows*** oder unter ***C:\Windows\System32***, wenn Ihr Stammlaufwerk ***C:*** ist.

6 Wählen Sie im ***Öffnen mit***-Dialogfeld die Datei ***notepad.exe*** aus und klicken Sie auf die Schaltfläche ***Öffnen***. Spätestens mit diesem Schritt stellt Windows die gewünschte Dateityp-Zuordnung her.

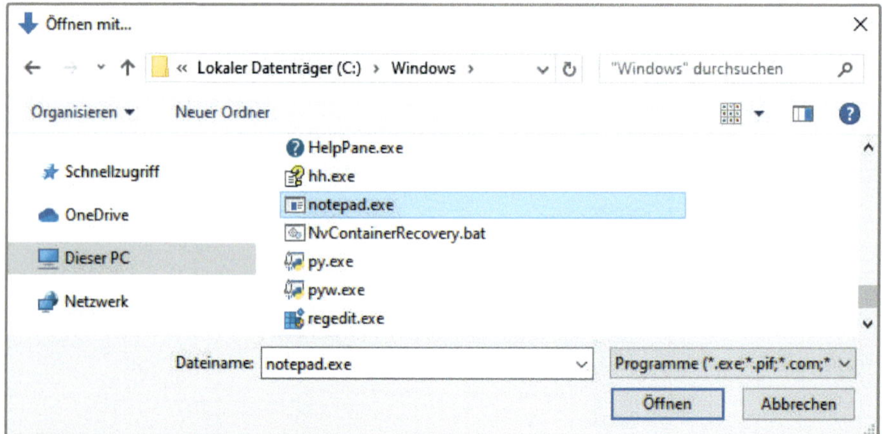

Wenn Sie ***.pgn***-Dateien oder andere Datenbanktypen wie beschrieben mit einem anderen Programm verbunden haben, betrifft dies, wie gesagt, ausschließlich das Öffnen per Doppelklick im Windows-Explorer. Unabhängig davon können Sie jede Datenbank natürlich immer auf die übliche Weise in ChessBase öffnen (z. B. über ***Datei/Öffnen/Datenbank***).

Der Vollständigkeit halber sei noch erwähnt, dass man einzelne Dateitypen auch in den Windows-Einstellungen zuordnen kann. Die Windows-Einstellungen können Sie über das Zahnradsymbol im Startmenü oder durch Drücken von ***Windows***+***I*** aufrufen. Die zuständige Dialogseite erreichen Sie über ***Apps/Standard-Apps*** und die Verknüpfung ***Standard-Apps nach Dateityp auswählen***. Leider funktioniert das nicht immer, da auf dieser Dialogseite manchmal nicht alle Dateitypen und auch nicht alle infrage kommenden Programme aufgeführt sind. Die oben dargestellte Methode ist unseres Erachtens die zuverlässigste.

1.15 Eigene Tastaturkürzel festlegen

Manchmal ist es sehr bequem und zeitsparend, eine Aktion über die Tastatur durchführen zu können. Deshalb sind in ChessBase viele Optionen, die in der Funktionsleiste und/oder in Kontextmenüs zur Verfügung stehen, zusätzlich mit einem Tastaturkürzel verbunden. Beispielsweise können Sie es sich aussuchen, ob Sie den Befehl ***Suche*** im Kontextmenü des Datenbanksymbols wählen oder ***Strg***+***F*** drücken, wenn Sie eine Datenbank durchsuchen wollen. Und womöglich haben Sie es sich ja schon angewöhnt, ***Strg***+***N*** zu drücken, wenn Sie ein neues Brettfenster benötigen, als erst die Registerkarte ***Start*** in den Vordergrund zu holen und dort auf das Brettsymbol zu klicken.

Das ist aber in puncto Shortcuts noch nicht alles. Wenn Ihnen ein Tastaturkürzel nicht zusagt, können Sie dafür ein anderes festlegen, das Ihnen geläufiger erscheint. Und wenn für eine Aktion standardmäßig überhaupt kein Tastaturkürzel festgelegt ist, können Sie sie nachträglich mit einem Tastaturkürzel Ihrer Wahl verbinden.

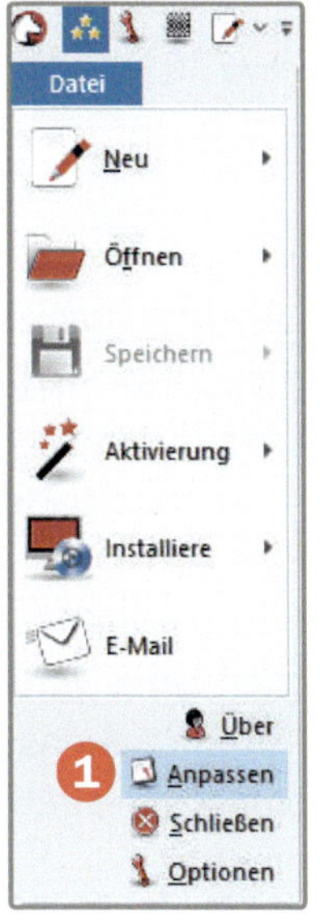

Um die Auflistung mit den aktuell verfügbaren Tastaturkürzeln anzuzeigen, öffnen Sie im Datenbankfenster das ***Datei***-Menü und klicken in diesem auf ***Anpassen*** ❶.

Im mittleren Bereich des erscheinenden Dialogfelds sehen Sie alle infrage kommenden Aktionen (***Kommandos***), denen ein Tastaturkürzel zugewiesen werden kann. Einigen, aber nicht allen, ist bereits per Voreinstellung ein Tastaturkürzel zugewiesen, das Sie aber, wie gesagt, bei Bedarf ändern können.

Wenn Sie in der Liste eine Aktion selektieren, erscheint das zugeordnete Tastaturkürzel im Feld ***Aktuelle Tasten*** ❷. Falls einer Aktion kein Tastaturkürzel zugeordnet ist, bleibt das Feld leer, was zum Beispiel bei dem in der folgenden Abbildung selektierten Kommando ***Tastaturkürzel – Eine Liste aller Tastaturkürzel anzeigen*** zunächst der Fall ist.

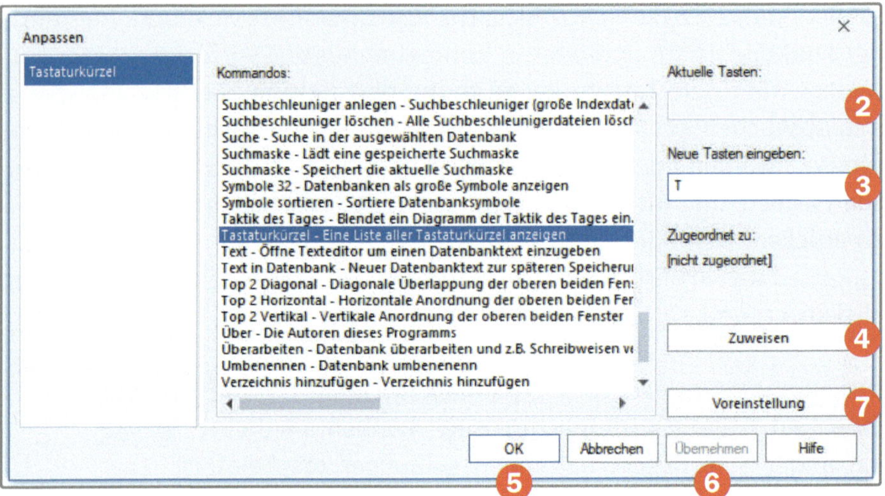

Um dem selektierten Kommando ein Tastaturkürzel zuzuweisen, setzen Sie den Cursor in das Feld ***Neue Tasten eingeben*** ❸ (Abbildung oben) und drücken dann die gewünschte Tastenkombination oder auch nur eine einzige Taste (in der obigen Abbildung wird so dem Kommando ***Tastaturkürzel – Eine Liste aller Tastaturkürzel anzeigen*** die Taste ***T*** zugewiesen; drücken Sie aber immer den Kleinbuchstaben, wenn Sie Einzeltasten zuweisen). Klicken Sie anschließend auf ***Zuweisen*** ❹ und bestätigen Sie mit ***OK*** ❺ oder – wenn Sie das Dialogfeld geöffnet lassen, aber die Änderung für alle Fälle sofort speichern möchten – mit ***Übernehmen*** ❻.

Beachten Sie, dass ein Klick auf die Schaltfläche ***Voreinstellung*** ❼ nicht nur die ursprüngliche Tastaturkürzel-Zuordnung für das gerade selektierte Kommando, sondern immer die Tastaturkürzel-Zuordnungen zu allen Kom-

mandos wiederherstellt – es spielt dabei keine Rolle, welches Kommando in der Liste gerade selektiert ist. Die ursprüngliche Tastaturkürzel-Zuordnung ausschließlich für das gerade ausgewählte Kommando wiederherzustellen, ist zwar nicht möglich. Sie können das aktuell zugewiesene Tastaturkürzel aber jederzeit wie beschrieben ändern, indem Sie den Cursor in das Feld ***Neue Tasten eingeben*** setzen und einfach das gewünschte neue Tastaturkürzel drücken und zuweisen – das alte wird dann überschrieben. Wenn Sie für ein Kommando überhaupt kein Tastaturkürzel mehr haben wollen, lassen Sie das Feld ***Neue Tasten eingeben*** einfach leer und klicken sofort auf ***Zuweisen***.

Wenn ein Tastaturkürzel, das Sie gerade zuweisen wollen, bereits einem anderen Kommando zugewiesen ist, erscheint unterhalb des Feldes ***Neue Tasten eingeben*** eine entsprechende Meldung ❶.

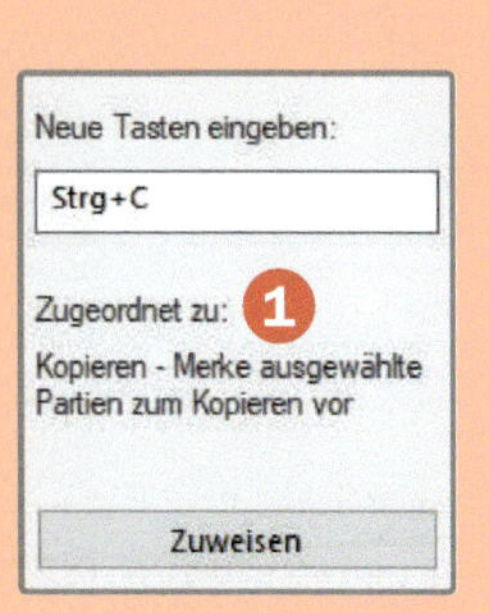

Sie können dann dem selektierten Kommando das Tastaturkürzel zwar trotzdem zuweisen, grundsätzlich ist aber davon abzuraten, zwei Kommandos mit dem gleichen Tastaturkürzel zu belegen. Verwenden Sie stattdessen einfach ein anderes Tastaturkürzel Ihrer Wahl.

Die meisten der Kommandos, die im ***Anpassen***-Dialogfeld aufgelistet sind, kommen in irgendeiner Form auch in der Funktionsleiste oder im ***Datei***-Menü vor, sodass sie auch ohne Tastaturkürzel verfügbar sind. Es gibt aber auch Kommandos, für die das nicht zutrifft. Beispielsweise ist das Kommando ***Tastaturkürzel – Eine Liste aller Tastaturkürzel anzeigen*** sehr nützlich. Es listet alle Tastaturkürzel sehr viel übersichtlicher als im ***Anpassen***-Dialogfeld (und ohne diejenigen Kommandos, denen aktuell kein Tastaturkürzel zugewiesen ist) in einem extra Fenster auf. Da eine entsprechende Option nicht in der ChessBase-Benutzeroberfläche vorhanden ist, können Sie nur per Tastaturkürzel davon Gebrauch machen, und da dem Kommando ***Tastaturkürzel – Eine Liste aller Tastaturkürzel anzeigen*** standardmäßig kein Tastaturkürzel zugeordnet ist, müssen Sie es gegebenenfalls wie oben beschrieben selbst zuweisen.

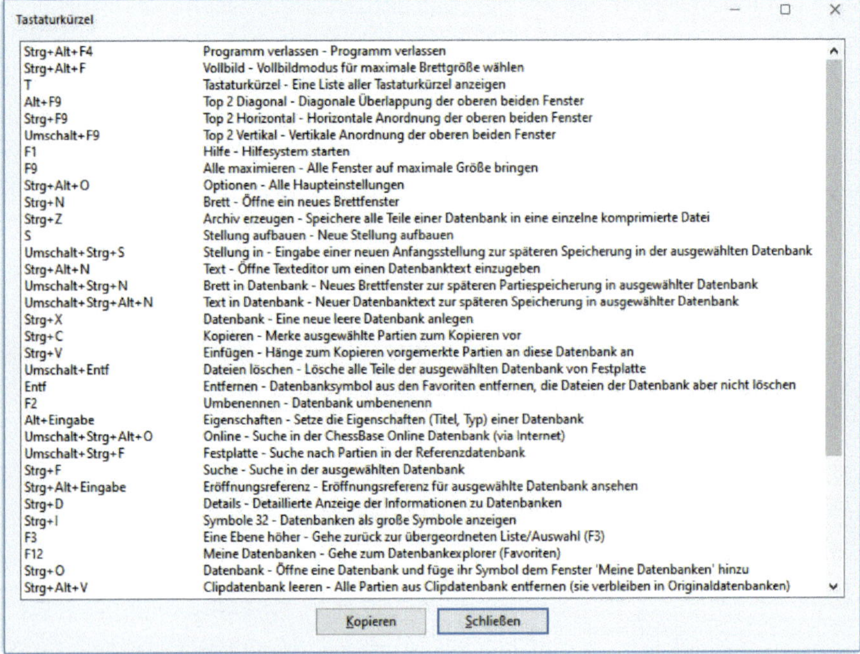
Tastaturkürzel

Strg+Alt+F4	Programm verlassen - Programm verlassen
Strg+Alt+F	Vollbild - Vollbildmodus für maximale Brettgröße wählen
T	Tastaturkürzel - Eine Liste aller Tastaturkürzel anzeigen
Alt+F9	Top 2 Diagonal - Diagonale Überlappung der oberen beiden Fenster
Strg+F9	Top 2 Horizontal - Horizontale Anordnung der oberen beiden Fenster
Umschalt+F9	Top 2 Vertikal - Vertikale Anordnung der oberen beiden Fenster
F1	Hilfe - Hilfesystem starten
F9	Alle maximieren - Alle Fenster auf maximale Größe bringen
Strg+Alt+O	Optionen - Alle Haupteinstellungen
Strg+N	Brett - Öffne ein neues Brettfenster
Strg+Z	Archiv erzeugen - Speichere alle Teile einer Datenbank in eine einzelne komprimierte Datei
S	Stellung aufbauen - Neue Stellung aufbauen
Umschalt+Strg+S	Stellung in - Eingabe einer neuen Anfangsstellung zur späteren Speicherung in der ausgewählten Datenbank
Strg+Alt+N	Text - Öffne Texteditor um einen Datenbanktext einzugeben
Umschalt+Strg+N	Brett in Datenbank - Neues Brettfenster zur späteren Partiespeicherung in ausgewählter Datenbank
Umschalt+Strg+Alt+N	Text in Datenbank - Neuer Datenbanktext zur späteren Speicherung in ausgewählter Datenbank
Strg+X	Datenbank - Eine neue leere Datenbank anlegen
Strg+C	Kopieren - Merke ausgewählte Partien zum Kopieren vor
Strg+V	Einfügen - Hänge zum Kopieren vorgemerkte Partien an diese Datenbank an
Umschalt+Entf	Dateien löschen - Lösche alle Teile der ausgewählten Datenbank von Festplatte
Entf	Entfernen - Datenbanksymbol aus den Favoriten entfernen, die Dateien der Datenbank aber nicht löschen
F2	Umbenennen - Datenbank umbenenenn
Alt+Eingabe	Eigenschaften - Setze die Eigenschaften (Titel, Typ) einer Datenbank
Umschalt+Strg+Alt+O	Online - Suche in der ChessBase Online Datenbank (via Internet)
Umschalt+Strg+F	Festplatte - Suche nach Partien in der Referenzdatenbank
Strg+F	Suche - Suche in der ausgewählten Datenbank
Strg+Alt+Eingabe	Eröffnungsreferenz - Eröffnungsreferenz für ausgewählte Datenbank ansehen
Strg+D	Details - Detaillierte Anzeige der Informationen zu Datenbanken
Strg+I	Symbole 32 - Datenbanken als große Symbole anzeigen
F3	Eine Ebene höher - Gehe zurück zur übergeordneten Liste/Auswahl (F3)
F12	Meine Datenbanken - Gehe zum Datenbankexplorer (Favoriten)
Strg+O	Datenbank - Öffne eine Datenbank und füge ihr Symbol dem Fenster 'Meine Datenbanken' hinzu
Strg+Alt+V	Clipdatenbank leeren - Alle Partien aus Clipdatenbank entfernen (sie verbleiben in Originaldatenbanken)

Kopieren Schließen

Während das weiter oben dargestellte ***Anpassen****-Dialogfeld die richtige Anlaufstelle ist, um die Zuordnung von Tastaturkürzeln den eigenen Wünschen entsprechend anzupassen, ist das* ***Tastaturkürzel****-Dialogfeld jedoch sehr viel übersichtlicher, wenn es um einen schnellen Überblick über die aktuell verfügbaren Tastaturkürzel (einschließlich der benutzerdefinierten) geht.*

2 Mit Datenbanken arbeiten

Datenbanken sind das A und O in ChessBase. In diesem Kapitel erhalten Sie wichtige Tipps für die Arbeit mit Datenbanken.

Donald Byrne – Robert James Fischer, New York 1956

Die Partie des Jahrhunderts: Schachmeister Donald Byrne verliert gegen den damals 13jährigen Bobby Fischer. Fischer hatte das Spiel schon nach dem 25. Zug für sich entschieden. Byrne spielte die Partie trotzdem zu Ende, vielleicht hoffte er auf einen Fehler von Schwarz, vielleicht wollte er dem Jungen auch das »Matt« gönnen. Zwei Jahre nach diesem Turnier wurde Fischer der jüngste Großmeister der Welt.

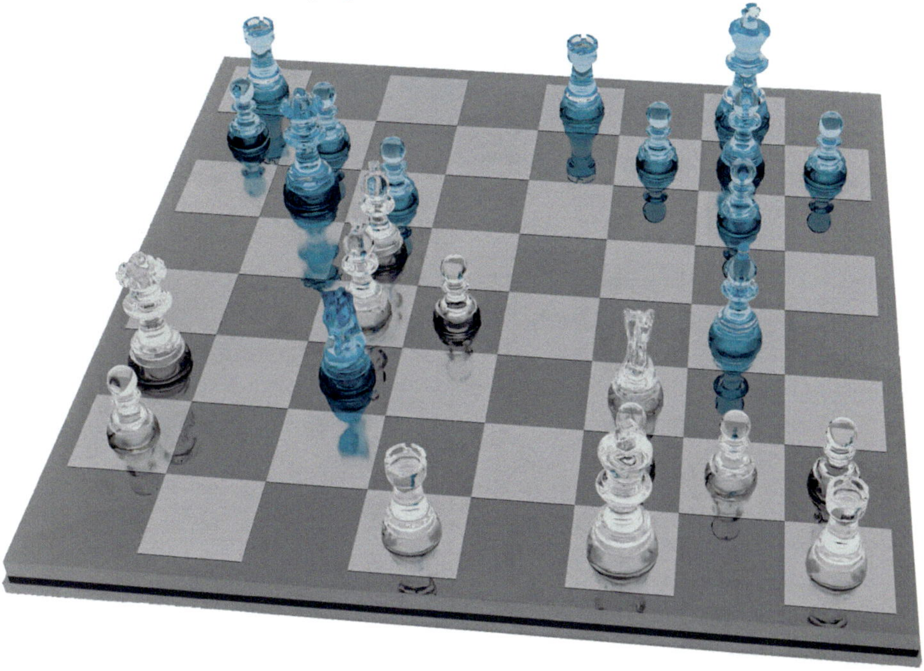

2.1 Datenbanken zur Ansicht »Meine Datenbanken« hinzufügen

Das Datenbankfenster ist die zentrale Anlaufstelle von ChessBase. Die Darstellung mit der zweigeteilten Ansicht ist dem Windows-Explorer nachempfunden. Auch im linken, mit ***Ordner*** betitelten Fensterbereich finden Sie wie im Windows-Explorer alle Systempfade, einschließlich des ***OneDrive***-Ordners und eines Netzwerkordners, über den Sie gegebenenfalls auch Zugriff auf Datenbanken, die sich auf anderen Computern in Ihrem lokalen Netz befinden, haben. Hinzu kommen spezielle Einträge für ChessBase-Ordner und -Verzeichnisse, die extra für Schachdatenbanken vorgesehen sind. Das sind vor allem der ***Datenbankpfad*** ❶ mit seinen Unterordnern ***Bases***, ***Books***, ***Cloud***, ***CompBase*** usw. sowie die Ansicht ***Meine Datenbanken*** ❷.

> Angelehnt an die Terminologie von Windows nennt man den linken Fensterbereich des Datenbankfensters *Datenbankexplorer* oder auch *ChessBase-Explorer*.

In der Ansicht ***Meine Datenbanken*** verwalten Sie alle Datenbanken, mit denen Sie sehr oft arbeiten beziehungsweise solche, die Ihnen besonders wichtig sind. Um der Ansicht ***Meine Datenbanken*** ein Datenbanksymbol für eine bestehende Datenbank hinzuzufügen, öffnen Sie die Datenbank aus dieser Ansicht heraus:

1 Selektieren Sie im Datenbankexplorer, also im linken Bereich des Datenbankfensters, den Eintrag ***Meine Datenbanken*** ❶. Alternativ können Sie auch auf der Registerkarte ***Start*** auf die Symbolschaltfläche ***Meine Datenbanken*** ❷ klicken, um in die Ansicht ***Meine Datenbanken*** zu wechseln.

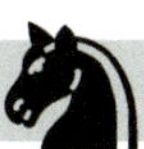

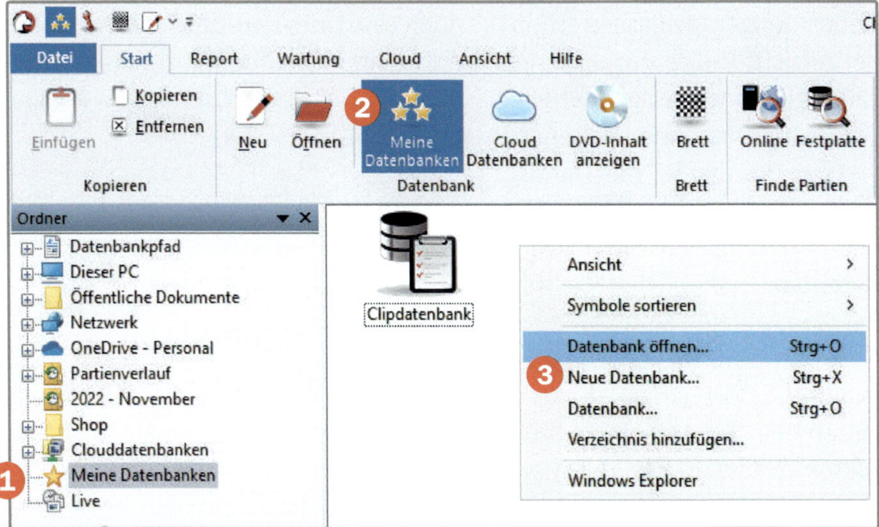

2 Klicken Sie anschließend im rechten Bereich mit der rechten Maustaste auf eine freie Stelle und wählen Sie ***Datenbank öffnen*** im Kontextmenü. Alternativ drücken Sie ***Strg***+***O***.

3 Es erscheint das Dialogfeld ***Datenbank auswählen***. Wählen Sie in diesem die gewünschte Datenbank, also zum Beispiel die entsprechende ***.cbh***-Datei, aus und klicken Sie auf ***Öffnen***.

ChessBase öffnet daraufhin die Datenbank und fügt gleichzeitig der Ansicht ***Meine Datenbanken*** ein Symbol für die Datenbank hinzu.

Auch wenn Sie selbst eine Datenbank neu erstellen, wird diese immer automatisch in der Ansicht ***Meine Datenbanken*** hinzugefügt. Dabei spielt es keine Rolle, ob Sie den Befehl ***Neue Datenbank*** im Kontextmenü der Ansicht ***Meine Datenbanken*** 3 oder zum Beispiel im ***Datei***-Menü verwenden (siehe auch 2.5, »Eine eigene Datenbank anlegen«, ab Seite 46).

Neben der gerade gezeigten gibt es noch eine Drag-and-drop-Methode, um der Ansicht ***Meine Datenbanken*** ein Datenbanksymbol hinzuzufügen. Sie ist möglicherweise sogar etwas bequemer und ohne »Nebeneffekt« – das heißt, die Datenbank wird dabei gar nicht geöffnet: Ziehen Sie das Datenbanksymbol einfach mit der Maus auf den Eintrag ***Meine Datenbanken*** im Datenbankexplorer. Dort angekommen, lassen Sie die Maustaste los. Halten Sie während des Ziehens nur die linke Maustaste gedrückt, eine zusätzliche Taste auf der Tastatur brauchen Sie nicht zu drücken.

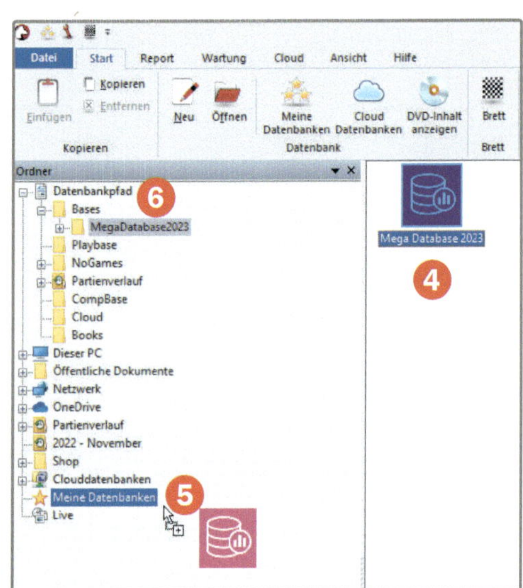

In der obigen Abbildung wird das Symbol der ***Mega Database 2020*** ❹ auf den Eintrag ***Meine Datenbanken*** ❺ gezogen. Damit dieses Symbol im Hauptbereich angezeigt wird, müssen Sie im Datenbankexplorer natürlich den Ordner selektieren, in dem die Datenbank gespeichert ist, hier ***Bases*** ❻.

Um ein Datenbanksymbol aus der Ansicht ***Meine Datenbanken*** zu entfernen, klicken Sie es mit der rechten Maustaste an, wählen im Kontextmenü den Befehl ***Entfernen*** und bestätigen die Rückfrage mit ***OK*** (entfernt wird mit diesem Befehl nur das Datenbanksymbol aus der Ansicht, die Datenbank selbst bleibt unverändert erhalten).

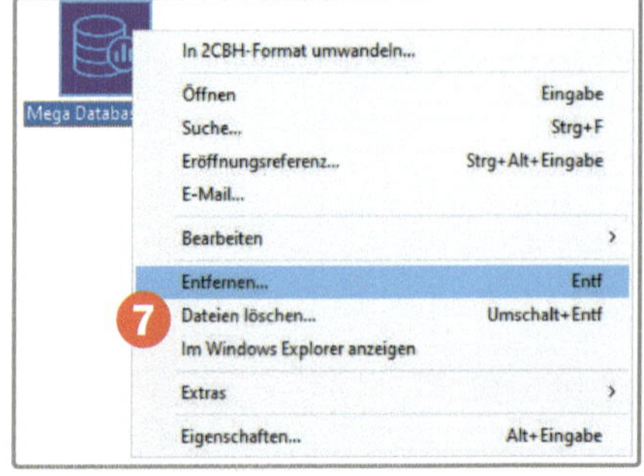

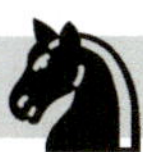

Achtung: Mit dem Befehl ***Dateien löschen*** ❼ wird nicht nur das Datenbanksymbol aus der Ansicht ***Meine Datenbanken*** entfernt, sondern auch die komplette Datenbank physisch gelöscht. Es erscheint deshalb ratsam für die Befehle ***Entfernen*** und ***Dateien löschen*** nicht die Shortcuts ***Entf*** beziehungsweise ***Umschalt+Entf*** zu verwenden, da diese leichter verwechselt werden können.

2.2 Welche Datenbanken sollten wo gespeichert werden?

Natürlich können Sie Ihre Datenbanken an jedem beliebigen Ort speichern, zum Beispiel auch auf einer externen Festplatte, auf einem USB-Stick oder in der Cloud. ChessBase sieht jedoch einen speziellen Ordner als Standardordner für Datenbanken vor. Falls Sie bei der Installation von ChessBase nichts anderes festgelegt haben, befindet sich dieser im Ordner ***Dokumente*** des Benutzerverzeichnisses; der englischsprachige Pfad lautet also zum Beispiel ***C:\Users\<Benutzername>\Documents***, falls Ihr Stammlaufwerk ***C:*** ist. Der Ordner heißt wie das Programm selbst, nämlich ***ChessBase***.

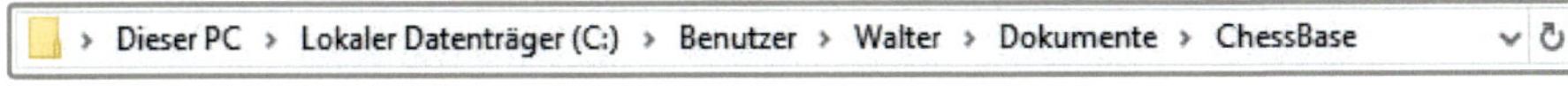

ChessBase-Datenbankpfad in Windows 10 (der Benutzername lautet hier Walter).

Der ***Datenbankpfad***, also der Pfad zum ***ChessBase***-Ordner, wird auch im Datenbankexplorer des Datenbankfensters angezeigt, der Eintrag befindet sich dort ganz oben ❶. Wenn Sie ihn anklicken, sehen Sie im Fensterbereich daneben alle Unterordner des ***ChessBase***-Datenbankordners ❷. Zusätzlich erscheinen diese auch direkt im Datenbankexplorer, wenn Sie den Knoten neben ***Datenbankpfad*** erweitern ❸.

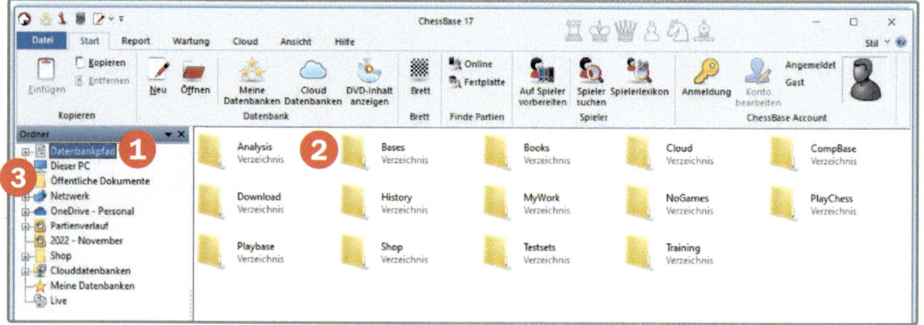

Datenbankfenster mit selektiertem Datenbankpfad.

Wenn Sie Ihre Datenbanken im von ChessBase vorgeschlagenen Datenbankordner verwalten, hat das einmal den Vorteil, dass Sie sie schnell finden. Schließlich können Sie den Ordner im Datenbankexplorer ja sofort per Mausklick auf den Eintrag ***Datenbankpfad*** anzeigen. Und bei einer Neuinstallation von ChessBase, zum Beispiel nach einem Rechnerwechsel, können Sie das Verzeichnis einfach übernehmen, indem Sie es nach der Installation im Windows-Explorer überschreiben.

Auch für die Unterordner des ***ChessBase***-Datenbankordners gilt: Grundsätzlich können Sie Ihre Datenbanken speichern, wo Sie wollen, eine selbst angelegte Datenbank mit Ihren eigenen Partien beispielsweise auch im Ordner ***Books*** oder gar unter ***Gekaufte Datenbanken***. Auf längere Sicht ist es für einen guten Überblick aber sinnvoll, wenn man die Struktur des Datenbankordners so verwendet, wie es vorgesehen ist (hat man einmal vergessen, wo sich eine selbst erstellte Datenbank befindet, wird man sie wohl kaum unter den gekauften Datenbanken suchen).

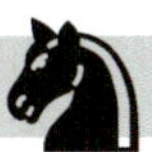

In diesem Sinne hier eine kurze Auflistung der wichtigsten ***ChessBase***-Ordner mit der Beschreibung, wozu sie vorgesehen sind:

- Der Ordner ***MyWork*** ist für eigene, das heißt selbst erstellte Datenbanken vorgesehen. Hier ist zum Beispiel der geeignete Speicherort für eine Datenbank, in der Sie die Partien sammeln, die Sie in Turnieren oder in Ihrem Verein gespielt haben.

- ***Books*** ist der Ordner für Eröffnungsbücher, also zum Beispiel für die Powerbooks (Powerbooks enthalten keine kompletten Partien; sie geben darüber Auskunft, wie häufig und mit welchem Erfolg ein Zug gespielt wurde).

- Der Ordner ***Bases*** ist ein spezieller Ordner für ChessBase Mega Datenbanken (Mega Databases) und Big Databases. Diese Datenbanken enthalten komplette, teilweise ausführlich kommentierte Partien. Sie sind für Training und für die Eröffnungsvorbereitung gleichermaßen geeignet und aufgrund der Vielzahl der enthaltenen Partien auch von historischem Interesse.

- Der Ordner ***Training*** ist speziell für Trainingsdatenbanken vorgesehen.

- Der Ordner ***Cloud*** ist für Ihre Cloud-Datenbanken vorgesehen.

- Der Eintrag ***Gekaufte Daten*** beziehungsweise ***Shop*** im Datenbankexplorer gibt den physischen Ordner ***Shop*** im Datenbankpfad wieder (unmittelbar nach der Installation von ChessBase 17 lautet der entsprechende Eintrag auch im Datenbankexplorer ***Shop***). Speichern Sie im Ordner ***Shop*** am besten alles, was Sie käuflich erworben haben (Datenbanken, Tutorials usw.) und nicht anderweitig, also in einem der bereits genannten speziellen Ordner, einordnen wollen.

2.3 Datenbankordner im Windows-Explorer öffnen – Shortcut

Wenn Sie den ChessBase-Datenbankordner einmal im Windows-Explorer öffnen möchten, brauchen Sie diesen nicht selbst zu starten und dann erst dorthin zu navigieren; ChessBase erledigt beides für Sie:

1 Selektieren Sie im Datenbankexplorer den ***Datenbankpfad*** ❶.

2 Klicken Sie anschließend mit der rechten Maustaste auf eine freie Stelle des rechten Bereichs und wählen Sie ***Windows Explorer*** im erscheinenden Kontextmenü.

Daraufhin startet der Windows-Explorer mit dem geöffneten Datenbankpfad.

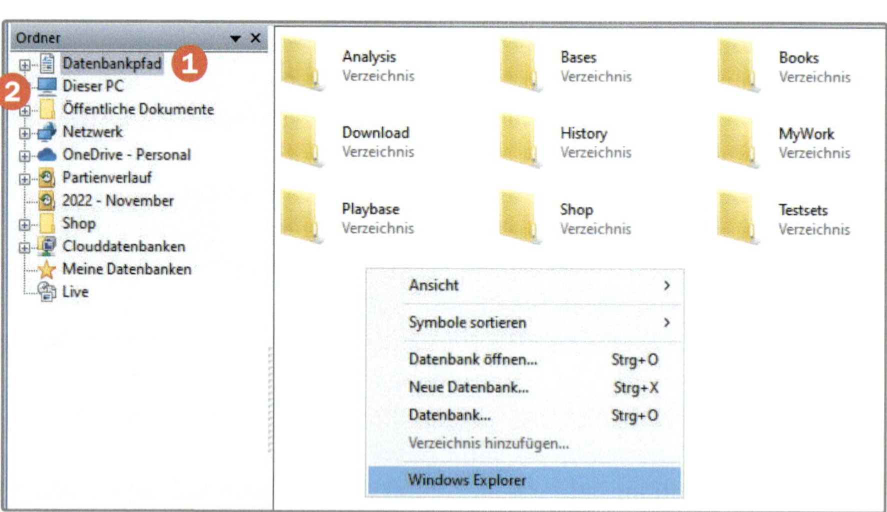

Möchten Sie im Windows-Explorer direkt einen bestimmten Ordner des Datenbankpfads öffnen, markieren Sie im ChessBase-Datenbankexplorer zunächst diesen (zum Beispiel ***MyWork*** oder ***Bases***; erweitern Sie gegebenenfalls den Knoten neben ***Datenbankpfad*** ❷, um die Unterordner des ChessBase-Datenbankordners auch im ***Ordner***-Bereich des Datenbankexplorers zu sehen).

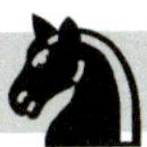

Das funktioniert im Übrigen auch mit anderen Ordnern. Wenn Sie zum Beispiel möchten, dass der Windows-Explorer auf den besagten Kontextmenübefehl hin mit Ihrem ***OneDrive***-Ordner startet, dann markieren Sie zunächst diesen Ordner im Datenbankexplorer, bevor Sie per Rechtsklick das Kontextmenü des rechten Bereichs aufrufen.

Und wenn Sie gezielt einen Ordner im Windows-Explorer öffnen wollen, in dem sich eine bestimmte Datenbank befindet, dann klicken Sie im rechten Bereich des Datenbankfensters das Symbol der betreffenden Datenbank mit der rechten Maustaste an und wählen ***Im Windows Explorer anzeigen*** im Kontextmenü.

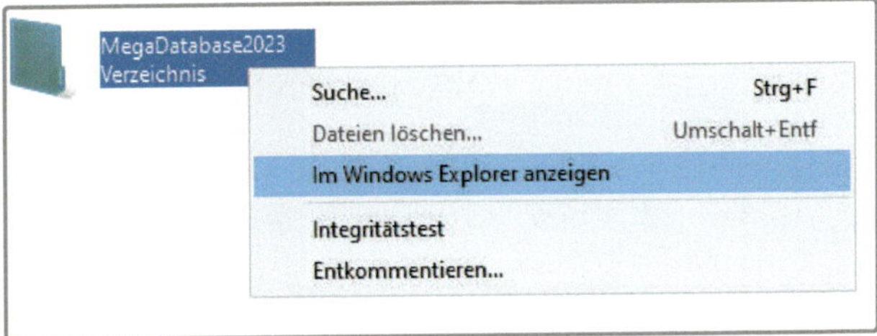

Der Kontextmenübefehl von Symbolen (Datenbanksymbole, Symbole von Unterordnern) im rechten Bereich des Datenbankexplorers lautet ***Im Windows Explorer anzeigen***, bei Rechtsklick auf eine freie Stelle lautet er nur ***Windows Explorer*** – gemeint ist aber dasselbe.

2.4 Datenbanken und Partien öffnen

Um eine Datenbank zu öffnen, klicken Sie in der linken oberen Ecke des Datenbankfensters auf ***Datei*** und dann auf ***Öffnen/Datenbank***. Alternativ klicken Sie in der Gruppe ***Datenbank*** der Registerkarte ***Start*** auf das ***Öffnen***-Symbol. Wählen Sie die Datenbank im erscheinenden Dialogfeld aus und klicken Sie auf ***Öffnen***.

Oder Sie führen im Hauptbereich des Datenbankfensters (Datenbankbereich) einen Rechtsklick auf das Datenbanksymbol aus und wählen den ***Öffnen***-Befehl im Kontextmenü. Dies geht eventuell schneller als der Weg über das ***Datei***-Menü und den ***Datenbank auswählen***-Dialog.

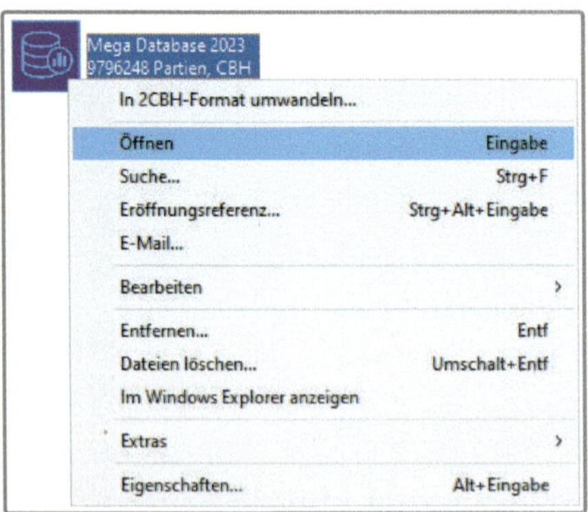

Außerdem können Sie das Datenbanksymbol einfach nur markieren und die Eingabetaste drücken, um die Datenbank zu öffnen. Oder Sie führen einen Doppelklick auf das Datenbanksymbol aus.

Eine so geöffnete Datenbank erscheint immer in einem separaten Fenster, dem Partienlistenfenster. In diesem stehen spezielle Funktionen zur Verfügung. Außerdem werden die Partien der gewählten Datenbank in die Direktliste des Datenbankfensters geladen. Wenn es Ihnen nur auf das Öffnen von Partien ankommt und Sie es daher vorziehen, ausschließlich im Da-

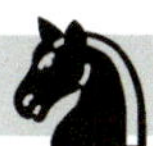

tenbankfenster zu arbeiten, reicht auch ein einfacher Klick auf das Datenbanksymbol; in diesem Fall öffnet ChessBase kein separates Fenster für die Datenbank. Im Übrigen bietet auch die Direktliste per Kontextmenü einige spezielle Funktionen für die Datenbank.

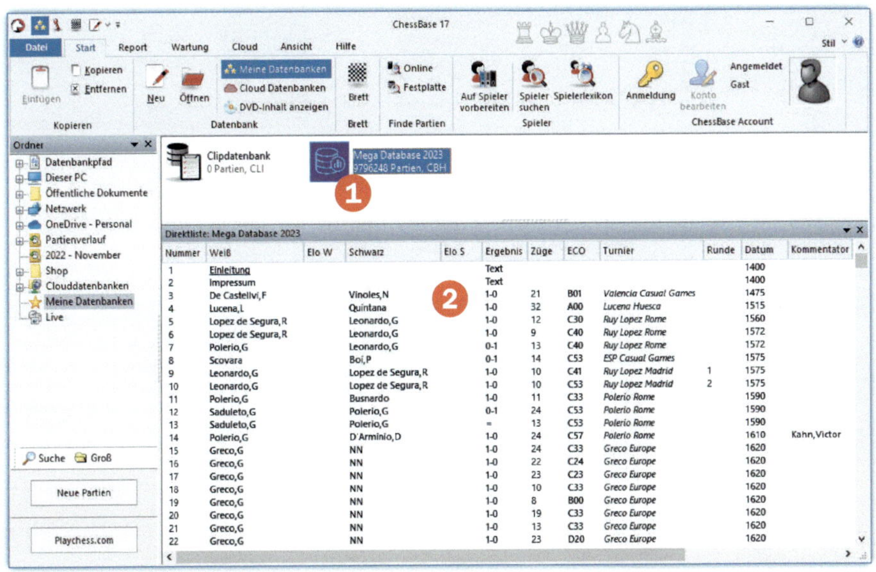

Links der Datenbankexplorer, rechts daneben der Hauptbereich mit den Datenbanksymbolen (Datenbankbereich) und darunter die Direktliste. Ein Klick (doppelt oder einfach) auf ein Datenbanksymbol ❶ zeigt die Partien der Datenbank in der Direktliste an ❷. Nur bei einem Doppelklick wird die Datenbank zusätzlich in einem separaten Fenster (Partienlistenfenster) geöffnet.

Aktivieren Sie auf der Registerkarte ***Ansicht*** das Kontrollkästchen neben ***Direktliste***, falls die Direktliste nicht eingeblendet ist.

Um eine Partie der Datenbank in einem Brettfenster zu öffnen, führen Sie im Partienlistenfenster oder in der Direktliste einen Doppelklick auf die entsprechende Zeile aus. Wenn Sie die Zeile nur selektieren, also einfach klicken, erscheint die Notation der Partie ausschließlich im nebenstehenden Schnellbrett ❸, falls dieses eingeblendet ist.

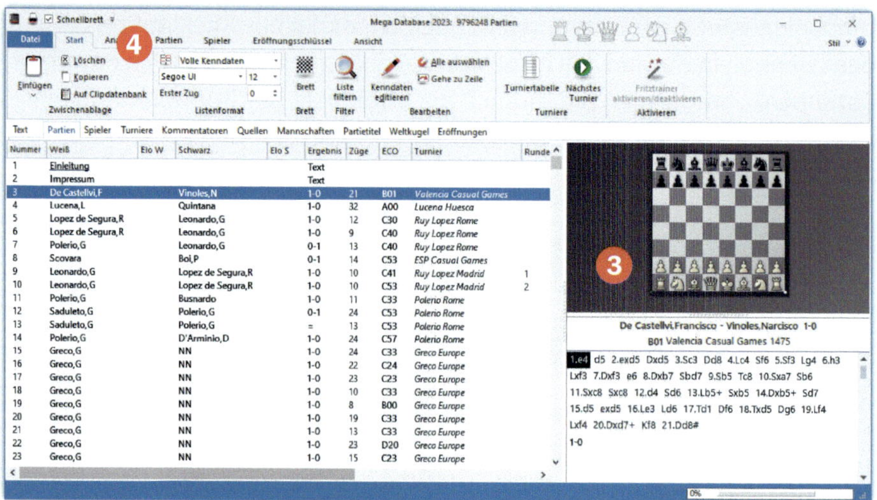

Partienlistenfenster mit der geladenen Mega Database.

Das Schnellbrett **3** können Sie im Partienlistenfenster ein- und ausblenden, indem Sie in der linken oberen Ecke des Fensters, im Schnellzugriff, auf ***Schnellbrett*** **4** klicken.

Um das Schnellbrett in der Direktliste einzublenden, klicken Sie in der Direktliste mit der rechten Maustaste auf eine Partie oder auf eine freie Stelle und wählen ***Listenformat/Schnellbrett*** im Kontextmenü.

2.5 Eine eigene Datenbank anlegen

Natürlich möchten Sie neben den aus anderen Quellen übernommenen Datenbanken auch eigene Datenbanken anlegen und verwenden. Zum Beispiel eine Datenbank, in der Sie Ihre eigenen Partien, die Sie auf Turnieren oder in Ihrem Verein gespielt haben, speichern. Sinnvoll ist auch eine eigene »Arbeitsdatenbank« als erster Speicherort für neue Partien. Nachdem Sie eine neue Partie dann analysiert und eventuell kommentiert haben, können Sie sie später in eine passende Zieldatenbank verschieben.

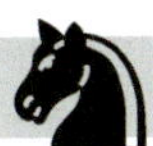

Um eine neue Datenbank anzulegen, klicken Sie in der linken oberen Ecke des Datenbankfensters auf die *Datei*-Schaltfläche, im aufklappenden Menü auf *Neu* und dann auf *Datenbank* ❶.

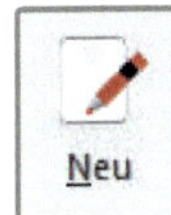

Alternativ drücken Sie *Strg*+*X*, oder Sie klicken in der Gruppe *Datenbank* der Registerkarte *Start* auf das Symbol *Neu*, um eine neue Datenbank anzulegen.

Legen Sie im erscheinenden Dialogfeld *Neue Datenbank* einen Speicherort für die neue Datenbank fest und geben Sie der Datenbank einen Namen Ihrer Wahl, zum Beispiel *Meine Partien*. Überschreiben Sie dazu das vorgeschlagene *Neue Datenbank.2cbh* (die Erweiterung *.2cbh* brauchen Sie nicht mit anzugeben). Belassen Sie es bei dem Dateityp *Datenbanken (*.2CBH)* beziehungsweise stellen Sie diesen Dateityp im Listenfeld ein ❷.

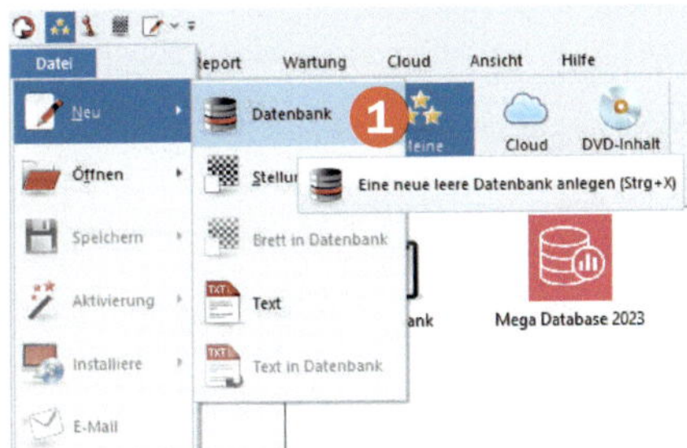

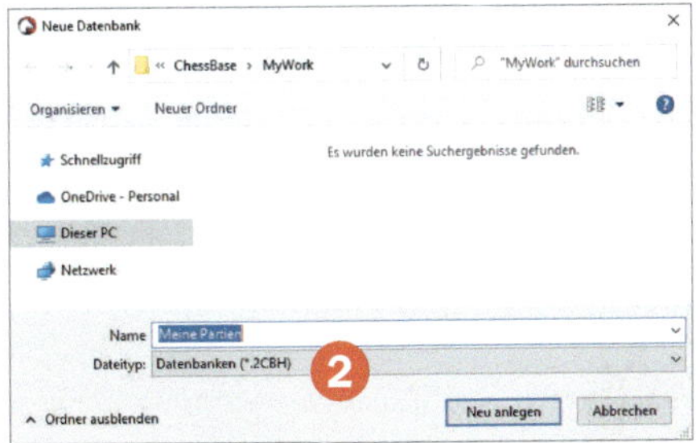

Klicken Sie auf die Schaltfläche *Neu anlegen*, wenn Sie fertig sind. ChessBase legt daraufhin die neue Datenbank im angegebenen Ordner an.

> *Datenbanken (*.2CBH)* ist das neue ChessBase-Datenbankformat. Das alte Datenbankformat ist *Datenbanken (*.CBH)*. Obwohl es im Dialogfeld *Neue Datenbank* nach wie vor zur Auswahl steht, gibt es eigentlich keinen Grund, für neue Datenbanken nicht das neue Datenbankformat *2CBH* zu verwenden (mehr zum neuen Datenbankformat erfahren Sie in 2.25, »Alte Datenbanken ins neue Format konvertieren«, ab Seite 105).

2.6 Datenbanken an die Favoritenliste anheften

Einzelne Partien können Sie nach der Eingabe im Brettfenster über das Diskettensymbol im Schnellzugriff oder durch Auswahl von ***Datei/Speichern*** speichern (siehe dazu 3.1, »Eine neue Partie eingeben und in einer Datenbank speichern«, ab Seite 114).

Wählen Sie dagegen im ***Datei***-Menü ***Als neue Partie speichern***, wenn Sie eine bereits gespeicherte Partie – zum Beispiel nachdem Sie Änderungen durchgeführt haben – noch einmal als zusätzliche Partie speichern wollen. In diesem Fall (nach einer Änderung an der Partie) bleibt die ursprüngliche Partie so erhalten, wie Sie war, und die geänderte Partie wird als neue Partie in derselben Datenbank oder in einer anderen Datenbank Ihrer Wahl gespeichert.

Vor dem erstmaligen Speichern einer Partie oder wenn eine bereits gespeicherte Partie neu gespeichert wird (siehe dazu den obigen Kasten), erscheint das folgende Dialogfeld, in dem Sie die Datenbank, in der die Partie gespeichert werden soll, auswählen.

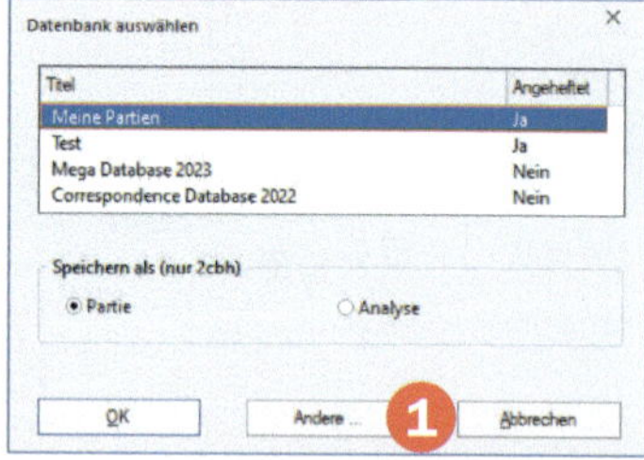

Beim allerersten Speichern, nachdem Sie ChessBase gerade installiert haben, erscheint das oben abgebildete ChessBase-Dialogfeld eventuell noch nicht, sondern zunächst der bekannte Speichern-Dialog des Windows-Explorers. Nachdem Sie einmal eine Datenbank als Speicherziel ausgewählt haben, erscheint aber nur noch das ChessBase-Dialogfeld ***Datenbank auswählen***.

Es kann natürlich passieren, dass die Datenbank, in der Sie eine Partie speichern wollen, im Dialogfeld ***Datenbank auswählen*** noch nicht direkt angeboten wird. Klicken Sie in diesem Fall auf die Schaltfläche ***Andere*** ❶. Daraufhin erscheint ein zusätzliches Dialogfeld mit dem Titel ***Datenbank für Partiespeicherung auswählen***. Wählen Sie in diesem die gewünschte Zieldatenbank aus und klicken Sie auf ***Neu/Öffnen***.

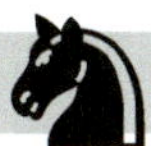

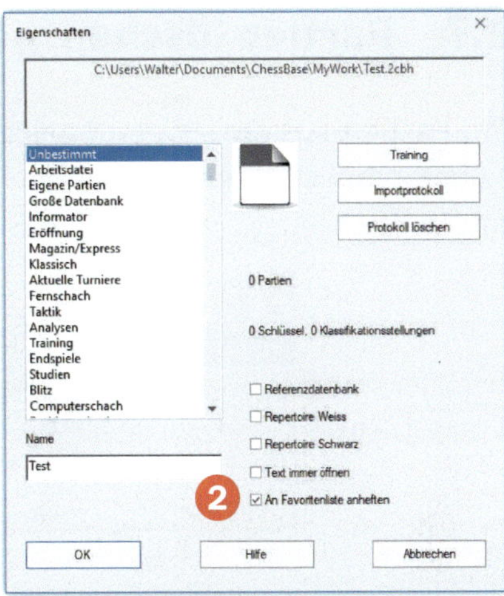

Wenn Sie wollen, können Sie dafür sorgen, dass Ihre wichtigsten Datenbanken im Dialogfeld ***Datenbank auswählen*** immer ganz oben in der Liste erscheinen, indem Sie sie dort »anheften«. In der obigen Abbildung sind zum Beispiel die beiden Datenbanken ***Meine Partien*** und ***Test*** angeheftet (zu erkennen am Eintrag ***Ja*** in der Spalte ***Angeheftet***). Die entsprechende Option finden Sie in den Datenbank-Eigenschaften. Um diese zu öffnen, klicken Sie das Datenbanksymbol im Datenbankfenster mit der rechten Maustaste an und wählen ***Eigenschaften*** im Kontextmenü. Setzen Sie im erscheinenden Dialogfeld bei ***An Favoritenliste anheften*** 2 ein Häkchen und bestätigen Sie mit ***OK***.

Auf die beschriebene Weise fügen Sie auch eine Datenbank im Dialogfeld ***Datenbank auswählen*** hinzu, die bis dato noch nicht als Speicherziel ausgewählt worden ist. Wenn eine Datenbank im Dialogfeld ***Datenbank auswählen*** bereits angezeigt wird, können Sie sie dort auch anheften, indem Sie den Datenbankeintrag in diesem Dialogfeld mit der rechten Maustaste anklicken. Klicken Sie dann auf ***Eigenschaften*** 3 und setzen Sie anschließend ein Häkchen bei ***An Favoritenliste anheften*** 4.

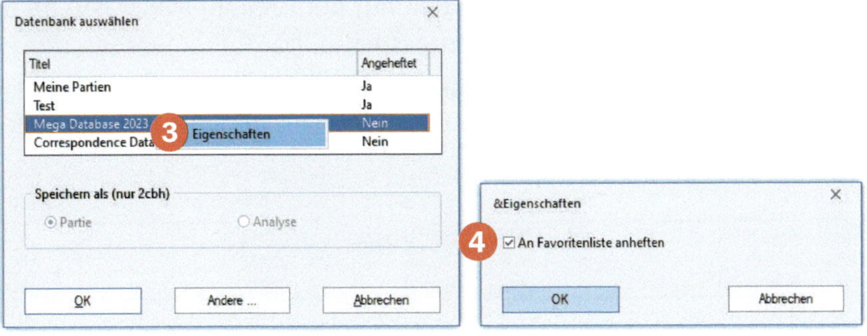

2.7 Partien löschen

Um Partien aus einer Datenbank zu löschen, brauchen Sie die Datenbank nicht einmal zu öffnen, wenn Sie im Datenbankfenster die ***Direktliste*** anzeigen ①.

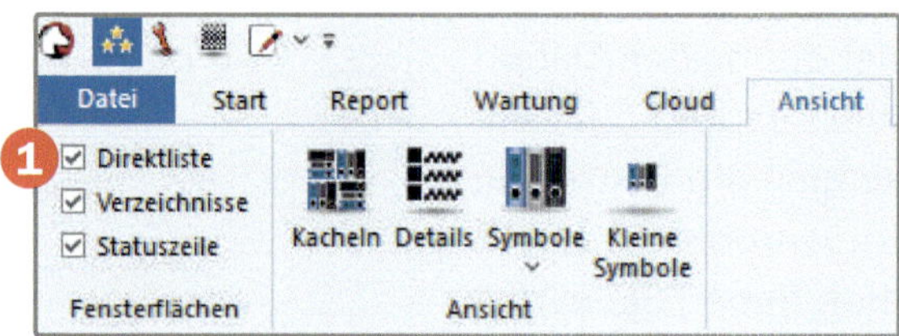

Markieren Sie im oberen Fensterbereich die Datenbank, in der Sie Partien löschen wollen, sodass die Partien in der Direktliste angezeigt werden. Um eine einzelne Partie zum Löschen auszuwählen, klicken Sie sie einfach an. Um mehrere Partien auszuwählen, halten Sie die ***Strg***-Taste gedrückt, während Sie die Partien der Reihe nach anklicken. Einen zusammenhängenden Block von Partien können Sie markieren, indem Sie zunächst die erste Partie und dann mit gedrückter ***Umschalt***-Taste die letzte Partie anklicken.

Um alle Partien einer Datenbank zu markieren, drücken Sie in der Direktliste ***Strg+A*** oder Sie führen im oberen Fensterbereich einen Rechtsklick auf das Datenbanksymbol aus und wählen ***Bearbeiten/Alles markieren***.

Um die ausgewählten Partien zu »löschen«, drücken Sie die ***Entf***-Taste oder Sie klicken eine der markierten Partien mit der rechten Maustaste an und wählen ***Bearbeiten/Löschen*** im Kontextmenü. Daraufhin werden die »gelöschten« Partien durchgestrichen und ausgegraut dargestellt, wie es in der folgenden Abbildung zu sehen ist. Offensichtlich sind sie aber immer noch vorhanden.

~~6207400~~	~~Nguyen,H~~	2474	~~Farid,F~~	2392	~~0-1~~	~~57~~	~~D23~~
~~6207401~~	~~Nolte,R~~	2417	~~Juswanto,D~~	2402	~~0-1~~	~~41~~	~~B12~~
~~6207402~~	~~Tiviakov,S~~	2651	~~Muhammad,L~~	2336	~~½-½~~	~~36~~	~~B06~~

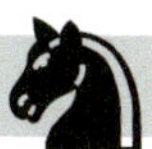

In diesem Zustand haben Sie jederzeit die Möglichkeit, die Löschaktion rückgängig zu machen. Markieren Sie dazu die »gelöschten« Partien erneut und drücken Sie die Taste ***Entf*** oder wählen Sie wiederum den Befehl ***Bearbeiten/Löschen*** im Kontextmenü der Partie-Einträge.

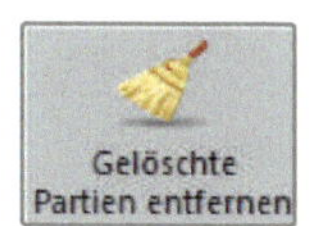

Um die auf die oben beschriebene Weise pseudo-gelöschten Partien endgültig aus der Datenbank zu entfernen, klicken Sie auf der Registerkarte ***Wartung*** auf die Symbolschaltfläche ***Gelöschte Partien entfernen***. Beachten Sie, dass im oberen Fensterbereich das Datenbanksymbol ausgewählt sein muss, damit diese Symbolschaltfläche aktiviert ist.

Alternativ können Sie mit der rechten Maustaste direkt auf das Datenbanksymbol klicken und den Befehl ***Extras/Gelöschte Partien entfernen*** im Kontextmenü wählen.

2.8 Partien in eine andere Datenbank kopieren

Es gibt in ChessBase mehrere Methoden, um Partien in eine andere Datenbank zu kopieren. Am bequemsten ist wohl die Drag-and-drop-Methode, aber auch diese gibt es in mehreren Varianten.

Sie können zum Beispiel im Datenbankfenster ein Datenbanksymbol auf ein anderes ziehen.

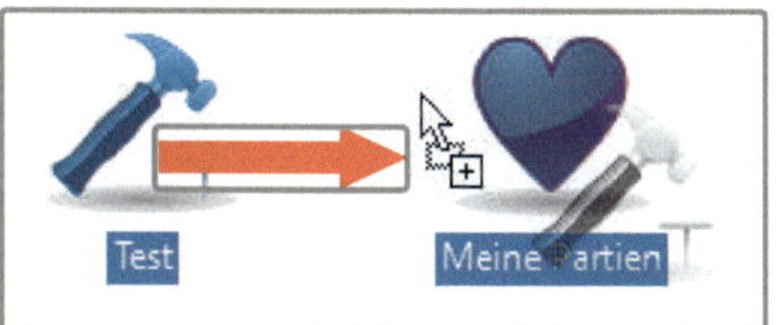

Um alle Partien einer Datenbank in eine andere Datenbank zu kopieren, ziehen Sie das Datenbanksymbol der Quelldatenbank (im Bild Test) auf das der Zieldatenbank (im Bild Meine Partien).

Nach dem Loslassen der Maus über dem Symbol der Zieldatenbank sind im erscheinenden Dialogfeld alle Partien der Quelldatenbank zum Kopieren ausgewählt ❶.

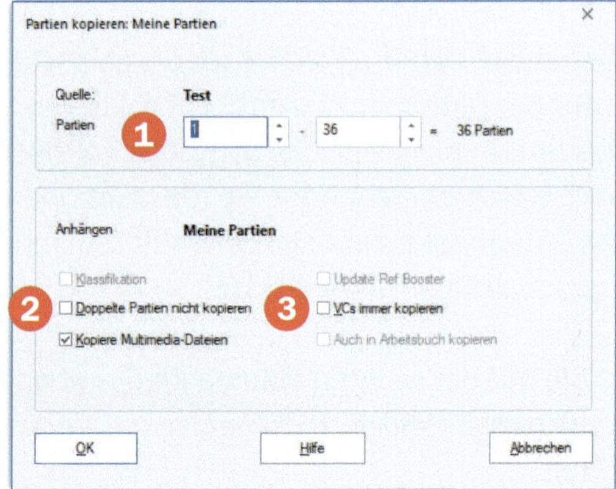

Natürlich können Sie in den beiden Feldern ❶ die Partienummern ändern, wenn Sie nicht alle Partien in die Zieldatenbank kopieren wollen. Allerdings wird man anhand der Partienummern nur in den seltensten Fällen auswendig wissen, um welche Partien es sich genau handelt, sodass diese Methode am geeignetsten erscheint, wenn man tatsächlich alle Partien einer Datenbank kopieren möchte.

Aktivieren Sie im Dialogfeld ***Partien kopieren*** die Option ***Doppelte Partien nicht kopieren*** ❷, wenn Sie möchten, dass Partien, die bereits in der Zieldatenbank vorhanden sind, nicht kopiert werden. Berücksichtigen Sie jedoch, dass das den Kopiervorgang bei sehr vielen zu kopierenden Partien deutlich verzögern kann, da jede Partie einzeln überprüft werden muss (wie Sie eine Datenbank nachträglich auf doppelte Partien überprüfen und diese gegebenenfalls entfernen können, erfahren Sie in 2.11, »Doppelte Partien erkennen und löschen«, ab Seite 61). Wenn Sie zusätzlich zur Option ***Doppelte Partien nicht kopieren*** die Option ***VCs immer kopieren*** ❸ aktivieren, dann werden kommentierte Partien auf jeden Fall in die Zieldatenbank kopiert.

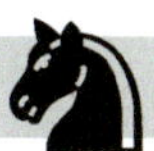

Klicken Sie im ***Partien kopieren***-Dialogfeld auf ***OK***, um den Kopiervorgang mit den gewählten Optionen zu starten.

Sie können aber auch mit der Drag-and-drop-Methode arbeiten, wenn Sie nur bestimmte Partien kopieren wollen. In diesem Fall wählen Sie die zu kopierenden Partien zunächst in einer Partienliste aus und ziehen dann eine der markierten Partien auf das Symbol der Zieldatenbank. In den folgenden beiden Abbildungen werden die in den Partienlisten markierten Partien in die ***Test***-Datenbank kopiert.

Mehrere Partien in einer Partienliste auswählen

Die Vorgehensweisen wurden ja im vorherigen Tipp schon beschrieben, für die Querleser und weil es so wichtig ist, hier noch einmal in einem eigenen Kasten: Mehrere Partien können Sie auswählen, indem Sie diese bei gedrückt gehaltener ***Strg***-Taste der Reihe nach anklicken. Einen zusammenhängenden Block von Partien können Sie auch markieren, indem Sie zunächst die erste Partie und dann mit gedrückter ***Umschalt***-Taste die letzte Partie anklicken.

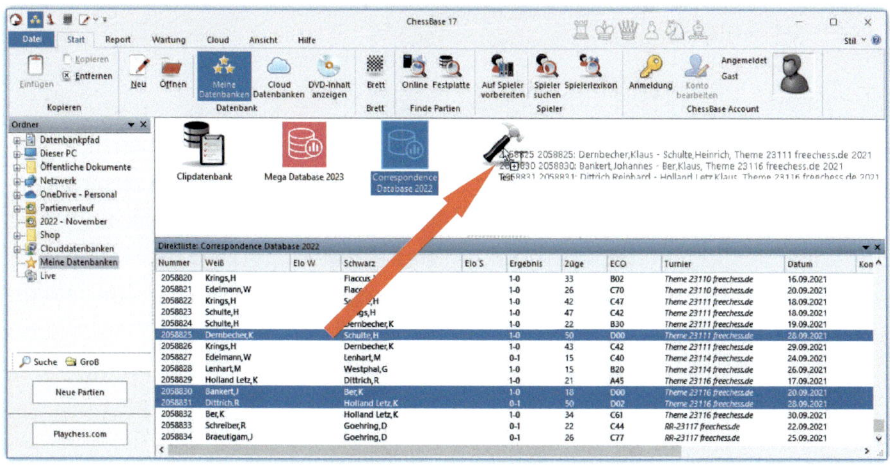

Sie können die markierten Partien entweder aus der Direktliste …

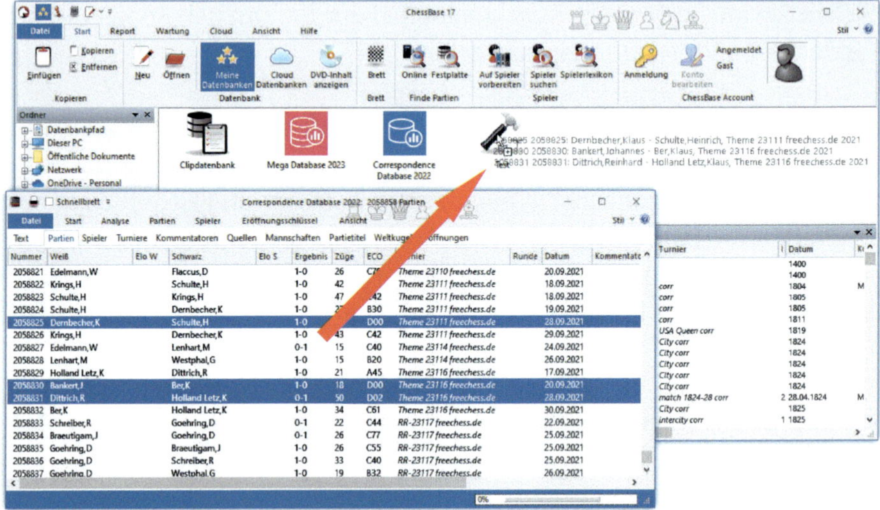

... oder aus einem separaten Partienlistenfenster auf das Symbol der Zieldatenbank (hier die Datenbank Test) ziehen.

> Die Clipdatenbank kann beim Kopieren von Partien sowohl als Quelle als auch als Ziel fungieren. Diesbezüglich gibt es keine Unterschiede zu anderen Datenbanken.

Beachten Sie, dass das ***Partien kopieren***-Dialogfeld mit den verfügbaren Optionen nur dann erscheint, wenn die kopierten Partien einen zusammenhängenden Partienummernbereich bilden. In den obigen Abbildungen ist das zum Beispiel nicht der Fall, da in der Partienliste kein Block von fortlaufenden Partienummern markiert ist, sondern zwei Blöcke von jeweils einer und zwei Partien. Wären die Partien mit den Nummern ***2058826*** bis ***2058829*** ebenfalls markiert, würde es sich um einen zusammenhängenden Block handeln.

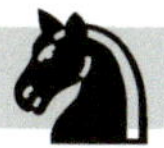

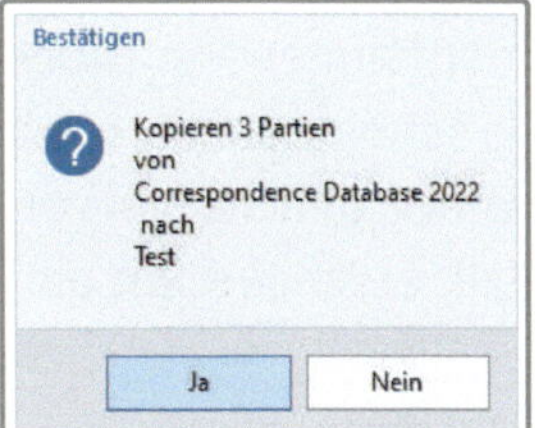

*Wenn die zu kopierenden Partien keinen zusammenhängenden Block von Partienummern bilden, erscheint statt dem **Partien kopieren**-Dialogfeld nur ein einfaches Bestätigungsdialogfeld, in dem keine weiteren Optionen zur Verfügung stehen.*

Tipp: Kopieren Sie Partien gegebenenfalls einzeln oder blockweise, um das ***Partien kopieren***-Dialogfeld mit seinen zusätzlichen Optionen anzuzeigen.

Beachten Sie auch, dass es praktisch nicht möglich ist, einen zusammenhängenden Partienummernbereich auszuwählen, wenn eine Partienliste nicht nach Partienummern, sondern nach einem anderen Kriterium sortiert ist. In diesem Fall entsprechen die Partienummern ja nicht mehr der Reihenfolge der angezeigten Partien.

Außerdem können Sie die in einer Partienliste ausgewählten Partien kopieren, indem Sie eine der markierten Partien mit der rechten Maustaste anklicken und im erscheinenden Kontextmenü ***Bearbeiten/Kopieren*** wählen. Klicken Sie anschließend mit der rechten Maustaste auf das Symbol der Datenbank, in die Sie die Partien einfügen wollen (alternativ können Sie auch irgendwo in der Partienliste der Zieldatenbank rechtsklicken), und wählen Sie ***Bearbeiten/Einfügen*** im Kontextmenü.

Statt der Kontextmenübefehle ***Bearbeiten/Kopieren*** und ***Bearbeiten/Einfügen*** können Sie auch die Tastaturkürzel ***Strg+C*** (Kopieren) und ***Strg+V*** (Einfügen) verwenden.

Auch hierbei gilt: Wenn die Aktion auf einen zusammenhängenden Block von fortlaufenden Partienummern angewendet wird, erscheint das ***Partien kopieren***-Dialogfeld mit verschiedenen Optionen, die auf den Kopiervorgang angewendet werden können. Ist das nicht der Fall, erscheint ein einfaches Bestätigungsdialogfeld.

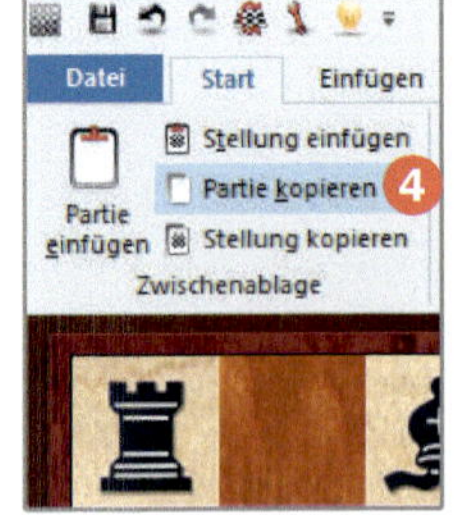

Schließlich können Sie eine in einem Brettfenster geöffnete Partie kopieren, indem Sie dort in der ersten Gruppe der Registerkarte ***Start*** auf ***Partie kopieren*** ❹ klicken.

Alternativ können Sie auch im Brettfenster das Tastaturkürzel ***Strg***+***C*** verwenden.

Zum Einfügen der kopierten Partie in die gewünschte Zieldatenbank verfahren Sie im Datenbankfenster wie oben beschrieben.

Zum besseren Verständnis: Im allgemeinen Sprachgebrauch bedeutet »kopieren«, dass eine Kopie eines Elements an anderer Stelle eingefügt wird. In diesem Sinne beinhaltet der Begriff auch die Aktion des Einfügens. In dem hier verwendeten engeren Sinne bedeutet kopieren »etwas in die Zwischenablage von Windows legen«. Die Zwischenablage von Windows ist ein Windows-interner, temporärer Speicher, dessen aktueller Inhalt grundsätzlich an beliebiger Stelle eingefügt werden kann, vorausgesetzt die Formate sind kompatibel. So können Sie zum Beispiel die Notation und die Metadaten einer in ChessBase kopierten Partie auch per ***Strg***+***V*** im Windows Editor oder in einem anderen Textverarbeitungsprogramm (beispielsweise in Microsoft Word) einfügen.

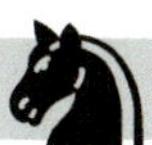

2.9 Spalten konfigurieren

Standardmäßig sind die Spalten einer Partienliste in einer bestimmten Reihenfolge angeordnet, zuerst kommt die Spalte mit den Partienummern (Spaltentitel ***Nummer***), dann die Spalte mit den Spielern der weißen Steine (Spaltentitel ***Weiß***), dann die mit den Elo-Zahlen der Weiß-Spieler (Spaltentitel ***Elo W***) und so weiter. Wenn Ihnen für eine Datenbank die ursprüngliche Spaltenkonfiguration nicht hundertprozentig zusagt, können Sie diese nach Ihren Wünschen ändern. Konkret: Sie können bestimmen, welche Spalten und in welcher Reihenfolge diese in einer Partienliste angezeigt werden.

Um eine Spalte zu verschieben, klicken Sie auf den Spaltentitel, lassen die Maustaste gedrückt, und ziehen ihn an die gewünschte Stelle. Dort angekommen, lassen Sie die Maustaste los. »Die gewünschte Stelle« bedeutet in diesem Fall »auf einen anderen Spaltentitel«. Wenn Sie von rechts nach links ziehen, wird die versetzte Spalte rechts von dem Spaltentitel platziert, über dem Sie die Maustaste loslassen. Wenn Sie von links nach rechts ziehen, wird die versetzte Spalte links von dem Spaltentitel platziert, über dem Sie die Maustaste loslassen.

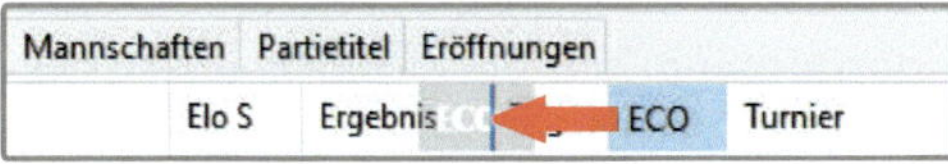

*Die **ECO**-Spalte wird per Drag-and-drop zwischen die Spalten **Ergebnis** und **Züge** platziert.*

Num...	Weiß	Elo W	Schwarz	Elo S	Ergebnis	Züge
7625181	Arnhold,S	1955	Schumann,R	1903	½-½	29
7625182	Focke,A	1804	Bui,N	1876	0-1	36
7625183	Lutz,A	1787	Tovmasyan,M	1554	½-½	30
7625184	Puls,L	1456	Weimert,M	1776	0-1	26
7625185	Hentschel,L	1533	Bress,A	1464	½-½	62
7625186	Ewert,H	2314	Sieber,F	2277	½-½	40
7625187	Pallas,S	2278	Polster,C	2294	0-1	32
7625188	Knuedel,T	2135	Roseneck,J	2262	½-½	44
7625189	Hartge,G	2214	Schulze,L	2066	½-½	41
7625190	Pubantz,J	2084	Zeuner,O	1865	1-0	42
7625191	Dietz,K	1762	Hommer,J	1983	0-1	38
7625192	Boehm,J	2001	Kageler,A	1459	1-0	43
7625193	Schwenke,M	1203	Roncea,A	1515	0-1	72
7625194	Silber,K	2205	Wendler,D	2156	0-1	42
7625195	Jakob,G	1959	Steffens,O	1960	1-0	62
7625196	Evering,S	1793	Brunner,J	1940	½-½	42
7625197	Schallner,M	1931	Moenster,M	1857	½-½	23
7625198	Block,T	1777	Zell,M	1797	1-0	36
7625199	Zell,H	1469	Abele,A	1679	0-1	63
7625200	Weidenhoefer,M	1580	Wildermuth,N	1539	1-0	69
7625201	Bako,E	1002	Zoellner,B	1354	0-1	32
7625202	Niermann,T	2315	Richter,L	2322	0-1	54
7625203	Urban,K	2279	Browning,A	2148	1-0	38
7625204	Garbuz,V	2182	Wong,G	2194	½-½	39
7625205	Nguyen,A	2240	Wagner,L	1941	1-0	48
7625206	Arakelian,A	1879	Halas,J	1972	1-0	58
7625207	Koenze,H	1845	Bashylina,L	1837	1-0	24
7625208	Moeller,L	1868	Roessel,G	1778	1-0	29
7625209	Parvanyan,A	2428	Kuznecovs,N	2186	1-0	72
7625210	Nguyen,H	2194	Kololli,M	2331	1-0	28
7625211	Svane,F	2287	Philipp,M	2076	1-0	73
7625212	Grund,S	1992	Kopylov,D	2192	0-1	25
7625213	Glinzner,A	1787	Ratay,M	1887	½-½	22
7625214	Reuter,E	1786	Farokhi,K	1855	½-½	60
7625215	Mundt,A	1679	Wagner,M	1643	0-1	42

Spalten optimieren   Strg-+
Alle Spalten
1 Verberge 'Züge'
Spalte anpassen ('Züge')
2 Spalten weiter rechts verbergen ('Züge' -> ...)
Zeige 'Mannschaft Weiß'
Zeige 'Mannschaft Schwarz'
Zeige 'Quelle'
Zeige 'Variantenzüge'
Zeige 'AIT'
Zeige 'Spieler (CBF)'
Zeige 'Turnier (CBF)'
Zeige 'Jahr'
Zeige 'Notation'
Zeige 'Endmaterial'
Zeige 'Elo av.'
Zeige 'Elo max.'
Zeige 'Letzter Zug'
Zeige 'Gesendet'
Zeige 'Zeit Weiß'
Zeige 'Zeit Schwarz'
Zeige 'Jahr'
Zeige 'Version'
Zeige 'ID'
Zeige 'Endspiel'
Zeige 'Letzte Änderung'
Zeige 'Partietitel'

Um eine Spalte auszublenden, klicken Sie mit der rechten Maustaste auf den Spaltentitel und im erscheinenden Kontextmenü auf ***Verberge ‚<Name der Spalte>‘*** (in der vorherigen Abbildung lautet dieser Befehl ***Verberge ‚Züge‘*** ❶ da der Rechtsklick auf diesen Spaltentitel ausgeführt wurde). Der Befehl ***Spalten weiter rechts verbergen (‚<Name der Spalte>‘ -> ...)*** ❷ blendet alle Spalten aus, die sich rechts von der Spalte befinden, auf deren Titel der Rechtsklick ausgeführt wurde.

Das Kontextmenü, das per Rechtsklick auf die Spaltentitelleiste erscheint, enthält außerdem Anzeigeoptionen für alle Spalten, die aktuell nicht eingeblendet sind. Klicken Sie auf ***Zeige ‚<Name der Spalte>‘***, um die betreffende Spalte einzublenden. Sie wird dann am Ende, hinter der letzten Spalte, hinzugefügt.

Beachten Sie, dass ChessBase Änderungen an einer Spaltenkonfiguration sofort in der Datenbank speichert. Das heißt, wenn Sie eine Datenbank öffnen, finden Sie in den Partienlisten dieser Datenbank die gleichen Spaltenkonfigurationen vor wie beim letzten Schließen der Datenbank.

Außerdem beziehen sich Änderungen an der Spaltenkonfiguration speziell auf eine Partienliste. Wenn Sie zum Beispiel in der Direktliste des Datenbankfensters die beschriebenen Änderungen durchführen, wirken sich diese ausschließlich auf diese Partienliste aus, im Partienlistenfenster bleibt jedoch alles beim Alten. Umgekehrt hat es keine Auswirkungen auf die Spaltenkonfiguration in der Direktliste, wenn Sie die Spaltenkonfiguration im Partienlistenfenster ändern. Wenn Sie also eine ganz bestimmte Spaltenkonfiguration bevorzugen, müssen Sie diese an beiden Stellen separat einrichten, im Partienlistenfenster und in der Direktliste.

Das Direktfenster ist Teil des Datenbankfensters. Die Partienliste einer Datenbank erscheint im Direktfenster, wenn Sie im Datenbankfenster das Datenbanksymbol selektieren. Dagegen ist das Partienlistenfenster ein eigenes Fenster, das erscheint, wenn eine Datenbank geöffnet wird, zum Beispiel durch einen Doppelklick auf das Datenbanksymbol (siehe dazu 2.4, »Datenbanken und Partien öffnen«, ab Seite 44).

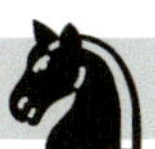

2.10 Datenbanken sortieren

Auch die Anzeige der Partien in einer Partienliste lässt sich flexibel gestalten. Sie können die Partien nach jedem Spaltenkriterium sortieren, indem Sie einmal auf den Spaltentitel klicken. Jeder weitere Klick kehrt die Sortierreihenfolge um, von aufsteigend zu absteigend beziehungsweise von absteigend zu aufsteigend und wieder umgekehrt.

Möchten Sie zum Beispiel die Anzeige der Partien in absteigender Reihenfolge nach den Elo-Zahlen von Schwarz sortieren, sodass die Partie mit der höchsten Elo-Zahl von Schwarz ganz oben steht, dann reicht ein einziger Klick auf den Titel der Spalte ***Elo S***. Die Sortierung nach Elo-Zahlen und zum Beispiel auch die nach Datum, Jahr oder Zugzahl (Spalte ***Züge***) erfolgt zunächst immer in absteigender Reihenfolge, die Sortierung nach Namen alphabetisch in aufsteigender Reihenfolge. Möchten Sie dagegen die Partien nach der Anzahl von Zügen in aufsteigender Reihenfolge sortieren, dann führen Sie zwei Einfachklicks auf den Spaltentitel ***Züge*** aus (das zweite Mal, um die zunächst aufsteigende Reihenfolge umzukehren).

Anders als bei der im vorherigen Tipp beschriebenen Spaltenkonfiguration wird eine geänderte Sortierung nicht automatisch gespeichert. Bei der nächsten Anzeige der Partienliste präsentiert sich diese hinsichtlich der Sortierung wieder wie zuvor. Das heißt, die Liste ist wieder nach den Partienummern geordnet, wobei die Zuordnung der Partienummern zu den Partien gleich geblieben ist.

Sie können eine geänderte Sortierung aber dauerhaft speichern, indem Sie im Partienlistenfenster auf der Registerkarte ***Partien*** auf die Schaltfläche ***Sortierung fixieren*** klicken. Bestätigen Sie die anschließende Rückfrage mit ***OK***. Daraufhin passt ChessBase auch die Partienummern entsprechend der neu festgelegten Reihenfolge an.

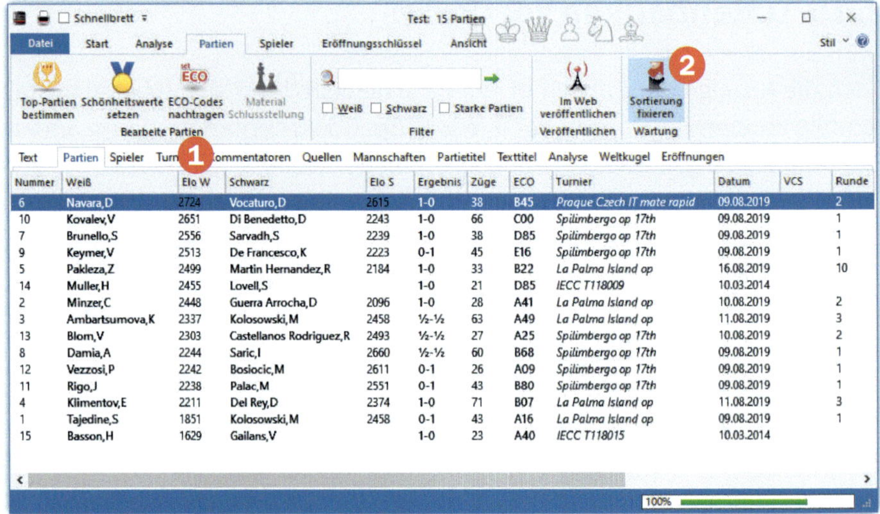

Nummer	Weiß	Elo W	Schwarz	Elo S	Ergebnis	Züge	ECO	Turnier	Datum	VCS	Runde
6	Navara,D	2724	Vocaturo,D	2615	1-0	38	B45	Prague Czech IT mate rapid	09.08.2019		2
10	Kovalev,V	2651	Di Benedetto,D	2243	1-0	66	C00	Spilimbergo op 17th	09.08.2019		1
7	Brunello,S	2556	Sarvadh,S	2239	1-0	38	D85	Spilimbergo op 17th	09.08.2019		1
9	Keymer,V	2513	De Francesco,K	2223	0-1	45	E16	Spilimbergo op 17th	09.08.2019		1
5	Pakleza,Z	2499	Martin Hernandez,R	2184	1-0	33	B22	La Palma Island op	16.08.2019		10
14	Muller,H	2455	Lovell,S		1-0	21	D85	IECC T118009	10.03.2014		
2	Minzer,C	2448	Guerra Arrocha,D	2096	1-0	28	A41	La Palma Island op	10.08.2019		2
3	Ambartsumova,K	2337	Kolosowski,M	2458	½-½	63	A49	La Palma Island op	11.08.2019		3
13	Blom,V	2303	Castellanos Rodriguez,R	2493	½-½	27	A25	Spilimbergo op 17th	10.08.2019		2
8	Damia,A	2244	Saric,I	2660	½-½	60	B68	Spilimbergo op 17th	09.08.2019		1
12	Vezzosi,P	2242	Bosiocic,M	2611	0-1	26	A09	Spilimbergo op 17th	09.08.2019		1
11	Rigo,J	2238	Palac,M	2551	0-1	43	B80	Spilimbergo op 17th	09.08.2019		1
4	Klimentov,E	2211	Del Rey,D	2374	1-0	71	B07	La Palma Island op	11.08.2019		3
1	Tajedine,S	1851	Kolosowski,M	2458	0-1	43	A16	La Palma Island op	09.08.2019		1
15	Basson,H	1629	Gailans,V		1-0	23	A40	IECC T118015	10.03.2014		

*Die Partienliste ist hier nach den Elo-Zahlen von Weiß sortiert ❶ die Zuordnung der Partienummern (erste Spalte) hat sich damit jedoch noch nicht geändert. Nach Klick auf **Sortierung fixieren** ❷ …*

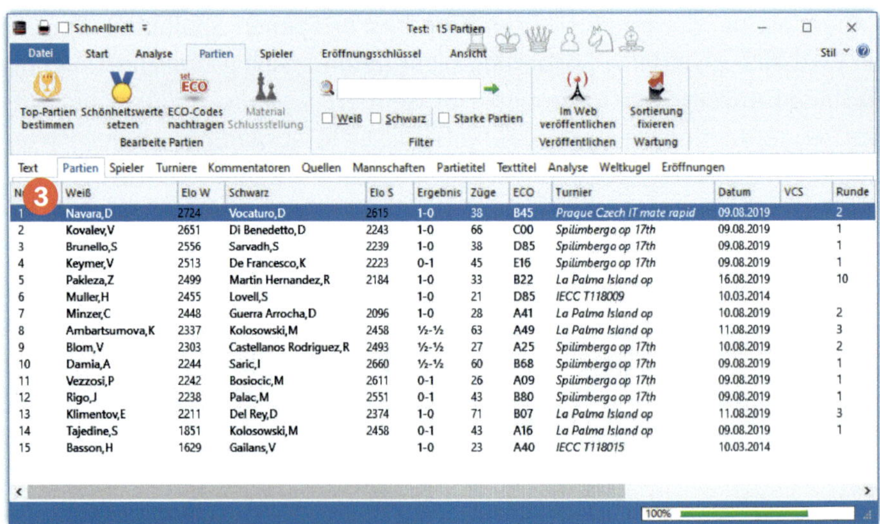

N	Weiß	Elo W	Schwarz	Elo S	Ergebnis	Züge	ECO	Turnier	Datum	VCS	Runde
1	Navara,D	2724	Vocaturo,D	2615	1-0	38	B45	Prague Czech IT mate rapid	09.08.2019		2
2	Kovalev,V	2651	Di Benedetto,D	2243	1-0	66	C00	Spilimbergo op 17th	09.08.2019		1
3	Brunello,S	2556	Sarvadh,S	2239	1-0	38	D85	Spilimbergo op 17th	09.08.2019		1
4	Keymer,V	2513	De Francesco,K	2223	0-1	45	E16	Spilimbergo op 17th	09.08.2019		1
5	Pakleza,Z	2499	Martin Hernandez,R	2184	1-0	33	B22	La Palma Island op	16.08.2019		10
6	Muller,H	2455	Lovell,S		1-0	21	D85	IECC T118009	10.03.2014		
7	Minzer,C	2448	Guerra Arrocha,D	2096	1-0	28	A41	La Palma Island op	10.08.2019		2
8	Ambartsumova,K	2337	Kolosowski,M	2458	½-½	63	A49	La Palma Island op	11.08.2019		3
9	Blom,V	2303	Castellanos Rodriguez,R	2493	½-½	27	A25	Spilimbergo op 17th	10.08.2019		2
10	Damia,A	2244	Saric,I	2660	½-½	60	B68	Spilimbergo op 17th	09.08.2019		1
11	Vezzosi,P	2242	Bosiocic,M	2611	0-1	26	A09	Spilimbergo op 17th	09.08.2019		1
12	Rigo,J	2238	Palac,M	2551	0-1	43	B80	Spilimbergo op 17th	09.08.2019		1
13	Klimentov,E	2211	Del Rey,D	2374	1-0	71	B07	La Palma Island op	11.08.2019		3
14	Tajedine,S	1851	Kolosowski,M	2458	0-1	43	A16	La Palma Island op	09.08.2019		1
15	Basson,H	1629	Gailans,V		1-0	23	A40	IECC T118015	10.03.2014		

… speichert ChessBase die geänderte Sortierung in der Datenbank und passt die Partienummern an die fixierte Sortierung an ❸.

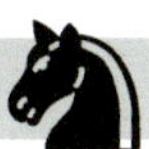

2.11 Doppelte Partien erkennen und löschen

Bis auf einige Ausnahmen – beispielsweise wenn die gleiche Partie unterschiedlich kommentiert ist – möchte man in der Regel nicht, dass in einer Datenbank Partien doppelt vorkommen. Um doppelte Partien aus einer Datenbank zu entfernen, klicken Sie mit der rechten Maustaste auf das Datenbanksymbol und wählen im Kontextmenü ***Extras/Doppelte Partien löschen***.

Im Kontextmenü der Clipdatenbank lautet der nämliche Befehl ***Doppelte Partien entfernen*** und er befindet sich auf der ersten Ebene.

Es erscheint das folgende Dialogfeld, in dem Sie definieren, welche Partien ChessBase als doppelt qualifizieren soll. Aktivieren Sie zum Beispiel das Kontrollkästchen bei ***Verschiedene Kommentatoren bewahren*** ❶ aber lassen Sie das Kontrollkästchen bei ***Kommentierte Partien löschen*** ❷ leer, wenn Sie, wie eingangs erwähnt, nicht möchten, dass unterschiedlich kommentierte, aber ansonsten übereinstimmende Partien gelöscht werden.

Wenn das Kontrollkästchen bei ***Kommentierte Partien löschen*** ❷ gesetzt ist, werden Partien, die in den übrigen Kriterien übereinstimmen, zum Löschen vorgemerkt, unabhängig davon, ob oder wie sie kommentiert sind.

»Doppelte Partien löschen« heißt auch in diesem Zusammenhang, dass die Partien zunächst nicht endgültig gelöscht, sondern erst einmal zum Löschen vorgemerkt werden (siehe dazu 2.7, »Partien löschen«, ab Seite 50).

Wenn Sie wollen, dass die gefundenen doppelten Partien sofort und endgültig aus der Datenbank entfernt werden, steht es Ihnen jedoch frei, die Option ***Gelöschte Partien entfernen*** ❸ zu aktivieren. Bedenken Sie aber, dass Sie sich damit der Möglichkeit berauben, die Ergebnisse der Löschfunktion nachträglich zu überprüfen (und gegebenenfalls zu korrigieren).

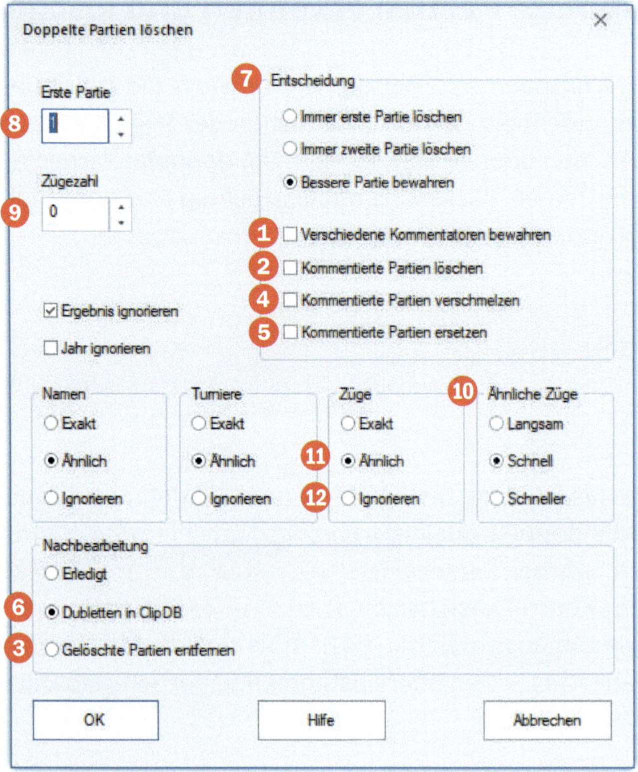

Hier legen Sie fest, nach welchen Kriterien die Löschfunktion doppelte Partien ermitteln wird.

Interessant sind auch die Optionen ***Kommentierte Partien verschmelzen*** ❹ und ***Kommentierte Partien ersetzen*** ❺. Letztere löscht die unkommentierte und behält die kommentierte Partie, wenn zwei Dubletten (eine kommentierte und eine unkommentierte Partie) vorliegen. Die Option ***Kommentierte Partien verschmelzen*** verschmelzt zwei Dubletten, die beide kommentiert sind.

Wenn Sie das Kontrollkästchen bei ***Dubletten in ClipDB*** ❻ setzen beziehungsweise gesetzt lassen, werden die doppelten Partien immer zusätzlich in die Clipdatenbank kopiert, und zwar beide, die gelöschte sowie die nicht gelöschte Partie. Hier können Sie die Entscheidung des Programms besser überprüfen als in einer eventuell sehr großen Datenbank, bevor Sie die Partien endgültig

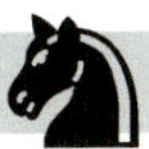

löschen (wenn in der Originaldatenbank eine der doppelten Partien beispielsweise eine einstellige Nummer hat und die Nummer der gelöschten in die Millionen geht, lassen sich die beiden Partien nicht auf bequeme Weise vergleichen; in der Clipdatenbank liegen sie dagegen dicht beieinander).

Beachten Sie aber, dass die Option ***Dubletten in ClipDB*** nur greift, wenn das Kontrollkästchen bei ***Gelöschte Partien entfernen*** leer bleibt ❸. Wenn ChessBase die doppelten Partien sofort entfernt, dann landen sie auch nicht in der Clipdatenbank, selbst wenn das Häkchen bei ***Dubletten in ClipDB*** gesetzt ist.

Mit den Optionsfeldern im Abschnitt ***Entscheidung*** ❼ legen Sie fest, welche der doppelten Partien ChessBase löschen und welche es behalten soll. Wenn das Optionsfeld bei ***Bessere Partie bewahren*** gesetzt ist, wird das Programm zum Beispiel Daten wie Elo-Zahlen, den Umfang der Kommentierungen oder das Vorhandensein von Vornamen heranziehen, um eine der beiden als »besser« zu qualifizieren und diese – unter Berücksichtigung der anderen angegebenen Kriterien – behalten. ***Immer erste Partie löschen*** löscht dagegen die Partie mit der niedrigeren Listennummer, ***Immer zweite Partie löschen*** die mit der höheren Nummer. Falls Sie zum Beispiel gerade neue Partien an das Ende einer gut gepflegten Datenbank kopiert haben, kann es sinnvoll sein, immer die zweite Partie zu löschen, damit die ursprünglichen Partien unverändert erhalten bleiben.

Mit der Angabe im Feld ***Erste Partie*** ❽ bestimmen Sie, ab welcher Partie der Vergleich stattfinden soll. Wenn eine große Datenbank zum Beispiel chronologisch sortiert ist und Sie nur Partien auf Doppelte untersuchen wollen, die aus einem bestimmten Zeitraum neu hinzugekommen sind, können Sie die Dublettenerkennung durch Angabe einer entsprechenden Startpartienummer merkbar beschleunigen.

Im Feld ***Zügezahl*** ❾ können Sie ein Minimum für die zu betrachtende Partielänge setzen. Dies ist durchaus sinnvoll, da der Vergleich von sehr kurzen Partien meist überflüssig ist und daher unnötig Zeit kostet.

Die Optionsfelder in den Abschnitten ***Namen***, ***Turniere***, ***Züge*** legen fest, ob die entsprechenden Angaben exakt übereinstimmen müssen oder ob sie sich geringfügig unterscheiden dürfen, wie etwa die Schreibweisen von Namen. Wenn ChessBase Namen und/oder Turnierangaben beim Auffinden von Dubletten ignorieren soll, aktivieren Sie jeweils das unterste Optionsfeld.

Die Optionsfelder im Abschnitt ***Ähnliche Züge*** ⑩ (Abbildung zwei Seiten zuvor) sind nur auswählbar, wenn im Abschnitt ***Züge*** das Optionsfeld ***Ähnlich*** ⑪ gesetzt ist. In diesem Fall können Sie mit der Auswahl von ***Langsam***, ***Schnell*** oder ***Schneller*** festlegen, wie viel Zeit ChessBase für den Vergleich dieses Kriteriums aufbringen wird und damit, wie genau die Ergebnisse sein werden. Wenn Sie hier beispielsweise ***Langsam*** wählen, wird das Programm nur solche Partien als doppelt qualifizieren, deren Züge nahezu übereinstimmen. Bei ***Schneller*** wird ChessBase eher oberflächlich vorgehen, was auch die Trefferquote, also die Anzahl der gefundenen doppelten Partien, erhöhen wird.

Achtung: Wenn Sie die Züge der Partien ignorieren ⑫ (Abbildung zwei Seiten zuvor), vergleicht ChessBase nur den ECO-Code, was sehr wahrscheinlich zu unerwünschten Ergebnissen führen wird.

Klicken Sie im Dialogfeld ***Doppelte Partien löschen*** auf ***OK***, um den Vorgang zu starten, nachdem Sie alle gewünschten Einstellungen vorgenommen haben.

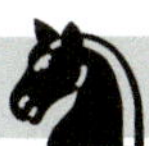

2.12 Die Clipdatenbank verwenden

Etwas ganz Besonderes und sehr Nützliches ist die Clipdatenbank. Diese ist ausschließlich in der Ansicht ***Meine Datenbanken*** verfügbar und sie kann von dort auch nicht entfernt werden – möglicherweise haben Sie sich ja schon darüber gewundert, dass es keinen entsprechenden Befehl im Kontextmenü des Datenbanksymbols gibt.

Zur Ansicht ***Meine Datenbanken*** siehe 2.1, »Datenbanken zur Ansicht »Meine Datenbanken« hinzufügen«, ab Seite 36.

Die Clipdatenbank speichert Verknüpfungen zu Partien aus anderen Datenbanken. Das spart nicht nur Speicherplatz (die Clipdatenbank ist praktisch physisch gar nicht vorhanden), sondern hat darüber hinaus vor allem zwei Vorteile:

- Man kann ohne viel Aufwand Partien, die sich in unterschiedlichen Datenbanken befinden, bei Bedarf zusätzlich an einer zentralen Stelle (in der Clipdatenbank) sammeln.
- Es ist besonders einfach, Partien, die sich in der Clipdatenbank befinden, in andere Datenbanken zu kopieren.

Dazu ein kleines Beispiel. Angenommen, Sie möchten die geschlossene Variante der sizilianischen Verteidigung (ECO-Schlüssel B23) anhand der Partien von Magnus Carlsen studieren. Da sich solche Partien bei Ihnen in verschiedenen Datenbanken befinden, möchten Sie alle der Clipdatenbank hinzufügen. Die dafür notwendigen Aktionen könnten in etwa so aussehen:

1. Zunächst durchsuchen Sie die erste Datenbank, zum Beispiel die Mega Database, nach Partien von Magnus Carlsen mit dem ECO-Schlüssel B23. Klicken Sie dazu das Datenbanksymbol der Mega Database mit der rechten Maustaste an und wählen Sie ***Suche***.

2 Die Suchmaske könnte nach Klick auf ***Erweitert*** wie im folgenden Bild aussehen (Weiß-Spieler ***Carlsen, Magnus***, ECO-Code ***B23*** – geben Sie diesen in beiden Feldern ein). Klicken Sie auf ***OK***, um die Suche zu starten.

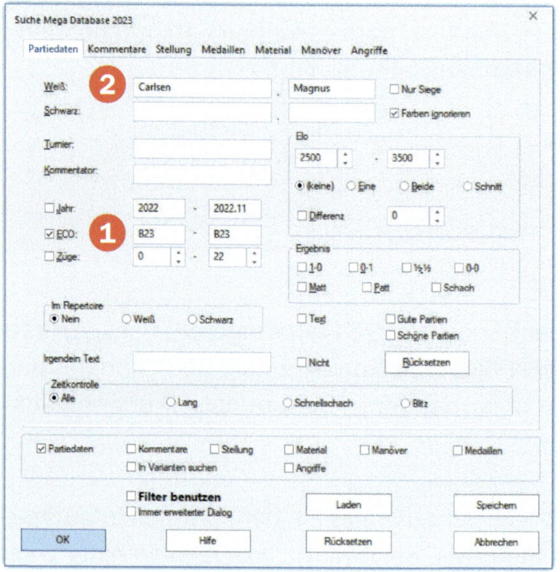

Suche nach Partien mit dem ECO-Schlüssel B23 1 *des Spielers Magnus Carlsen* .

3 Um alle Partien, die sich als Suchergebnis ergeben, auszuwählen, klicken Sie auf eine davon und drücken ***Strg***+***A***. Wenn Sie der Clipdatenbank nicht alle Partien der Suchergebnisliste, sondern nur einige davon hinzufügen wollen, markieren Sie nur diese. Klicken Sie in diesem Fall die Partien bei gedrückt gehaltener ***Strg***-Taste der Reihe nach an. Einen zusammenhängenden Partienblock können Sie markieren, indem Sie die erste und dann mit gedrückter Umschalttaste die letzte Partiezeile anklicken.

4 Alles, was Sie nun noch tun müssen, ist, die Taste ***F5*** zu drücken. Daraufhin werden der Clipdatenbank Verknüpfungen für die ausgewählten Partien hinzugefügt.

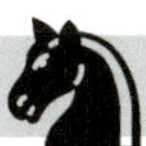

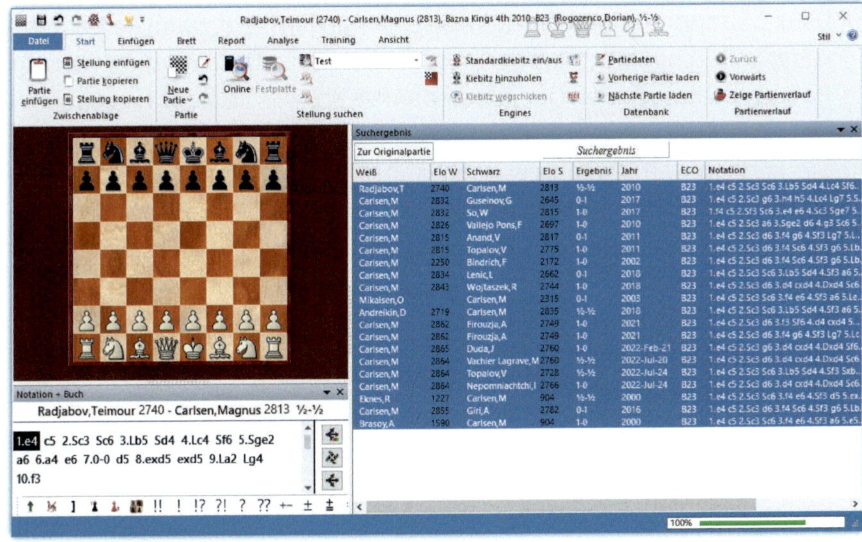

Ein Tastendruck (F5) fügt die markierten Partien der Clipdatenbank hinzu.

5 Verfahren Sie mit den anderen Datenbanken genauso. Führen Sie für diese die Schritte 1 bis 3 ebenfalls durch. Danach haben Sie alle aus verschiedenen Datenbanken stammenden Partien, welche die genannten Kriterien erfüllen (von Magnus Carlsen mit Weiß oder Schwarz gespielte Partien mit dem Eröffnungsschlüssel B23), in der Clipdatenbank zentral verfügbar.

Hierzu noch folgende Hinweise:

- Das Ganze funktioniert natürlich nicht nur im Zusammenhang mit der Partiensuche. Grundsätzlich können Sie in jeder Partienliste – also zum Beispiel auch in der Direktliste des Datenbankfensters – eine oder mehrere beliebige Partien markieren und sie mit ***F5*** der Clipdatenbank als Verknüpfungen hinzufügen.

- Dass bei dem Vorgang an den Originalpartien irgendwelche Veränderungen durchgeführt werden, brauchen Sie nicht zu befürchten. Die Partien bleiben in den Quelldatenbanken so, wie sie sind.

- Sie können den Vorgang in einer angezeigten Partienliste beliebig oft wiederholen. Statt wie oben in Schritt 2 sogleich alle Partien auszuwählen und dann ein einziges Mal ***F5*** zu drücken, können Sie die Partien, die Sie interessieren, der Clipdatenbank auch nacheinander hinzufügen, indem Sie eine Partie auswählen, ***F5*** drücken, dann die nächste Partie auswählen und wieder ***F5*** drücken, usw.

- Beachten Sie jedoch, dass die Clipdatenbank doppelte Partien nicht etwa automatisch aussortiert. Wenn Sie ein und dieselbe Partie mehrmals auswählen und jeweils ***F5*** drücken, landen auch mehrere Verknüpfungen dieser Partie in der Clipdatenbank, was in der Regel nicht so gewollt ist.

Sie können doppelte Partien aber jederzeit aus der Clipdatenbank entfernen, indem Sie den entsprechenden Befehl im Kontextmenü des Datenbanksymbols wählen.

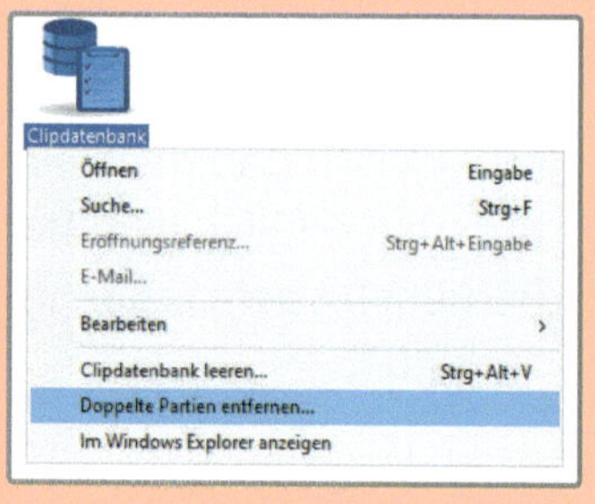

Wenn Sie nun die Partien, die sich in Ihrer Clipdatenbank befinden, in eine andere, »richtige« Datenbank kopieren wollen, ziehen Sie in der Ansicht ***Meine Datenbanken*** einfach das Symbol der Clipdatenbank auf das Symbol der gewünschten Zieldatenbank und lassen die Maustaste los, sobald dort ein Pluszeichen 3 erscheint (vorher müssen Sie das Symbol der Ziel-

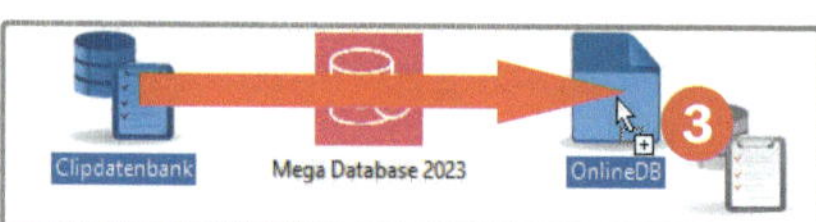

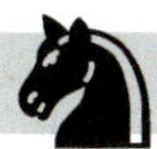

datenbank natürlich in der Ansicht ***Meine Datenbanken*** hinzufügen, falls es dort noch nicht vorhanden ist; wie Sie das tun, lesen Sie in 2.1, »Datenbanken zur Ansicht »Meine Datenbanken« hinzufügen«, ab Seite 36).

Verwenden Sie als Zieldatenbank zum Beispiel eine Datenbank in der ChessBase-Cloud oder auf Ihrem OneDrive-Onlinespeicher, wenn Sie die Partien mit anderen teilen wollen – zum Beispiel, um sie gemeinsam zu analysieren.

Speziell für die Clipdatenbank gibt es einen Befehl, der alle enthaltenen Partien sofort und endgültig aus ihr entfernt. Klicken Sie das Datenbanksymbol mit der rechten Maustaste an und wählen Sie ***Clipdatenbank leeren*** im Kontextmenü. Alternativ drücken Sie bei markiertem Datenbanksymbol ***Strg***+***Alt***+***V***.

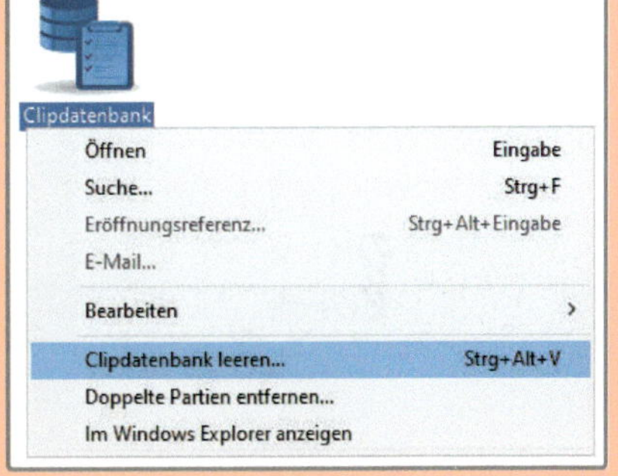

Einzelne Partien können Sie aus der Clipdatenbank praktisch genauso entfernen, wie Sie sie hinzugefügt haben: Markieren Sie die zu entfernenden Partien in der Partienliste der Clipdatenbank und drücken Sie dann die Taste ***F5***.

2.13 Spezielle Symbole für Datenbanken

Wenn Sie wollen, können Sie Ihren Datenbanken je nach ihrem Zweck beziehungsweise nach ihrer Funktion spezielle Symbole zuordnen. Klicken Sie dazu mit der rechten Maustaste auf das aktuelle Datenbanksymbol und wählen Sie ***Eigenschaften*** im erscheinenden Kontextmenü. Wählen Sie in der Liste des erscheinenden Dialogfelds das passende Symbol für die Datenbank aus ❶ (das einem markierten Eintrag zugeordnete Symbol sehen Sie in der Vorschau rechts oben neben der Auswahlliste ❷). Schließen Sie das Dialogfeld danach per Klick auf die ***OK***-Schaltfläche.

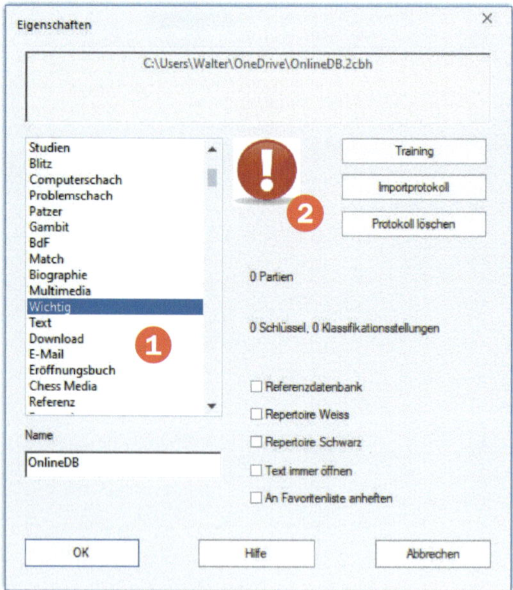

Eine Ausnahme bildet die Clipdatenbank, deren Eigenschaften sich nicht bearbeiten lassen (im Kontextmenü des Clipdatenbank-Symbols gibt es keine Auswahlmöglichkeit ***Eigenschaften***). Somit lässt sich auch das vordefinierte Symbol der Clipdatenbank nicht ändern.

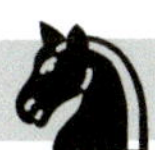

2.14 Suchbeschleuniger anlegen

Wenn Sie für eine Datenbank einen Suchbeschleuniger anlegen, gehen aufwendige Suchvorgänge (Suche nach einer bestimmten Stellung, Material- und/oder Manöversuche) in dieser Datenbank deutlich schneller vonstatten. Daher ist es vor allem für größere Datenbanken sinnvoll, Suchbeschleuniger anzulegen. Beim gleichzeitigen Durchsuchen mehrerer Datenbanken ist der Nutzen besonders groß, vorausgesetzt für jede der zu durchsuchenden Datenbanken existiert ein Suchbeschleuniger.

Der Aufbau eines Suchbeschleunigers kann in Abhängigkeit von der Datenbankgröße etwas Zeit in Anspruch nehmen. Legen Sie daher Ihre Suchbeschleuniger am besten vorab und nicht erst unmittelbar vor einem Suchvorgang an.

Um für eine Datenbank einen Suchbeschleuniger anzulegen, markieren Sie das Datenbanksymbol und klicken dann in der Funktionsleiste in der ersten Gruppe der Registerkarte ***Wartung*** auf die Symbolschaltfläche ***Suchbeschleuniger anlegen*** 1.

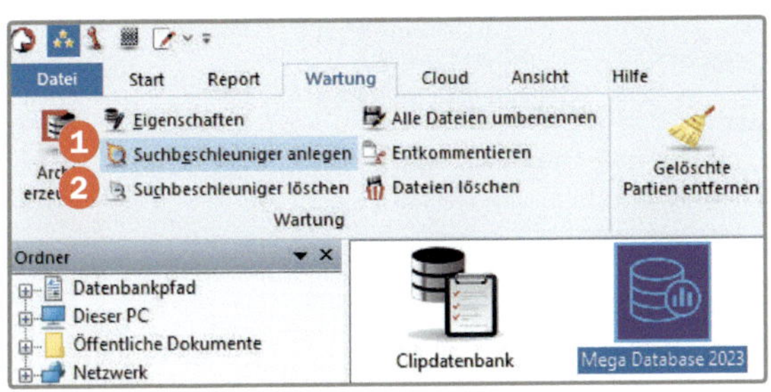

Anlegen eines Suchbeschleunigers für die Mega Database

Suchbeschleuniger werden in zwei Dateien mit den Erweiterungen ***.cbb*** und ***.cbgi*** am gleichen Ort wie die anderen Dateien der Datenbank gespeichert, wobei sich der Hauptteil der Informationen in der ***.cbb***-Datei befindet.

Sie sollten Ihre Suchbeschleuniger von Zeit zu Zeit neu aufbauen, vor allem wenn zwischenzeitlich Veränderungen in den Datenbanken stattgefunden haben. Um dies zu tun, führen Sie den Befehl ***Suchbeschleuniger anlegen*** ❶ (Abbildung vorherige Seite) einfach erneut für jede der entsprechenden Datenbanken aus. Obwohl das beim Neuanlegen eines Suchbeschleunigers automatisch passieren sollte, kann es nichts schaden, den alten Suchbeschleuniger zunächst manuell zu löschen ❷.

2.15 Eine Referenzdatenbank festlegen

Für Suchfunktionen und auch für andere Dinge verwendet ChessBase eine Referenzdatenbank. Welche das sein soll, können Sie folgendermaßen festlegen:

1 Klicken Sie die gewünschte Datenbank mit der rechten Maustaste an und wählen Sie ***Eigenschaften*** im erscheinenden Kontextmenü.

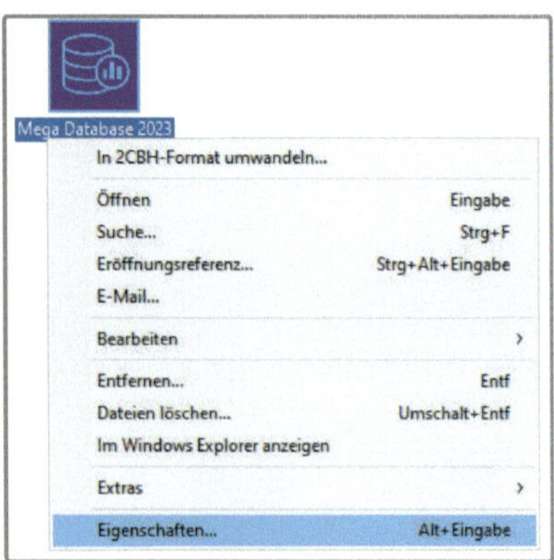

Beachten Sie, dass als Referenzdatenbank nur solche Datenbanken infrage kommen, die auf dem Rechner lokal gespeichert sind.

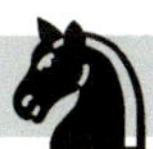

2 Setzen Sie im Eigenschaften-Dialogfeld neben ***Referenzdatenbank*** ein Häkchen in das Kontrollkästchen ❶.

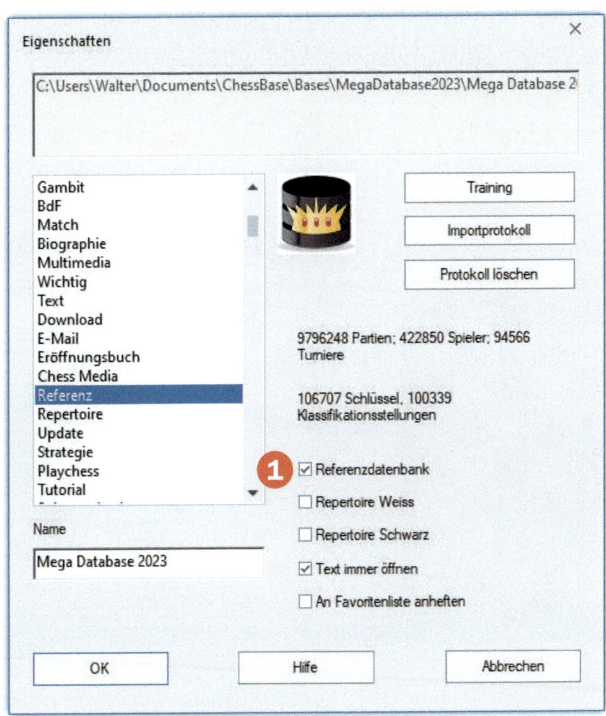

3 Schließen Sie das Dialogfeld danach mit einem Klick auf die ***OK***-Schaltfläche, um die Änderung zu bestätigen.

Es versteht sich von selbst, dass eine Referenzdatenbank entsprechend groß sein, also viele Partien enthalten sollte. Besonders gut eignet sich daher die Mega Database als Referenzdatenbank. Die aktuelle Mega Database enthält über neun Millionen Partien und zusätzlich können Sie wöchentliche Updates von mehreren tausend Partien beziehen (siehe dazu 6.5, »Update-Service für die Mega Database«, ab Seite 237). Damit hat die Megabase als Referenzdatenbank auch den Vorteil, dass sie eröffnungstheoretisch praktisch immer auf dem neuesten Stand ist.

Eine wichtige Funktion erfüllt die Referenzdatenbank auch im Brettfenster. Die Informationen zur aktuellen Stellung, die hier im Notationsbereich auf der Registerkarte ***Referenz*** angezeigt werden, entnimmt ChessBase der Referenzdatenbank. Wenn keine Referenzdatenbank festgelegt ist, bleibt diese Registerkarte leer (allerdings weist Sie ChessBase in diesem Fall auf das Fehlen einer Referenzdatenbank hin).

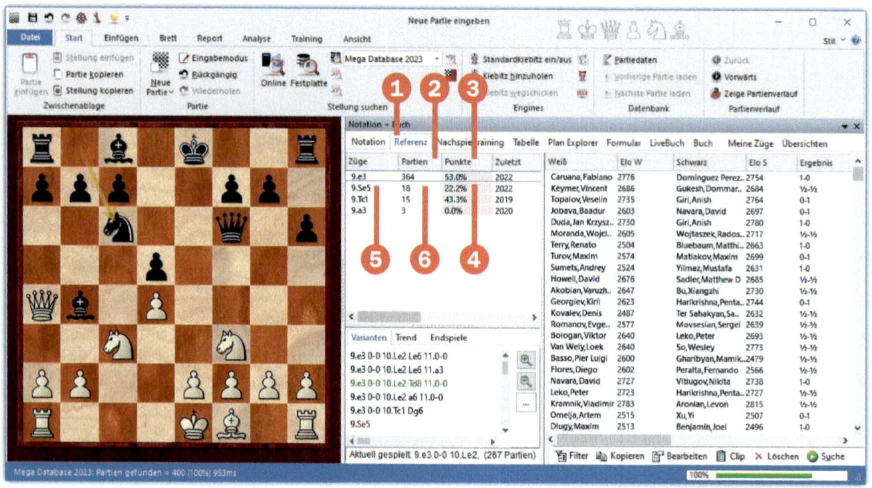

*Die Registerkarte **Referenz** ❶ informiert Sie im Brettfenster unter anderem darüber, welche Züge in der aktuellen Position von der breiten Masse sowie von den Schachprofis am meisten gespielt wurden ❷ und mit welchem Erfolg ❸.*

Die Prozentangabe in der Spalte ***Punkte*** gibt immer die Erfolgsquote von Weiß an, egal ob, wie in der obigen Abbildung, Weiß oder Schwarz am Zug ist. Daher lässt sich beispielsweise in der obigen Abbildung aus der Angabe von ***22.0 %*** ❹ für den Zug ***9. Se5*** ❺ schließen, dass die meisten der 18 Partien ❻, die mit diesem Zug fortgesetzt wurden, zugunsten von Schwarz ausgegangen sind.

2.16 Einfache Suche

Um eine Datenbank zu durchsuchen, klicken Sie im Datenbankfenster mit der rechten Maustaste auf das Datenbanksymbol und im Kontextmenü auf ***Suche***.

Außerdem können Sie eine Datenbanksuche starten, indem Sie bei markiertem Datenbanksymbol ***Strg+F*** drücken.

Daraufhin erscheint das folgende Dialogfeld. Hier können Sie sich entscheiden, ob Sie eine einfache Suche oder eine erweiterte Suche ❶ durchführen wollen (Informationen zur erweiterten Suche erhalten Sie im folgenden Tipp).

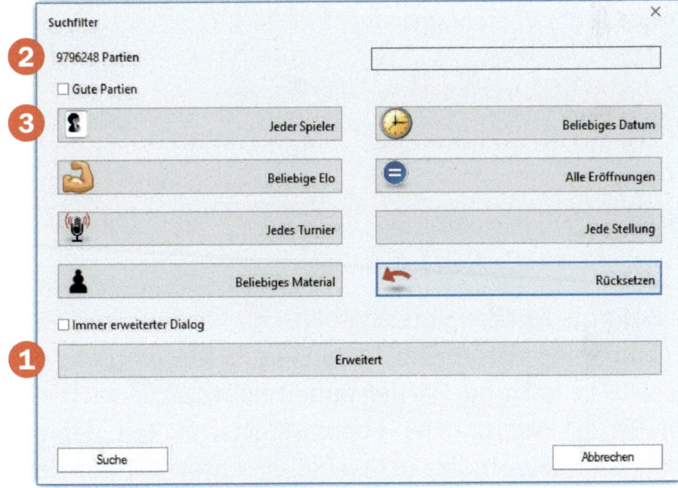

Viele Suchanfragen können Sie in ChessBase 17 zeitsparend mit der einfachen Suche durchführen. Bereits nach dem Aufruf, ohne dass schon Suchfilter gesetzt sind, sehen Sie links oben im ***Suchfilter***-Dialogfeld die Anzahl der Partien, die als Basis für die Suche zur Verfügung stehen ❷, also die Anzahl der Partien, die sich in der Datenbank befinden.

Gehen Sie zum Beispiel folgendermaßen vor, um alle Partien zu finden, in denen Magnus Carlsen, mit Weiß oder mit Schwarz, gegen Fabiano Caruana spielt:

1. Klicken Sie auf die Schaltfläche ***Jeder Spieler*** ❸.

2. Es erscheint ein zusätzliches Dialogfeld. Beginnen Sie in diesem im ersten Feld mit der Eingabe des Nachnamens »Carlsen« ❹. Bereits nach dem ersten Zeichen wird im Feld darunter eine Liste von Spielern angeboten ❺. Mit jedem weiteren Zeichen wird die Liste weiter eingegrenzt. Klicken Sie einmal auf den Namen, um ihn für das Feld zu übernehmen.

3. Machen Sie es mit dem Gegner Caruana genauso. Beginnen Sie mit der Eingabe des Nachnamens ❻ und übernehmen Sie den angezeigten Namen dann aus der Vorschlagsliste.

> Wenn Sie für ein ***Spieler***- bzw. ***Gegner***-Feld keinen Vorschlag übernehmen, dann übernimmt ChessBase nach Klick auf ***OK*** automatisch den ersten Spieler der Vorschlagsliste.

4. Mit den Kontrollkästchen unter ***Ergebnis*** ❼ können Sie die Suche nach dem Ergebnis eingrenzen. Aktivieren Sie zum Beispiel das Kontrollkästchen bei ***1-0***, wenn Sie nur Partien finden wollen, in denen Weiß gewinnt. Möchten Sie die Remispartien ebenfalls einschließen, dann aktivieren Sie zusätzlich das Kontrollkästchen bei ***1/2***. Lassen Sie alle Kontrollkästchen leer, um alle Partien beider Kontrahenten, unabhängig vom Ergebnis, zu finden.

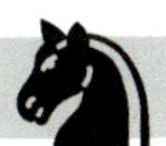

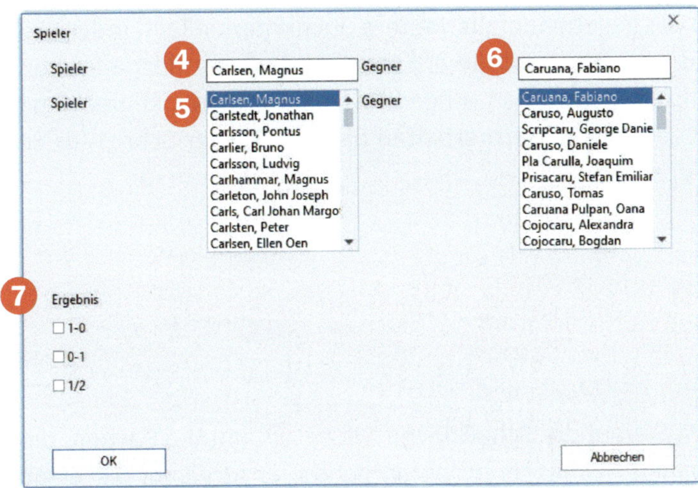

5 Schließen Sie das Dialogfeld ***Spieler*** per Klick auf die ***OK***-Schaltfläche.

6 Im Ausgangsdialogfeld ***Suchfilter*** sehen Sie nun in der linken oberen Ecke die Anzahl der Partien, die mit den bis dato angegebenen Suchkriterien gefunden wurden **8**.

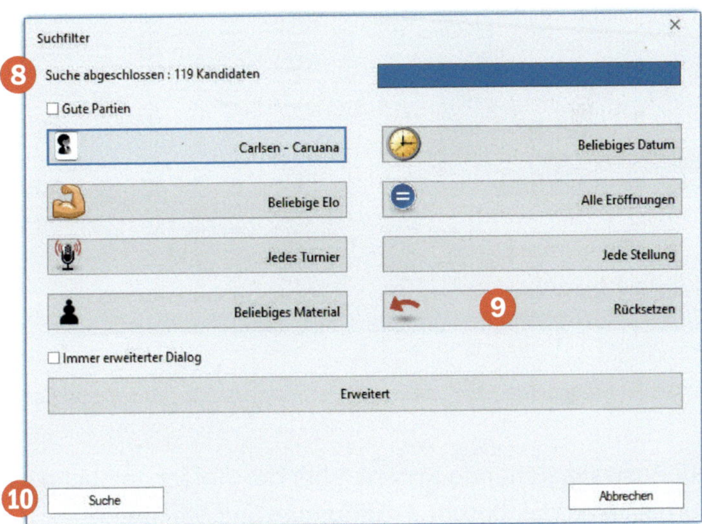

7 Legen Sie gegebenenfalls weitere Suchkriterien fest, indem Sie im Dialogfeld ***Suchfilter*** auf die entsprechende Schaltfläche klicken und die gewünschten Kriterien eingeben (weitere Informationen zu den verschiedenen Suchfiltern erhalten Sie nach dieser Schritt-für-Schritt-Anleitung).

Die Schaltfläche ***Rücksetzen*** ⑨ löscht alle aktuell angegebenen Suchkriterien, sodass Sie noch einmal von vorne beginnen können.

8 Klicken Sie auf die Schaltfläche ***Suche*** ⑩, um die Partien, die den angegebenen Suchkriterien entsprechen, anzuzeigen. Sie erscheinen in einem separaten Fenster.

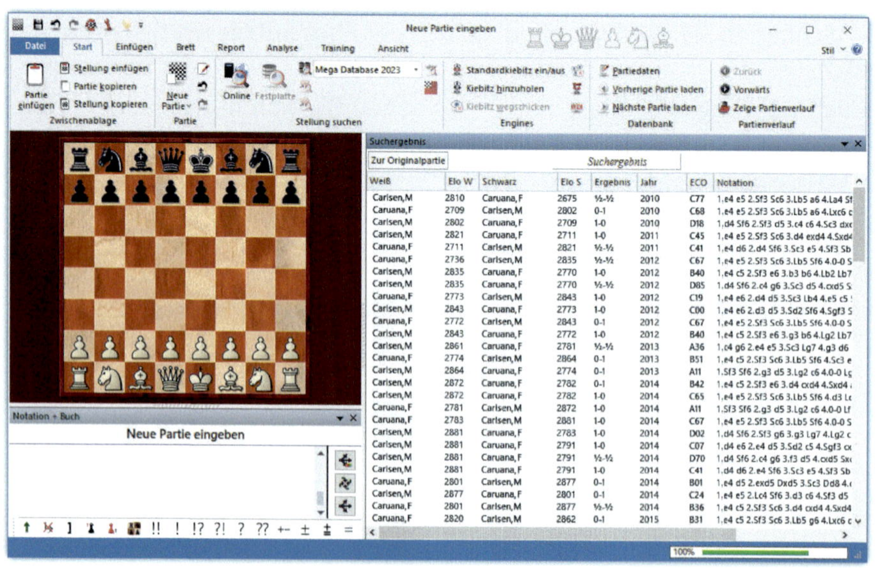

Ergebnisse der durchgeführten Suche nach Partien zwischen Carlsen und Caruana.

Weitere zur Auswahl stehende Kriterien bei der einfachen Suche sind ELO-Zahlen, Turnier, Material, Datum, Eröffnungen und Stellung.

Hierzu ein paar Infos:

Die Suche nach Elo-Zahlen ist denkbar einfach. Klicken Sie im Dialogfeld ***Suchfilter*** auf ***Beliebige Elo*** und stellen Sie anschließend den gewünschten Wertungszahlenbereich ein. Der folgende Suchfilter (Abbildung) beschränkt die Suche auf Spieler, deren Elo-Zahl im Bereich zwischen 2300 und 3000 liegt.

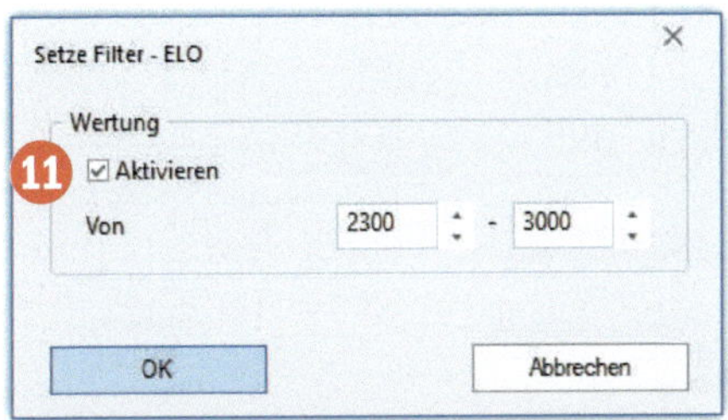

Beachten Sie, dass das Häkchen bei ***Aktivieren*** gesetzt sein muss ⓫ andernfalls bleibt der Suchfilter wirkungslos.

Um einen Datumsfilter zu setzen, klicken Sie im ***Suchfilter***-Dialogfeld auf ***Beliebiges Datum*** und stellen anschließend im erscheinenden Dialogfeld den gewünschten Datumsbereich ein. Der folgende Suchfilter (Abbildung) berücksichtigt ausschließlich Partien, die in den Jahren von 2019 bis 2022 (jeweils inklusive) gespielt worden sind.

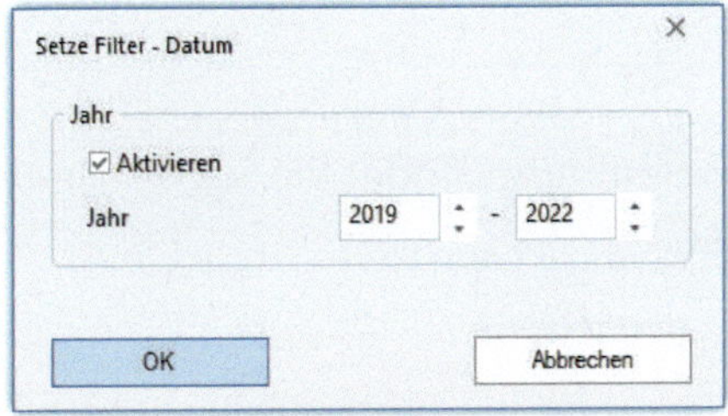

Überzeugen Sie sich auch im Dialogfeld ***Setze Filter – Datum*** davon, dass das Kontrollkästchen bei ***Aktivieren*** gesetzt ist, bevor Sie mit ***OK*** bestätigen.

Um nach Turnieren zu suchen, klicken Sie im ***Suchfilter***-Dialogfeld auf ***Jedes Turnier***. Wenn Sie ein ganz bestimmtes Turnier im Auge haben, dann geben Sie den Namen des Turniers im Feld ***Turnier*** ⓬ ein. Wenn Sie das ***Turnier***-Feld leer lassen und im Feld darunter einen Ort eingeben ⓭, dann bezieht sich die Suche auf alle Turniere, die in diesem Ort gespielt wurden. Diesbezüglich verhält es sich also etwas anders als bei der oben gezeigten Suche nach Spielernamen.

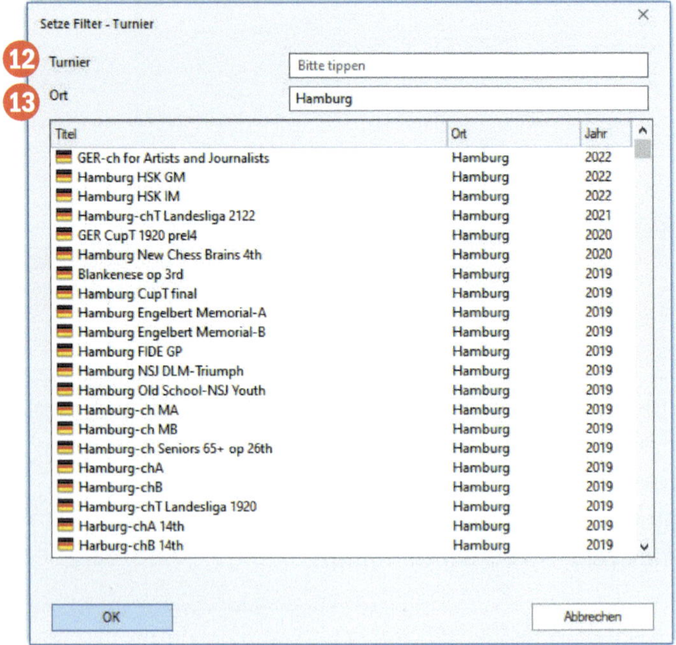

Mit der Ortsangabe »Hamburg« findet die Suche alle Turniere, die in dieser Stadt gespielt wurden.

Gibt man in das Feld ***Ort*** keinen vollständigen Ortsnamen ein, dann wird ChessBase anhand der eingegebenen Zeichen versuchen, den passenden Ortsnamen zu ermitteln. Bei zu wenigen Zeichen zeigt die Suche aber die rote Karte und es resultieren keine Ergebnisse.

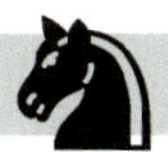

Um einen Materialfilter festzulegen, klicken Sie im ***Suchfilter***-Dialogfeld auf ***Beliebiges Material***. Per Klick auf die Figurensymbole stellen Sie die Figuren aufs Brett, nach denen Sie suchen wollen ⓮.

Falls Sie eine einzelne Figur, die Sie bereits hinzugefügt haben, vom Brett wieder entfernen wollen, klicken Sie diese auf dem Brett einmal an; per Klick auf die Schaltfläche ***Leeren*** entfernen Sie alle hinzugefügten Figuren vom Brett. Die Könige befinden sich von Anfang an auf dem Brett; sie können sinnvollerweise nicht entfernt werden.

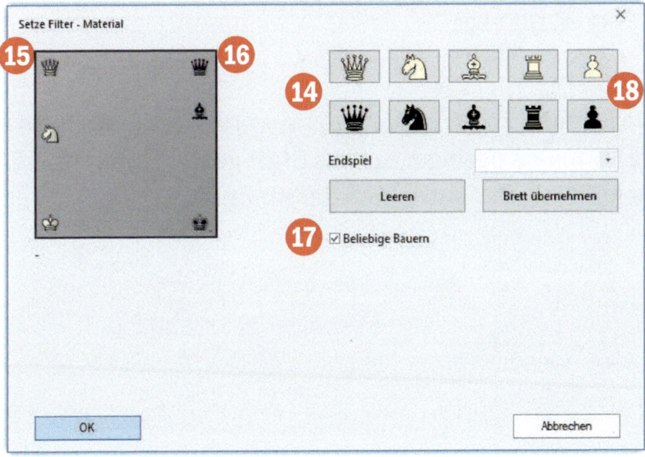

Die Suche erfolgt nach Stellungen, in denen Weiß mit König und genau einer Dame und einem Springer ⓯ gegen Schwarz mit König, Dame und Läufer ⓰ spielt. Die Bauernzahl ist beliebig, sie wird bei der Suche ignoriert ⓱.

Standardmäßig ist das Häkchen bei ***Beliebige Bauern*** gesetzt ⓱. Wenn es Ihnen auf die genaue Bauernzahl ebenfalls ankommt, brauchen Sie es gar nicht selbst zu entfernen. Sobald Sie eines der Bauernsymbole ⓲ anklicken, um einen Bauern auf das Brett zu stellen, wird es automatisch entfernt (gegebenenfalls können Sie es manuell wieder setzen, dann werden die Bauern, die sich bereits auf dem Brett befinden, ignoriert).

Ein paar Material-Konstellationen mit Endspielcharakter sind vordefiniert, sodass Sie die Figuren dafür nicht selbst aufs Brett stellen müssen. Öffnen Sie das Listenfeld neben ***Endspiel*** (19) und wählen Sie die gewünschte Material-Konstellation aus.

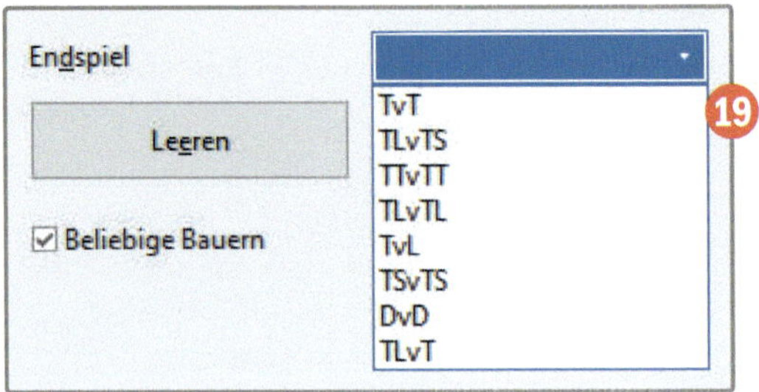

Wen Sie zum Beispiel ***TLvTS*** wählen, dann werden für Weiß Turm und Läufer, für Schwarz Turm und Springer auf das Brett gestellt, alle anderen eventuell vorhandenen Steine, mit Ausnahme der Könige, werden entfernt.

Sie können aber eine vordefinierte Material-Konstellation als Ausgangsstellung verwenden und anschließend von Hand weitere Figuren ergänzen (oder welche entfernen).

Wollen Sie nicht nach Material, sondern nach einer ganz bestimmten Stellung suchen, dann klicken Sie im ***Suchfilter***-Dialogfeld auf ***Jede Stellung***. Im erscheinenden Dialogfeld ***Stellung aufbauen*** können Sie per Klick auf ***Brett übernehmen*** (20) die Stellung eines geöffneten Brettfensters übernehmen. Im Übrigen entspricht das Dialogfeld ***Stellung aufbauen*** in der Funktionsweise dem gleichnamigen Dialogfeld, das Sie im Datenbankfenster über ***Datei/Neu/Stellung aufbauen*** aufrufen können. Lesen Sie dazu gegebenenfalls den Tipp 3.9, »Eine Stellung eingeben«, ab Seite 129.

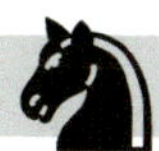

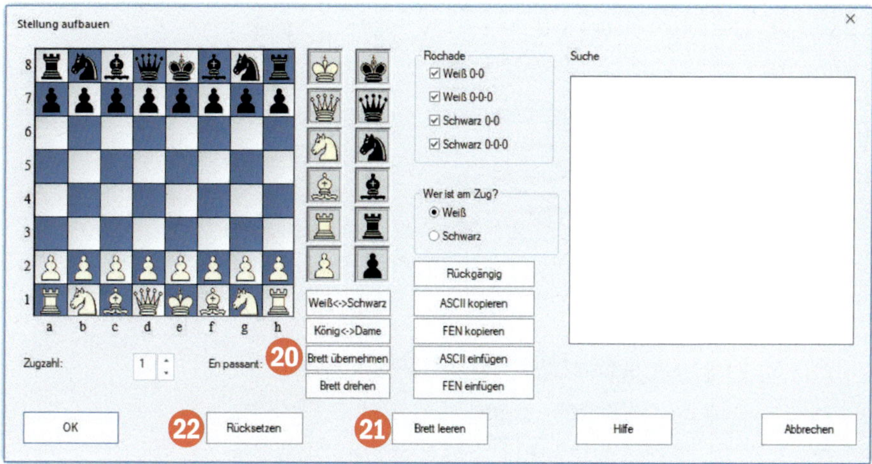

Wählen Sie in der Palette rechts neben dem Schachbrett zunächst eine Figur aus, indem Sie darauf klicken. Klicken Sie dann auf das Spielfeld bzw. auf die Spielfelder, in denen Sie die Figur platzieren wollen. Per Klick auf ***Brett leeren*** 21 entfernen Sie alle Figuren vom Brett, falls Sie »bei null« beginnen wollen, ***Rücksetzen*** 22 stellt die Ausgangsstellung, die im Bild zu sehen ist, wieder her.

Besonders bequem gestaltet sich in ChessBase 17 nun die einfache Suche nach Eröffnungen. Nach Klick auf ***Alle Eröffnungen*** im ***Suchfilter***-Dialogfeld erscheint das folgende Dialogfeld. Wählen Sie in diesem einfach den Bereich aus, den Sie abdecken wollen, also zum Beispiel von ***D06: Damengambit (Seltene Züge)*** bis ***D69: Damengambit (Hauptvariante, Capablancas Entlastungsmanöver, Rubinstein-Angriff)***, um alle Damengambit-Partien zu berücksichtigen. Klicken Sie einen Eintrag in den ***Eröffnungen***-Listen einmal an, um ihn für das jeweilige ***Eröffnung***-Feld zu übernehmen.

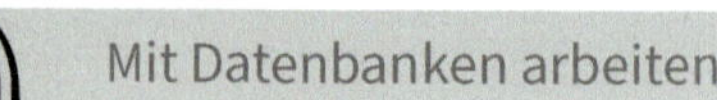

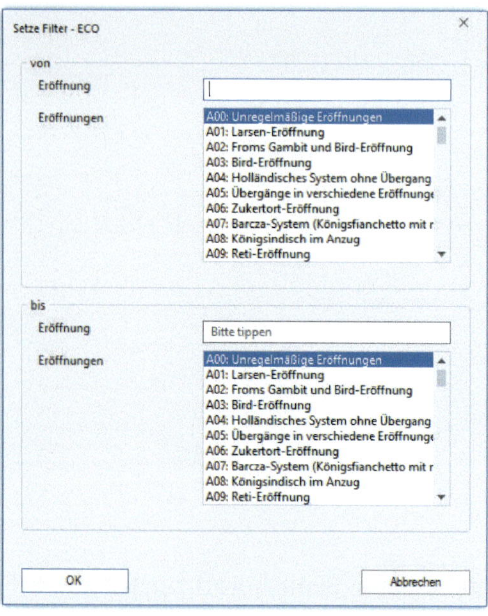

Um in den Listen schnell die gewünschte Stelle anzusteuern, setzen Sie den Cursor erst einmal auf einen beliebigen Eintrag der Liste und drücken dann auf der Tastatur den entsprechenden Buchstaben. Wenn Sie beispielsweise die Taste ***D*** drücken, gelangen Sie sofort zu ***D00: Damenbauernspiele***.

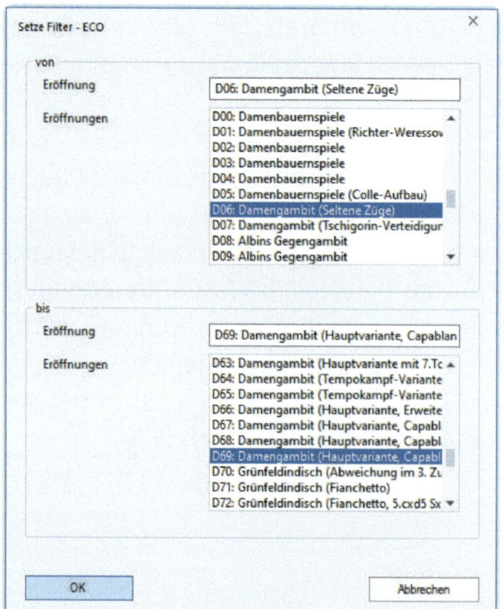

In dem Beispiel aus 2.12, »Die Clipdatenbank verwenden«, hätten wir für die Suche nach Partien von Magnus Carlsen mit dem ECO-Schlüssel B23 im zweiten Schritt der Anleitung statt der erweiterten Suchmaske eventuell genauso bequem die einfache Suche verwenden können.

Dieser Eröffnungsfilter beschränkt die Suche auf Partien mit den Eröffnungsschlüsseln von D06 bis D69.

Da die einfache Suche in ChessBase 17 auch bei etwas komplexeren Anfragen übersichtlich und einfach zu handhaben ist, wird die Entscheidung bezüglich einfacher oder erweiterter Suche bei vielen Suchanfragen wohl auch vom persönlichen Geschmack bzw. davon abhängen, was man gewohnt ist.

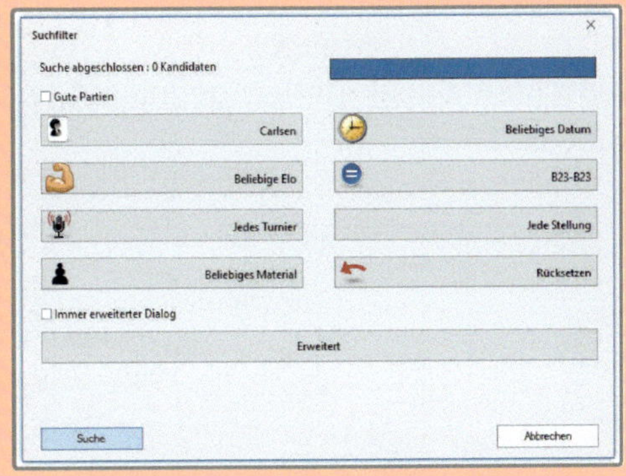

2.17 Erweiterte Suche

Eine erweiterte Suche starten Sie, indem Sie wie im vorherigen Tipp beschrieben das ***Suchfilter***-Dialogfeld anzeigen und in diesem auf die Schaltfläche ***Erweitert*** ① klicken.

Wenn Sie das Kontrollkästchen bei ***Immer erweiterter Dialog*** ② setzen, erscheint beim nächsten Mal sofort die Suchmaske für die erweiterte Suche. Das obige Dialogfeld wird dann nicht mehr angezeigt.

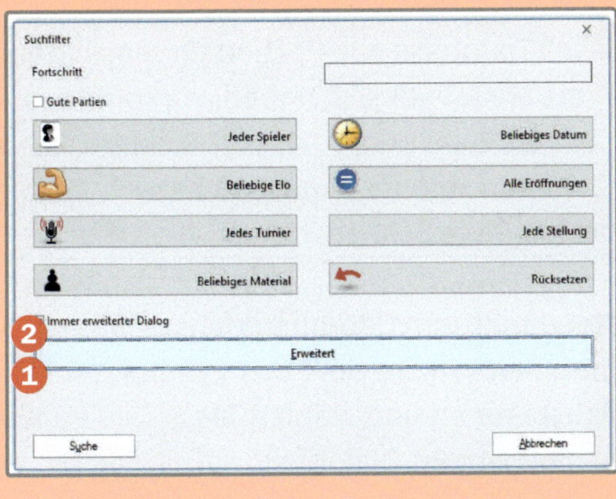

Wenn Sie es später einmal wieder anzeigen wollen, entfernen Sie das Häkchen in der erweiterten Suche ③ (Abbildung nächste Seite).

In der erweiterten Suche können Sie auf den Registerkarten ***Partiedaten***, ***Kommentare***, ***Stellung***, ***Medaillen***, ***Material***, ***Manöver*** und ***Angriffe*** die gewünschten Suchkriterien definieren, wobei beliebige Kombinationen erlaubt sind.

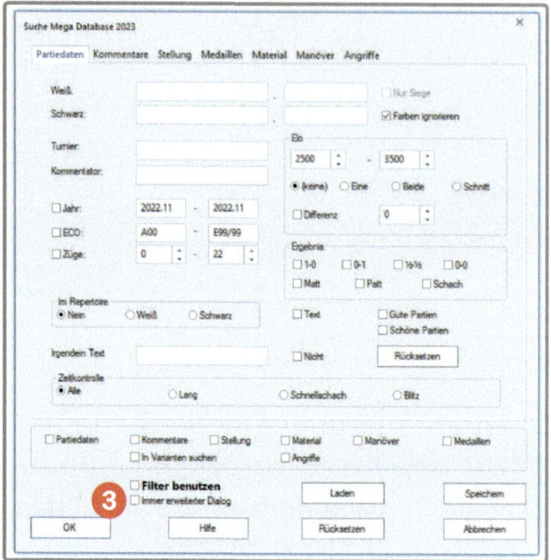

Suchmaske der erweiterten Suche

Die am häufigsten durchgeführten Suchvorgänge beziehen sich logischerweise auf bestimmte Stellungen in Verbindung mit bestimmten Partiedaten und meist wird man nach der Stellung suchen wollen, die man gerade im Brettfenster vor sich hat. Hierzu ein Beispiel: Angenommen, Sie spielen gerade eine Großmeisterpartie nach und Sie sind an einer Stellung angelangt, über die Sie mehr erfahren wollen. Das heißt, Sie möchten wissen, wie andere Großmeister in der Stellung weiterspielen, mit welchem Erfolg und so weiter – kurzum, Sie möchten sich weitere Partien mit dieser Stellung ansehen, aber nur von starken Spielern und nur solche Partien, die in den letzten beiden Jahren gespielt wurden.

Konkret: Sie möchten in Ihrer Mega Database alle Partien finden, in denen die Stellung, die Sie gerade im Brettfenster vor sich haben, vorkommt, aber nur solche Partien, die in den Jahren 2021 und 2022 von Spielern, die zu dem Zeitpunkt beide eine Elo-Zahl von mindestens 2600 hatten, gespielt wurden. Führen Sie in diesem Fall folgende Schritte durch:

1 Wechseln Sie vom Brettfenster direkt zum Datenbankfenster (lassen Sie das Brettfenster aber geöffnet), klicken Sie dort das Symbol der Mega Database mit der rechten Maustaste an und wählen Sie ***Suche*** im Kontextmenü. Klicken Sie im erscheinenden Dialogfeld auf ***Erweitert***, um die Suchmaske der erweiterten Suche anzuzeigen.

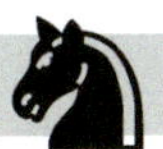

2 Wechseln Sie in der erweiterten Suche auf die Registerkarte ***Stellung*** ❹. Hier können Sie die Stellung, nach der Sie suchen wollen, gegebenenfalls selbst eingeben, indem Sie nacheinander die Figuren von der Palette ❺ holen und auf das Brett setzen (das funktioniert genauso wie in 3.9, »Eine Stellung eingeben«, ab Seite 129 beschrieben). Im vorliegenden Fall geht es aber einfacher: Ein Klick auf die Schaltfläche ***Brett holen*** ❻ überträgt die Stellung des geöffneten Brettfensters auf das Schachbrett der Registerkarte ***Stellung***.

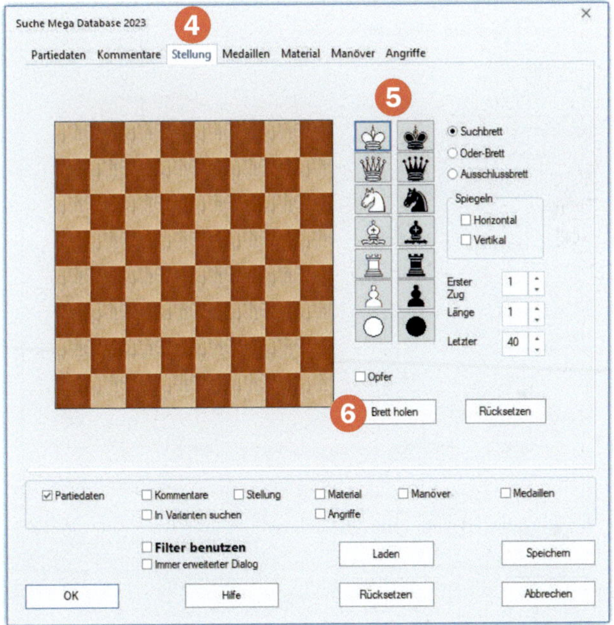

3 Wechseln Sie nun auf die Registerkarte ***Partiedaten***. Geben Sie auf dieser Registerkarte im ersten ***Elo***-Feld den Wert ***2600*** ein ❼. Das Optionsfeld ***Beide*** ❽ aktiviert sich nach einer Änderung im ***Elo***-Feld automatisch. Aktivieren Sie dagegen das Optionsfeld ***Eine*** ❾, falls es Ihnen ausreicht, wenn nur einer der Spieler über den festgelegten Elo-Wert verfügt. Wenn Sie das Optionsfeld ***Schnitt*** ❿ aktivieren, wird der Mittelwert beider Spieler für den Vergleich herangezogen (***Elo-Zahl von Weiß + Elo-Zahl von Schwarz / 2***).

4 Stellen Sie in den Jahresfeldern ***2021*** und ***2022*** ein 11. Das nebenstehende Kontrollkästchen aktiviert sich wiederum automatisch, wenn ein Wert in den Feldern geändert wird (das trifft im Übrigen auch auf die untenstehenden Registerkarten-Kontrollkästchen 12 zu; sobald auf einer Registerkarte etwas geändert wird, wird diese automatisch für die Suche angekreuzt). Die Registerkarte ***Partiedaten*** sollte nun wie in der folgenden Abbildung aussehen.

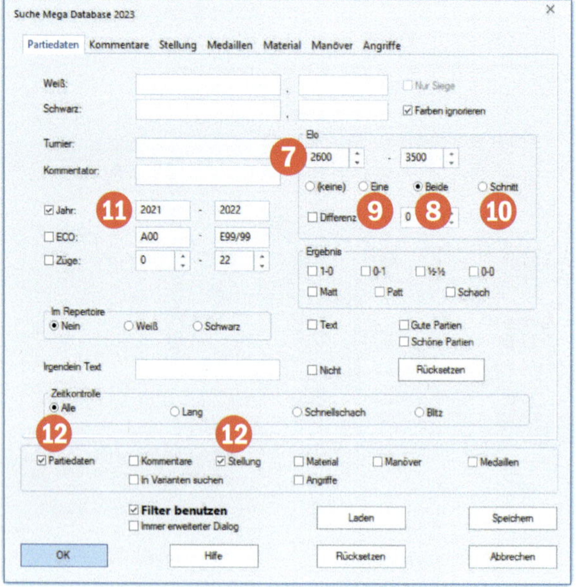

5 Klicken Sie links unten auf die ***OK***-Schaltfläche, um die Suche zu starten.

6 Wenn Sie die erweiterte Suche vom ***Suchfilter***-Dialogfeld aus über die Schaltfläche ***Erweitert*** aufgerufen hatten, müssen Sie danach in diesem Dialogfeld noch auf die Schaltfläche ***Suche*** klicken, um die Ergebnisse anzuzeigen.

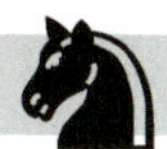

Links oben im ***Suchfilter***-Dialogfeld erscheint nach Schritt 5 bereits die Anzahl der gefundenen Partien, genannt »Kandidaten«.

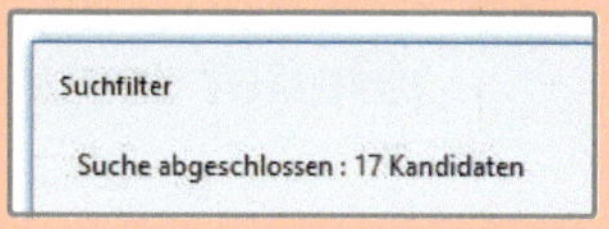

Die gefundenen Partien erscheinen in einem separaten Fenster ⑬. Klicken Sie hier auf eine Partiezeile, wenn Sie sich die Partie sofort in diesem Fenster ansehen wollen. Per Doppelklick öffnen Sie für eine Partie ein extra Brettfenster.

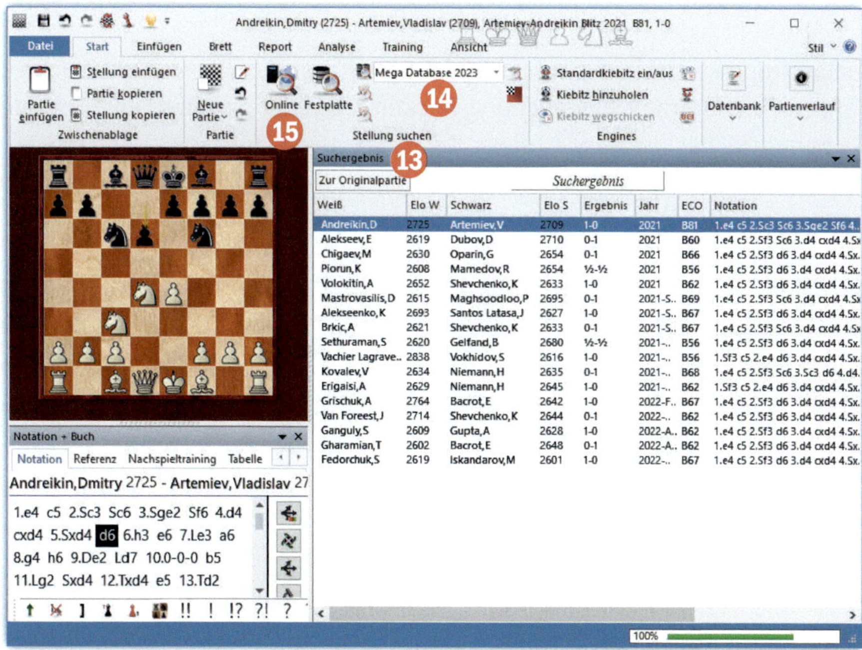

Über das Auswahlfeld in der Gruppe ***Stellung suchen*** ⑭ können Sie auch von hier aus sofort eine andere Ihrer Datenbanken nach der gleichen Stellung (ohne Berücksichtigung der übrigen Kriterien) durchsuchen. Die Suchergebnisse erscheinen dann zusätzlich im Notationsbereich. Die Schaltfläche ***Online*** ⑮ durchsucht die Online-Datenbank, wenn Sie aktuell mit Ihrem ChessBase Account angemeldet sind.

2.18 Suchanfragen speichern und wiederverwenden

Wenn Sie bestimmte Suchkriterien immer wieder anwenden, ist es sinnvoll, eine entsprechende Suchanfrage zu speichern. Eine einmal gespeicherte Suchanfrage können Sie bei Bedarf jederzeit laden, sodass Sie die Kriterien nicht mehr neu definieren müssen. Falls sich bei der aktuellen Suchanfrage einige Parameter unterscheiden oder ein paar neue hinzukommen sollen, ändern Sie die geladene Suchanfrage einfach nachträglich ab, bevor Sie die Suche starten.

Suchanfragen werden als Datei mit der Erweiterung ***.dbsearch*** gespeichert. Um eine Suchanfrage zu speichern, klicken Sie in der erweiterten Suche auf die Schaltfläche ***Speichern*** (diese Schaltfläche ist auf jeder Registerkarte verfügbar). Legen Sie im Weiteren den Speicherort und einen Namen für die ***.dbsearch***-Datei fest und klicken Sie auf ***Neu anlegen***.

Um eine gespeicherte Suchanfrage zu verwenden, klicken Sie in der erweiterten Suche auf die Schaltfläche ***Laden***. Wählen Sie anschließend im ***Öffnen***-Dialogfeld die gewünschte ***.dbsearch***-Datei aus und klicken Sie auf die Schaltfläche ***Öffnen***. Daraufhin übernimmt die Suchmaske die Daten aus der ***.dbsearch***-Datei, einschließlich der darin gespeicherten Stellung.

Wenn Sie die übertragenen Suchkriterien auf eine andere als die von der ***.dbsearch***-Datei übernommene Stellung anwenden wollen, steht es Ihnen frei, die Position auf der Registerkarte ***Stellung*** nachträglich zu ändern, indem Sie die gewünschte Stellung entweder selbst eingeben oder über die Schaltfläche ***Brett holen*** aus einem geöffneten Brettfenster übernehmen (siehe auf Seite 87 Schritt 2 der Anleitung aus dem vorherigen Tipp).

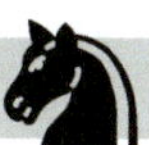

2.19 Mehrere Datenbanken auf einmal durchsuchen

Wenn Sie nicht nur eine, sondern gleichzeitig mehrere Datenbanken nach denselben Kriterien durchsuchen wollen, ändert sich gegenüber den in 2.16, »Einfache Suche«, und 2.17, »Erweiterte Suche«, beschriebenen Vorgehensweisen kaum etwas. Wählen Sie im Datenbankfenster einfach alle Datenbanken, die Sie durchsuchen wollen, zusammen aus, indem Sie zum Beispiel die Datenbanksymbole bei gedrückt gehaltener ***Strg***-Taste nacheinander anklicken. Drücken Sie dann ***Strg***+***F*** oder klicken Sie eine der markierten Datenbanksymbole mit der rechten Maustaste an und wählen Sie ***Suche*** im Kontextmenü. Danach verfahren Sie genauso wie in 2.16, »Einfache Suche«, und 2.17, »Erweiterte Suche«, beschrieben. Die Ergebnisliste setzt sich dann aus allen in den ausgewählten Datenbanken gefundenen Partien zusammen.

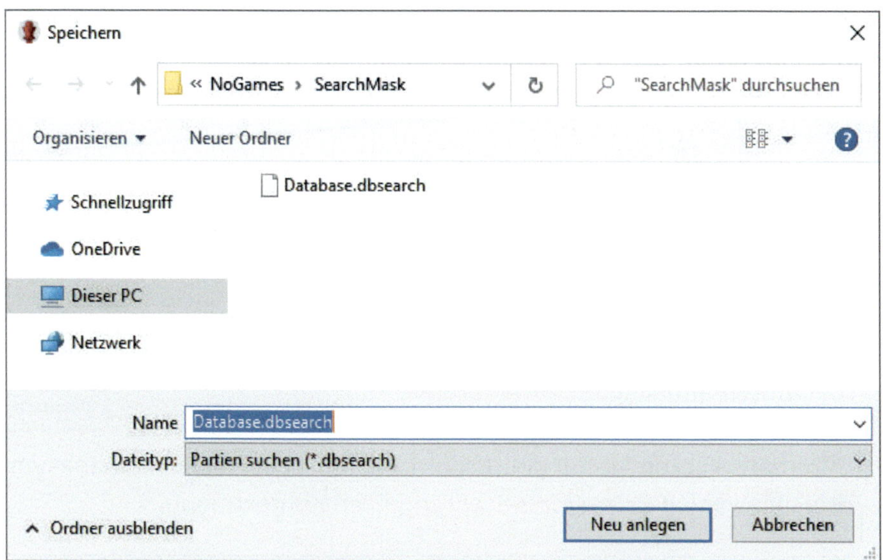

*ChessBase schlägt als Speicherort für Suchanfragen den Ordner **NoGames\SearchMask** im Datenbankpfad vor.*

2.20 Sicherheitskopie (Archiv) einer Datenbank erzeugen

Alle Datenbanken werden im Datenbankfenster mit einem einzigen Symbol repräsentiert. Tatsächlich besteht eine ChessBase-Datenbank aber aus mehreren Dateien (die Mega Database beispielsweise aus den Dateien ***Mega Database 2023.cbh***, ***Mega Database 2023.cbg***, ***Mega Database 2023.cba*** und so weiter; der Dateiname entspricht immer dem Namen der Datenbank, nur die Dateierweiterungen sind verschieden). Davon können Sie sich leicht überzeugen, wenn Sie den Ordner, in dem die Datenbank gespeichert ist, im Windows-Explorer öffnen (siehe 2.3, »Datenbankordner im Windows-Explorer öffnen – Shortcut«, ab Seite 42).

Wenn Sie eine Datenbank für alle Fälle sichern oder an andere weitergeben wollen, können Sie das natürlich tun, indem Sie alle Dateien eins zu eins kopieren. ChessBase bietet aber eine bessere Alternative, die vor allem auch weniger Speicherplatz beansprucht. Sie können eine Datenbank nämlich als Archiv in einer einzigen Datei speichern. Das Datenbankarchiv ist schnell erstellt.

Verwenden Sie dazu eine der **drei folgenden Methoden**:

- Selektieren Sie im Datenbankfenster das Datenbanksymbol und klicken Sie auf der Registerkarte ***Wartung*** auf die Symbolschaltfläche ***Archiv erzeugen***.

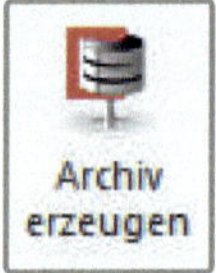

- Alternativ klicken Sie mit der rechten Maustaste auf das Datenbanksymbol und wählen ***Extras/Archiv erzeugen*** im Kontextmenü.
- Außerdem können Sie das Datenbankarchiv erzeugen, indem Sie bei markiertem Datenbanksymbol ***Strg***+***Z*** drücken.

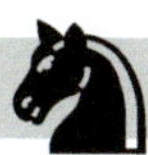

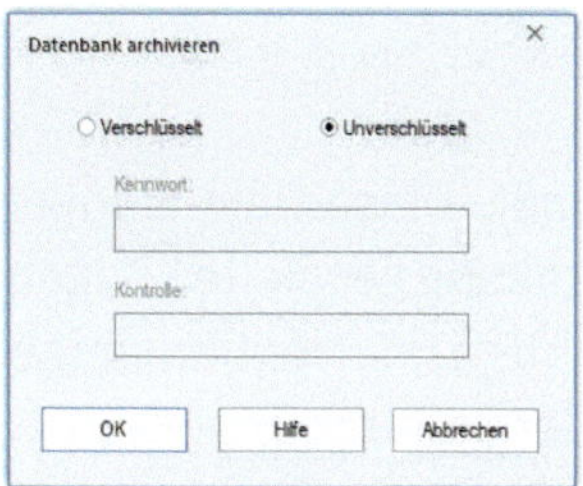

Im erscheinenden Dialogfeld wählen Sie aus, ob ChessBase das Datenbankarchiv verschlüsselt oder unverschlüsselt erstellen soll. Falls unverschlüsselt, können Sie sofort auf ***OK*** klicken. Falls Sie das Archiv verschlüsseln wollen, aktivieren Sie vorher das linke Optionsfeld und geben in die dann aktivierten Felder ein Kennwort Ihrer Wahl ein, einmal in das obere ***Kennwort***-Feld und ein zweites Mal zur Bestätigung in das Feld ***Kontrolle***.

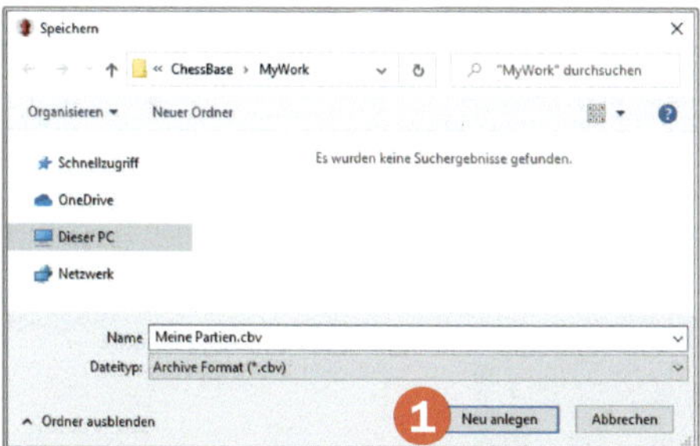

Danach erscheint der ***Speichern unter***-Dialog des Windows-Explorers. Wählen Sie hier gegebenenfalls noch einen anderen Ordner als Speicherort für das zu erstellende Archiv aus. Standardmäßig speichert ChessBase das Archiv im gleichen Ordner wie die originale Datenbank, mit dem Namen der originalen Datenbank und der Erweiterung ***.cbv*** (dieses Format ist nicht abwählbar; ChessBase-Datenbankarchive werden immer im CBV-Format gespeichert). Klicken Sie schließlich auf die Schaltfläche ***Neu anlegen*** ❶, um das Archiv zu erstellen.

Ein so erstelltes Archiv können Sie in ChessBase jederzeit über den Datenbank-öffnen-Dialog laden (z. B. ***Datei/Öffnen/Datenbank*** oder ***Strg***+***O***). Oder Sie klicken im Windows-Explorer einfach doppelt auf die Archivdatei.

Im erstellten Datenbankarchiv sind die Dateien in komprimierter Form gespeichert. Wenn das Archiv in ChessBase verwendet wird, werden die im Archiv gespeicherten Dateien entpackt und somit das alte Datenbankformat wiederhergestellt. Die gespeicherte Archivdatei bleibt dabei aber unverändert, sodass Sie das gespeicherte Datenbankarchiv gegebenenfalls mehrmals verwenden können (um zum Beispiel die gleiche Datenbank auf verschiedenen Rechnern zu installieren).

2.21 Eröffnungsbücher nutzen

Eröffnungsbücher sind Datenbanken im CTG-Format. Diese Datenbanken speichern Stellungen zusammen mit den in jeder Stellung gespielten Zügen. Damit erlauben sie einen schnellen Zugriff auf wichtige Informationen (gespielte Eröffnungszüge, Erfolgsquote, Elo-Schnitt der Spieler).

Eröffnungsbücher können von Fritz und anderen Schachprogrammen direkt angesprochen werden. Wenn man eine Partie gegen diese Schachprogramme spielt, holen sie sich die ersten Züge aus dem Eröffnungsbuch, ohne die entstandenen Stellungen zu berechnen.

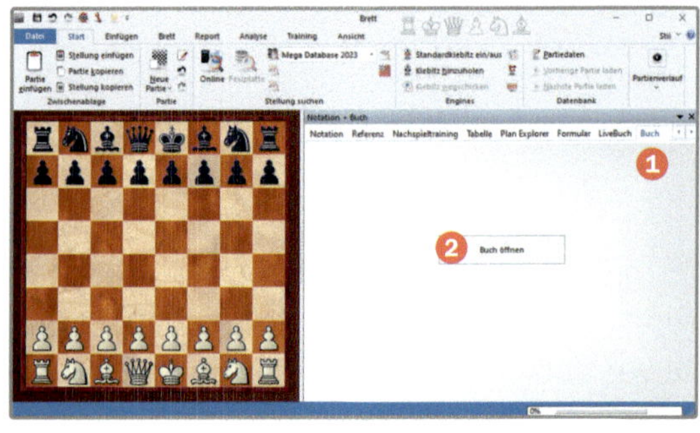

Um ein Eröffnungsbuch zu laden, öffnen Sie ein Brettfenster, klicken Sie im Notationsbereich auf den Registerreiter ***Buch*** ❶ und anschließend auf ***Buch öffnen*** ❷.

Wählen Sie im erscheinenden ***Öffnen***-Dialogfeld die gewünschte ***.ctg***-Datei aus, zum Beispiel das Eröffnungsbuch von Fritz, das neue Powerbook oder ein Strongbook, wenn Sie diese besitzen, und klicken Sie auf ***Neu/Öffnen***. Danach wird das gewählte Eröffnungsbuch in allen Brettfenstern verwendet.

Das aktuelle Powerbook enthält über 25 Millionen Eröffnungsstellungen und repräsentiert damit den derzeitigen Stand der Eröffnungstheorie. Praktisch kann es in ChessBase auch als Nachschlagewerk für die komplette Eröffnungstheorie genutzt werden.

Während Powerbooks umfassend sind, basieren Strongbooks ausschließlich auf den Partien sehr starker Spieler.

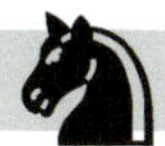

Nach dem Laden eines Eröffnungsbuchs erscheinen auf der Registerkarte ***Buch*** alle in der aktuellen Stellung (gemeint ist die Stellung, die sich gerade auf dem Brett befindet) gespielten Züge. Das gilt auch für die Ausgangsstellung, wie in der folgenden Abbildung zu sehen ist.

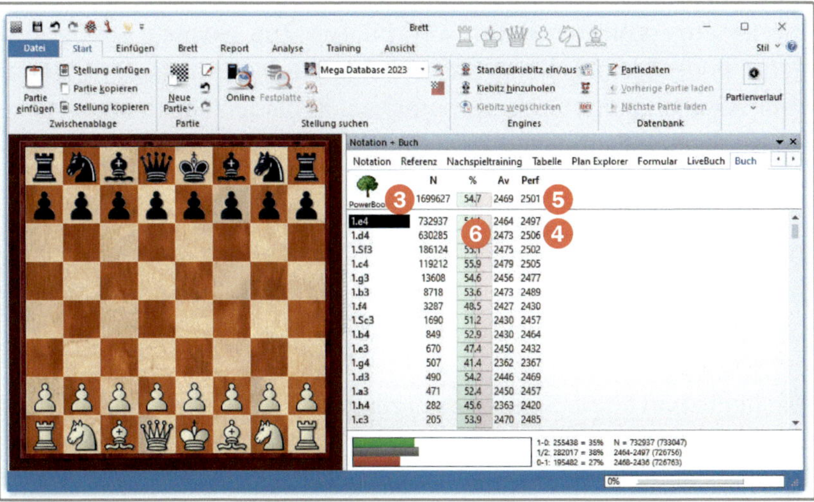

Eine andere Bezeichnung für die Registerkarte ***Buch*** des Notationsbereichs ist ***Buchfenster***.

Die **Spalten** des Buchfensters haben folgende Bedeutung:

- Die erste Spalte zeigt die infrage kommenden Züge, also die Züge, die für die aktuelle Stellung im Eröffnungsbuch als mögliche Fortsetzungen gespeichert sind.

- In der zweiten Spalte (***N***) sehen Sie die Anzahl der Partien. In der Titelzeile steht die Gesamtzahl der Partien, in denen die aktuelle Stellung aufs Brett kam 3. Rechts neben einem Zug erscheint dessen Häufigkeit.

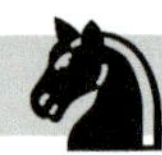

- In der dritten Spalte (*%*) erscheint das Ergebnis des gespielten Zuges in Prozent, standardmäßig aus weißer Sicht. Fällt die Zahl der Partien unter eine bestimmte Grenze, erscheint die Prozentangabe in Grau, da deren Aussagekraft dann nicht so groß ist. Eine Angabe wie zum Beispiel ***75,0*** bedeutet also, dass Weiß deutlich besser abgeschnitten hatte, wenn dieser Zug gespielt wurde. Umgekehrt bedeutet beispielsweise die Angabe ***20,0***, dass die Ergebnisse sehr zugunsten von Schwarz sprechen. In beiden Fällen spielt es keine Rolle, ob es sich um einen Zug handelt, der von Weiß oder von Schwarz ausgeführt wurde.

- Die vierte Spalte (***Av***) enthält den Elo-Durchschnitt der Spieler, die den betreffenden Zug gespielt haben. Hat nur ein kleiner Anteil der Spieler eine Elo-Zahl, so erscheint der Elo-Durchschnitt ebenfalls in Grau.

- Die fünfte und letzte Spalte (***Perf***) zeigt die Elo-Performance des Zuges. Die Angabe ***2506*** ❹ für den Zug ***1. d4*** bedeutet zum Beispiel, dass die Spieler, die den Zug gespielt haben, unter Berücksichtigung ihrer Elo-Zahlen (Spalte ***Av***) mit den erzielten Ergebnissen eine Elo-Zahl von 2506 erreicht hätten. Sowohl der Vergleich mit dem Performance-Durchschnittswert ❺ als auch der Vergleich mit dem Elo-Durchschnittswert der Spieler, die den Zug ***1. d4*** gespielt haben ❻ (Elo-Steigerung von 2473 auf 2506), geht also für diesen Zug positiv aus.

Die Statistik, die unten im Buchfenster angezeigt wird, gibt die Informationen nochmals in aufbereiteter Form wieder. Die Balken auf der linken Seite beziehen sich auf die Ergebnisse: Der grüne Balken gibt die Anzahl der von Weiß gewonnenen Partien wieder, der graue Balken die Anzahl der Remis-Partien und der rote Balken die Anzahl der von Schwarz gewonnenen Partien. Die folgende Abbildung zeigt die Statistik für den im obigen Bild markierten Zug ***1. e4***.

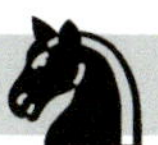

Die Angaben unmittelbar daneben beziehen sich auf die Balken. Der Angabe ***1-0: 255438 = 35%*** ⑦ (Abbildung oben) lässt sich zum Beispiel entnehmen, dass mit dem markierten Zug (***1. e4***) 255438 Partien von Weiß gewonnen wurden, was einem Anteil von 35 Prozent entspricht.

Die Angaben weiter rechts beziehen sich nicht direkt auf die Balken. Sie zeigen in der ersten Zeile die Gesamtzahl der mit diesem Zug gespielten Partien, im Bild ***N = 732937*** ⑧, und in den Zeilen darunter die Elo-Performance von Weiß und Schwarz beziehungsweise die Differenz zur Ausgangswertung. Die Weiß-Spieler haben mit dem Zug ihre Elo-Zahlen erhöht (***2464-2497*** ⑨), die Schwarz-Spieler dagegen haben Elos verloren (***2468-2436*** ⑩). Wohlgemerkt handelt es sich um Durchschnittswerte.

Mit den Tasten ***Pfeil-nach-oben*** und ***Pfeil-nach-unten*** können Sie im Buchfenster durch die Züge navigieren. Die Taste ***Pfeil-nach-rechts*** führt einen markierten Zug aus, ***Pfeil-nach-links*** geht einen Zug zurück. Außerdem können Sie einen Zug ausführen, indem Sie ihn mit der Maus anklicken.

Ein Klick mit der rechten Maustaste auf einen Zug öffnet ein Kontextmenü, mit dem Sie den Zug in Ihrem Eröffnungsbuch kommentieren können; zur Auswahl stehen die üblichen Schachsymbole (zum Kommentieren von Partien siehe auch 3.12, »Eine Partie kommentieren«, ab Seite 135).

Die Option ***Kein Turnierzug*** im Zug-Kontextmenü des Buchfensters hat im ChessBase-Programm keine Auswirkungen, sondern nur im Schachprogramm Fritz. Wenn Sie Ihr Eröffnungsbuch auch in Fritz verwenden, wird das Schachprogramm den so markierten Zug bei der Auswahl nicht berücksichtigen, wenn das Eröffnungsbuch im Turniermodus (der Turniermodus ist der Normalfall) verwendet wird.

PowerBook 2023	N	%	Av	Perf
	78104	53.6	2469	2500
5.Sc3	81412	53.6	2469	2500
5.f3	2036	55.2	2450	2499
5.Ld3	72	49.3	2442	2464
5.Lb5+	29	55.2	2494	2520
5.Lc4	16	34.4	2525	2403
5.Sf3	3	66.7	2581	2614
5.Le2	2	25.0	2573	2431
5.Sa3	2	25.0	2330	2226
5.g3				403
5.Lg5				220
5.f4				132

!, ?, … ›
+-, =, … ›
⑪ Turnierzug
Kein Turnierzug
Zug löschen
Teilbuch löschen

Für den Turniermodus gesperrte Züge erscheinen in roter Farbe. Mit einem Klick auf Turnierzug ⑪ heben Sie die Sperrung wieder auf.

Den Befehl zum Schließen des aktuell verwendeten Eröffnungsbuchs finden Sie im Kontextmenü des Buchfensters. Klicken Sie im Buchfenster auf eine freie Stelle (nicht auf einen Zug), um das Kontextmenü anzuzeigen.

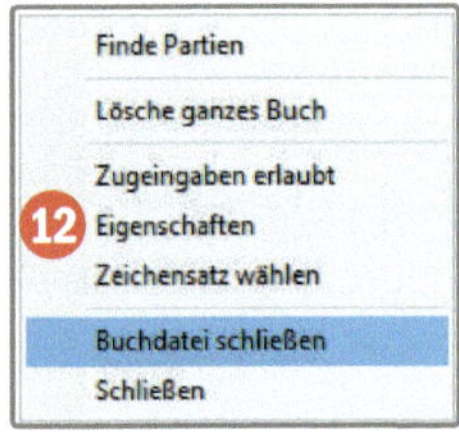

Buchfenster-Kontextmenü

Nach dem Schließen des Eröffnungsbuchs erscheint auch wieder die Schaltfläche ***Buch öffnen***, über die Sie gegebenenfalls ein anderes Buch Ihrer Wahl laden können. Die Auswahl von ***Eigenschaften*** ⓬ im Buchfenster-Kontextmenü öffnet ein Dialogfeld mit den Buch-Eigenschaften.

Die Abbildung zeigt die **Voreinstellungen**.

Das Häkchen bei ***Statistik*** ⓭ ist standardmäßig gesetzt, sodass die weiter oben genannte Statistik mit den Kurzinformationen angezeigt wird. Eigentlich gibt es keinen Grund, darauf zu verzichten.

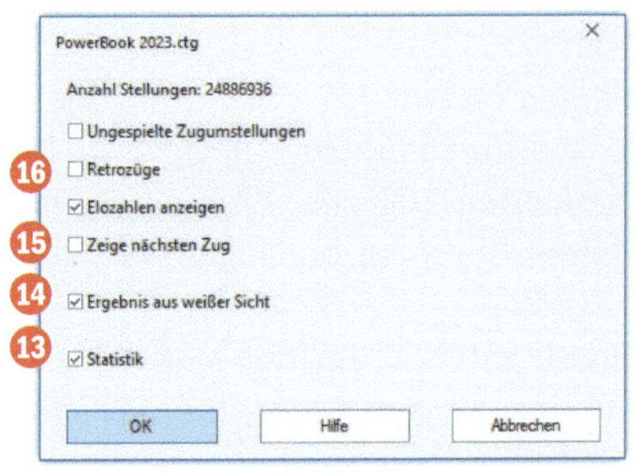

Einstellungen-Dialogfeld für das Buchfenster

Wie gesagt, werden die Ergebnisse im Buchfenster (Prozentangaben) per Voreinstellung immer aus weißer Sicht dargestellt und zwar auch dann, wenn Schwarz am Zug ist. Entfernen Sie das Häkchen bei ***Ergebnis aus weißer Sicht*** ⓮, wenn das von Ihrem Verständnis her anders sein sollte. Dann werden die Ergebnisse immer aus der Sicht des Spielers, der am Zug ist, dargestellt.

Mit der Option ***Zeige nächsten Zug*** ⓯ können Sie im Buchfenster zu einer tabellarischen Ansicht wechseln, die neben den in der aktuellen Stellung möglichen Fortsetzungszügen (erste Spalte) ⓱ auch die jeweils möglichen weiteren Züge, ebenfalls mit Statistik, ausweist (nachfolgende Spalten) ⓲.

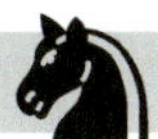

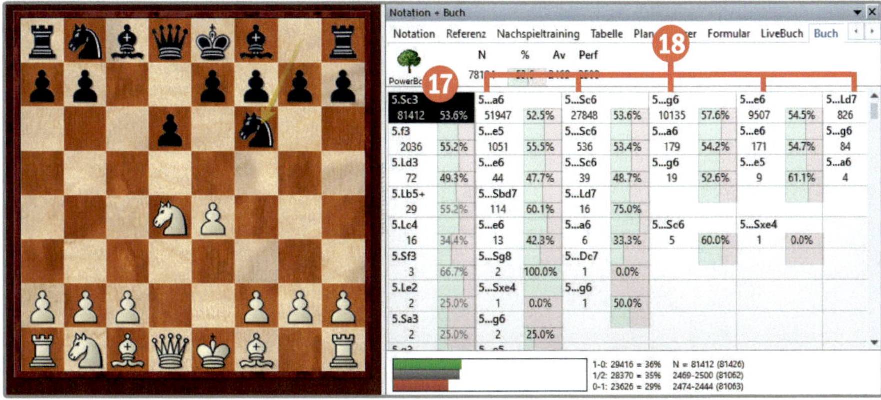

Sollten Sie in der tabellarischen Ansicht Schwierigkeiten haben, das Kontextmenü des Buchfensters aufzurufen – zum Beispiel um über die Auswahl von ***Eigenschaften*** wieder zur Standardanzeige zurück zu wechseln –, dann führen Sie den Rechtsklick am besten in einer leeren Tabellenzelle aus.

Erfahrungsgemäß eine eher geringere Bedeutung haben ungespielte Zugumstellungen und Retrozüge. Daher nur zur Klarstellung: ***Retrozüge*** 16 sind alle möglichen letzten Züge, die aus bekannten Stellungen (also aus Stellungen, die ebenfalls im Eröffnungsbuch gespeichert sind) zu der aktuellen Stellung geführt haben konnten. Nach Aktivierung dieser Option erscheinen die Retrozüge zusätzlich unter den regulären Zügen.

Für die Stellung aus der folgenden Abbildung sind das die Züge ***4... Sg6-f6*** und ***4... d7-d6*** 19.

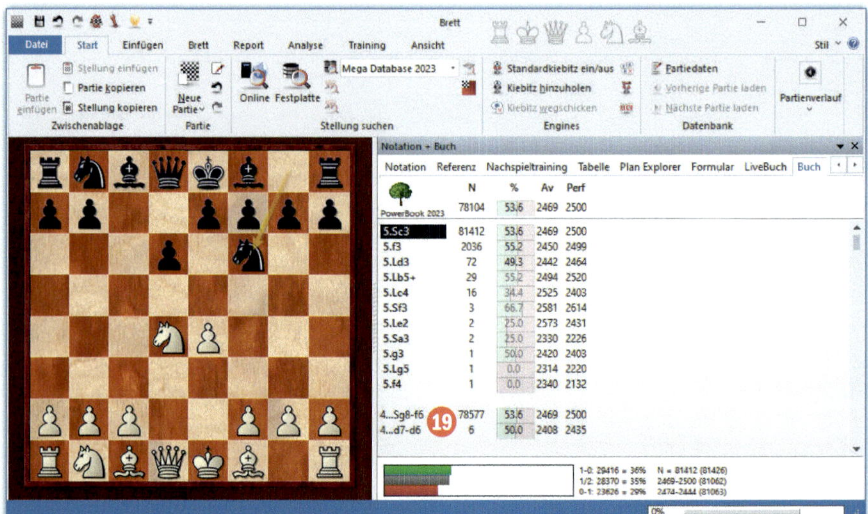

Die Option ***Ungespielte Zugumstellungen*** in den Buch-Eigenschaften meint Züge, die nicht im Eröffnungsbuch vorkommen, jedoch in eine bekannte Stellung führen würden.

2.22 Partien in ein Eröffnungsbuch importieren

Eröffnungsbücher können wie »normale« Datenbanken erweitert werden, indem man Partien in sie hineinkopiert (zum Kopieren von Partien siehe 2.8, »Partien in eine andere Datenbank kopieren«, ab Seite 51; sie sollten diesen Tipp gelesen haben, bevor Sie hier fortfahren). Da Eröffnungsbücher jedoch keine Partien, sondern Stellungen speichern, gibt es dabei ein paar Unterschiede.

Das Auswählen und das Kopieren von Partien in einer Quelldatenbank erfolgt genauso wie in 2.8, »Partien in eine andere Datenbank kopieren«, beschrieben. Im Kontextmenü eines Eröffnungsbuch-Datenbanksymbols gibt es jedoch keinen Einfügebefehl. Verwenden Sie also entweder die Drag-and-drop-Methode oder selektieren Sie das Symbol der Zieldatenbank und drücken Sie ***Strg***+***V***, um die vorher kopierten Partien in das Eröffnungsbuch einzufügen.

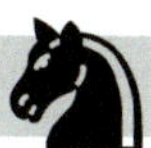

Da die kopierten Partien beim Einfügen in ein Eröffnungsbuch in entsprechende Stellungen umgewandelt werden müssen, sehen auch die zur Verfügung stehenden Einstellungsmöglichkeiten anders aus. Dementsprechend lautet der Titel des Dialogfelds nicht ***Partien kopieren***, sondern ***Partien importieren***.

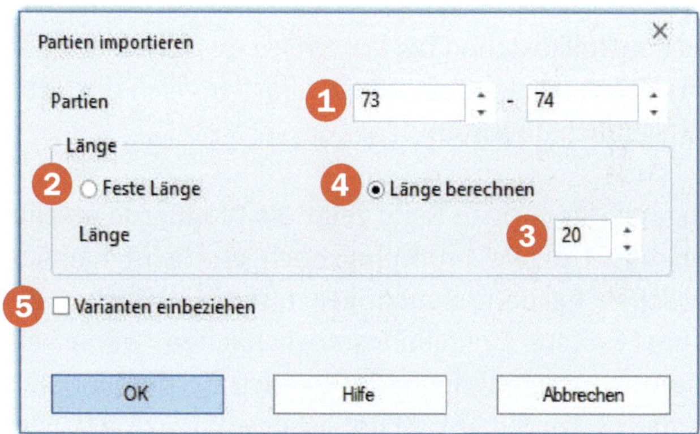

Die oberen beiden Felder des Dialogfelds ***Partien importieren*** enthalten die Partienummern des für den Import ausgewählten Partienbereichs ❶.

Die wichtigste Einstellung treffen Sie im Abschnitt ***Länge***. Hier legen Sie die Anzahl der Eröffnungszüge – also die Länge der Varianten – fest, die in das Eröffnungsbuch übernommen werden (natürlich ist es wenig sinnvoll, Stellungen mit Endspielcharakter in einem Eröffnungsbuch zu speichern; daher sollte die Länge auf jeden Fall angemessen begrenzt werden).

Für diese **Einstellung** gibt es **zwei Möglichkeiten**:

- Wenn das Optionsfeld ***Feste Länge*** ❷ aktiviert wird, werden für jede Partie exakt so viele Züge übernommen wie im Feld ***Länge*** ❸ angegeben ist.

- Ist dagegen das Feld ***Länge berechnen*** ❹ aktiviert, dann wird die im Feld ***Länge*** ❸ angegebene Zugzahl erst ab der letzten erkannten ECO-Klassifikationsstellung berücksichtigt. Das hat zur Folge, dass bei theoretischen Hauptsystemen längere Varianten übernommen werden als bei frühen Abweichungen, die nicht in der ECO-Klassifikation enthalten sind.

Wenn Sie das Kontrollkästchen bei ***Varianten einbeziehen*** ❺ setzen, dann werden beim Import von kommentierten Partien auch die Nebenvarianten in das Eröffnungsbuch übernommen.

Die Abbildung auf der vorigen Seite zeigt die Standardeinstellungen. Auch beim Partienimport in ein Eröffnungsbuch erscheint nämlich wie beim Kopieren zwischen Partiendatenbanken nur ein einfaches Bestätigungsdialogfeld ohne weitere Einstellungsmöglichkeiten, wenn kein bezüglich Partienummern zusammenhängender Bereich für den Import ausgewählt wird – andernfalls wäre die Anzahl der ausgewählten Partien in den ersten beiden Feldern des Dialogfelds ❶ ja nicht darstellbar. In diesem Fall werden die Partien mit den Standardeinstellungen in das Eröffnungsbuch importiert.

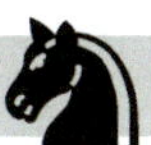

2.23 Ein Eröffnungsbuch zum Arbeitsbuch machen

Wenn Sie ein Eröffnungsbuch zum Arbeitsbuch machen, bedeutet das, dass es automatisch mit der Referenzdatenbank aktualisiert wird, wenn Sie dieser Partien per Copy-and-paste hinzufügen – Genaueres erfahren Sie gleich weiter unten.

Um ein Eröffnungsbuch als Arbeitsbuch festzulegen, klicken Sie im Datenbankfenster das Datenbanksymbol des Eröffnungsbuchs mit der rechten Maustaste an und wählen ***Eigenschaften*** im Kontextmenü. Aktivieren Sie in den Datenbank-Eigenschaften das Kontrollkästchen bei ***Arbeitsbuch*** ❶. Schließen Sie das Eigenschaften-Dialogfeld per Klick auf die ***OK***-Schaltfläche, um die neue Einstellung zu speichern.

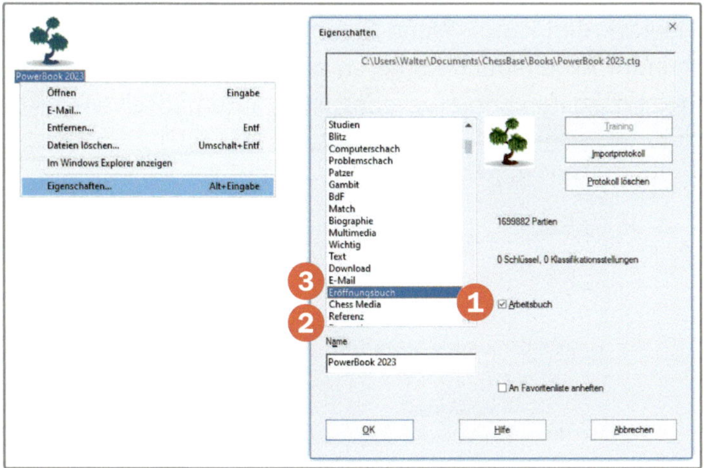

Sobald in den Eröffnungsbuch-Eigenschaften das ***Arbeitsbuch***-Kontrollkästchen gesetzt wird, springt der Listeneintrag automatisch auf ***Referenz*** ❷. Markieren Sie den Listeneintrag ***Eröffnungsbuch*** erneut ❸, wenn Sie das Eröffnungsbuch-Datenbanksymbol weiterhin verwenden wollen (siehe auch 2.13, »Spezielle Symbole für Datenbanken«, ab Seite 70).

Beachten Sie, dass es immer nur ein Arbeitsbuch geben kann und dass dafür nur Eröffnungsbücher, also ***.ctg***-Datenbanken, infrage kommen (wenn Sie das ***Arbeitsbuch***-Kontrollkästchen in den Eigenschaften eines Eröffnungsbuchs setzen, deaktiviert ChessBase diese Eigenschaft in einem anderen Eröffnungsbuch automatisch, wenn sie dort gesetzt war). Das Arbeitsbuch muss aber nicht unbedingt dasjenige Eröffnungsbuch sein, das gerade im Buchfenster verwendet wird (siehe dazu 2.21, »Eröffnungsbücher nutzen«, ab Seite 94).

Nachdem Sie ein Eröffnungsbuch als Arbeitsbuch festgelegt haben, ist im ***Partien kopieren***-Dialogfeld die Option ***Auch in Arbeitsbuch kopieren*** ❹ aktiviert, wenn Sie Ihrer Mega Database Partien per Copy-and-paste hinzufügen (ohne Arbeitsbuch erscheint diese Option im Dialogfeld ausgegraut; sie ist dann nicht aktiv, sodass das Kontrollkästchen auch nicht nachträglich aktiviert werden kann). Wenn Sie im Einzelfall die Partien doch nicht zusätzlich in Ihr Arbeitsbuch kopieren wollen, entfernen Sie das Häkchen einfach; beim nächsten Kopiervorgang ist es automatisch wieder gesetzt.

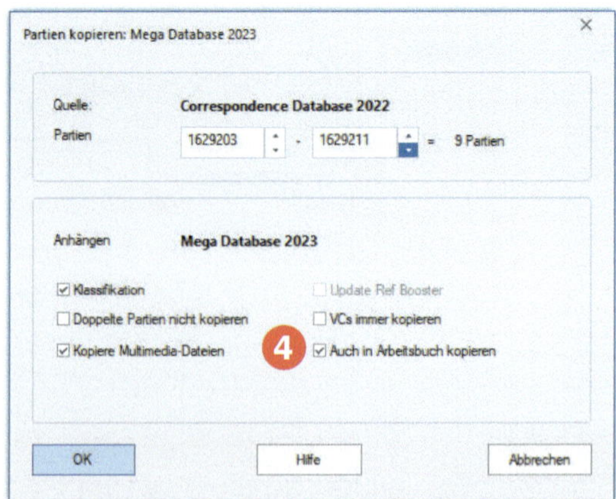

Hinweis: Beim in 6.5, »Update-Service für die Mega Database«, ab Seite 237 beschriebenen Partien-Update-Service wird das Arbeitsbuch nicht aktualisiert.

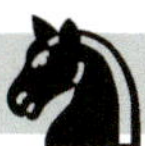

2.24 Ein eigenes Eröffnungsbuch erstellen

Um ein eigenes Eröffnungsbuch zu erstellen, gehen Sie vor wie in 2.5, »Eine eigene Datenbank anlegen«, ab Seite 46 beschrieben, mit einem einzigen Unterschied: Im Dialogfeld ***Neue Datenbank*** wählen Sie als Dateityp nicht das CBH- und auch nicht das 2CBH-Format, sondern das CTG-Format. Stellen Sie im Feld ***Dateityp*** also ***Bücher (*.CTG)*** ❶ ein.

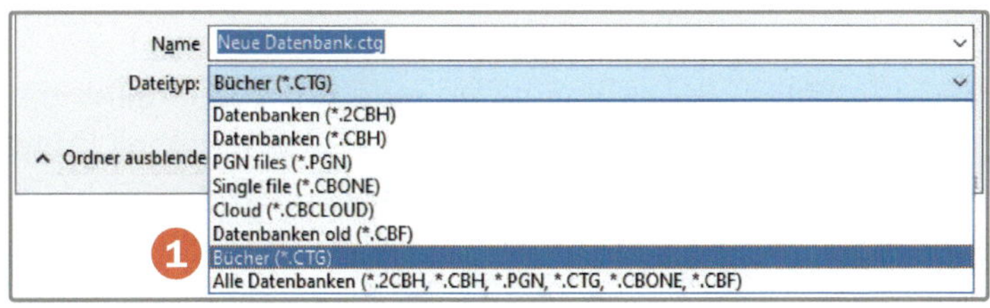

Nach dem Erstellen können Sie das Eröffnungsbuch so behandeln wie jedes andere Eröffnungsbuch. Natürlich sollten Sie als Erstes Partien Ihrer Wahl hinzufügen, da ja das Eröffnungsbuch nach dem Erstellen noch leer ist. Gehen Sie dabei vor wie in 2.22, »Partien in ein Eröffnungsbuch importieren«, ab Seite 100 beschrieben. Später können Sie Ihr selbsterstelltes Eröffnungsbuch zum Beispiel auch im Buchfenster verwenden (siehe dazu 2.21, »Eröffnungsbücher nutzen«, ab Seite 94).

2.25 Alte Datenbanken ins neue Format konvertieren

Mit ChessBase 17 gibt es das neue Datenbankformat 2CBH, das etliche Vorteile bietet. Zum Beispiel kommt es mit weniger Dateien aus, die Datenbanksuche im neuen Format geht ohne Suchbeschleuniger – diese werden für 2CBH-Datenbanken nicht mehr benötigt – schneller vonstatten als im alten CBH-Format, und schließlich steht für 2CBH-Datenbanken zusätzlich eine Reihe innovativer Funktionen zur Verfügung. Allerdings nimmt das 2CBH-Datenbankformat etwas mehr Speicherplatz in Anspruch. Dies dürfte aber bei den heutigen Ressourcen keinen allzu großen Nachteil darstellen.

Für das CBH-Format stehen die Suchbeschleuniger in ChessBase 17 natürlich nach wie vor zur Verfügung (siehe 2.14, »Suchbeschleuniger anlegen«). Im Übrigen können Sie alle in früheren ChessBase-Versionen unterstützten Datenformate auch in ChessBase 17 ohne Einschränkung so verwenden, wie Sie es gewohnt sind.

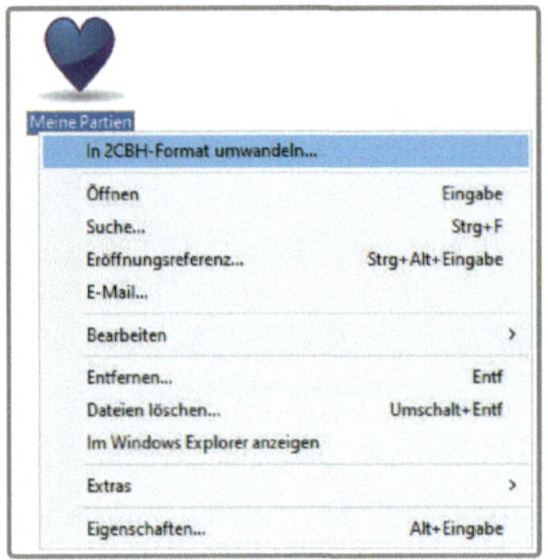

Sie können jede CBH-Datenbank ohne Weiteres in eine 2CBH-Datenbank umwandeln. Klicken Sie dazu im Datenbankfenster das Symbol der Datenbank mit der rechten Maustaste an und wählen Sie den Befehl ***In 2CBH-Format umwandeln*** im Kontextmenü.

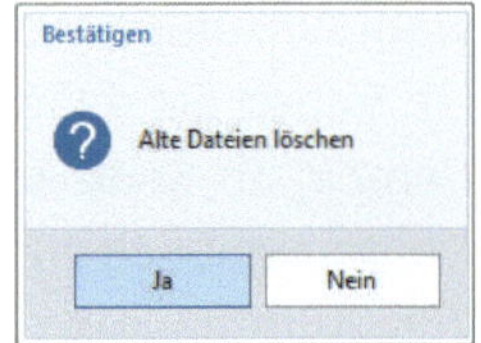

Im Weiteren werden Sie mit den Worten »Alte Dateien löschen?« gefragt, ob Sie die alte Datenbankversion behalten wollen:

- Wenn Sie mit ***Nein*** antworten, erzeugt ChessBase die 2CBH-Datenbank zusätzlich zur CBH-Datenbank. Sie haben dann zwei Datenbanken mit den gleichen Partien, eine im alten CBH-Format und die neue im 2CBH-Format. Entscheiden Sie sich so, wenn Sie die alte Version für alle Fälle sichern wollen, oder wenn Sie zum Beispiel das alte Format für den Einsatz in anderen Programmen, die das neue Format noch nicht unterstützen, benötigen.
- Antworten Sie mit ***Ja***, wenn Sie sich sicher sind, dass Sie die Datenbank des alten Formats nicht mehr benötigen. Was die Verwendung in ChessBase angeht, gibt es eigentlich keinen Grund, dem neuen Datenbankformat nicht zu vertrauen.

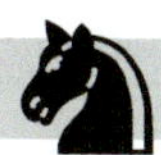

Bei der Umwandlung hängt ChessBase 17 das Datenformat in Klammern an den Symbolnamen an ❶. Dies betrifft jedoch nur den Namen des Datenbanksymbols, der Name der Datenbank respektive die Namen der Datenbankdateien bleiben unverändert.

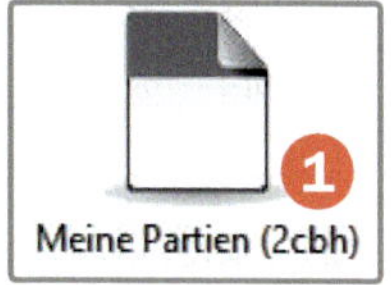

Falls Sie den ursprünglichen Symbolnamen wiederherstellen, sprich den Zusatz wieder entfernen wollen, klicken Sie das Datenbanksymbol mit der rechten Maustaste an und wählen ***Eigenschaften*** im Kontextmenü. Im erscheinenden Eigenschaften-Dialogfeld können Sie im Feld ***Name*** ❷ den gewünschten Symbolnamen festlegen.

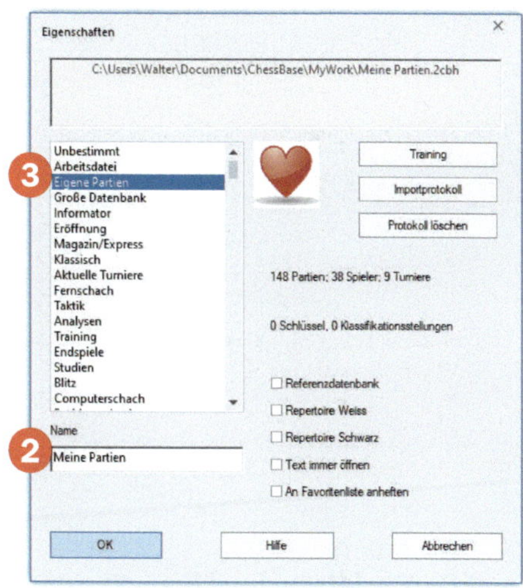

Falls Sie der Datenbank ein bestimmtes Symbol zugewiesen hatten, kann es passieren, dass im Zuge der Umwandlung wieder das Standardsymbol (***Unbestimmt***) zugewiesen wird. Selektieren Sie in der Liste gegebenenfalls wieder das gewünschte Symbol, dass Sie zuvor für die Datenbank verwendet hatten ❸.

Es gibt aber einen guten Grund, das »(2cbh)« im Namen des Datenbanksymbols stehenzulassen: Mit diesem Zusatz sehen Sie auf den ersten Blick, in welchem Format eine Datenbank vorliegt.

Die Rückumwandlung in das alte Datenbankformat ist ebenfalls möglich. Das heißt, Sie können bei Bedarf jede 2CBH-Datenbank wieder in eine CBH-Datenbank umwandeln. Den passenden Befehl finden Sie ebenfalls im Kontextmenü des Datenbanksymbols. Bei 2CBH-Datenbanken lautet der entsprechende Befehl ***In CBH-Format umwandeln***.

Im Zweifel lässt sich also allein anhand des Kontextmenübefehls feststellen (In 2CBH-Format umwandeln oder In CBH-Format umwandeln), welches Format eine Datenbank hat.

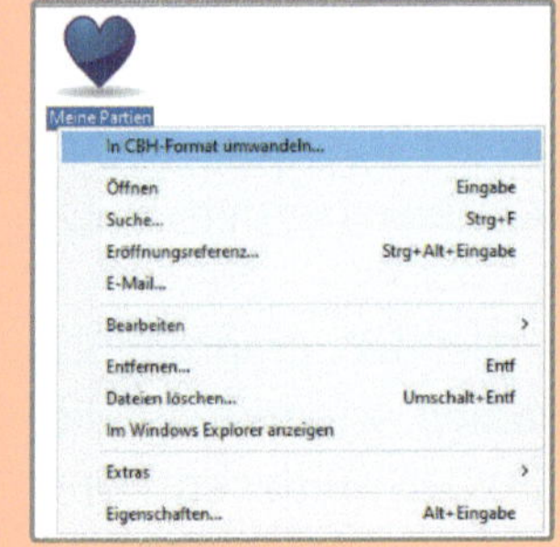

Auch die Mega Database 2023 liegt zunächst noch im alten CBH-Format vor. Fangen Sie mit der Konvertierung eventuell gleich mit dieser Datenbank an.

Die Geschwindigkeit der Konvertierung hängt natürlich immer auch von der Hardware ab, normalerweise geht sie aber sehr schnell vonstatten. Selbst die Konvertierung sehr großer Datenbanken dürfte nicht mehr als 15 Minuten in Anspruch nehmen.

2.26 Spektakuläre Partien anhand von Schönheitswerten finden

Schachpartien sind in ChessBase nach allen möglichen Kriterien klassifiziert (Elo-Zahl von Weiß, Elo-Zahl von Schwarz, Ergebnis, Anzahl der Züge, Eröffnungsschlüssel etc., siehe dazu beispielsweise 2.9, »Spalten konfigurieren«). Der wohl größte Nutzen besteht darin, dass es diese Kriterien erlauben, bestimmte Partien in einer Datenbank schnell aufzufinden. Meistens führt man dazu eine gezielte Datenbanksuche durch, wenn es nur auf ein einziges Kriterium ankommt, genügt es manchmal, die Datenbank entsprechend zu sortieren.

Mit ChessBase 17 kommt nun ein neues Kriterium hinzu. Sie haben die Möglichkeit, Schachpartien nach dem Merkmal »Schönheit« zu klassifizieren. Der Begriff Schönheit bezieht sich dabei auf taktisch geprägte Partien, insbesondere auf solche, in denen Opfer vorkommen. Sie können in ChessBa-

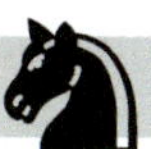

se 17 also gezielt die spannendsten und spektakulärsten Partien aus einer Datenbank herausfiltern.

Beachten Sie, dass die Option, Partien nach Schönheit zu klassifizieren, ausschließlich mit dem neuen Datenbankformat 2CBH möglich ist. Für das alte CBH-Format steht dieses Kriterium nicht zur Verfügung (Sie können aber jede CBH-Datenbank von ChessBase in das neue Format konvertieren lassen; lesen Sie dazu 2.25, »Alte Datenbanken ins neue Format konvertieren«).

Im Gegensatz zu den anderen Kriterien sind aber auch die Partien einer 2CBH-Datenbank nicht von Haus aus mit dem Kriterium Schönheit versehen, sondern Sie müssen die Schönheitswerte bei Bedarf erst von ChessBase setzen lassen. Das ist aber schnell erledigt:

1 Öffnen Sie die 2CBH-Datenbank, indem Sie im Datenbankfenster das Symbol der Datenbank doppelt anklicken.

2 Wechseln Sie im erscheinenden Partienlistenfenster zur Registerkarte ***Partien***.

3 Klicken Sie in der ersten Gruppe dieser Registerkarte auf die Schaltfläche ***Schönheitswerte setzen*** ❶.

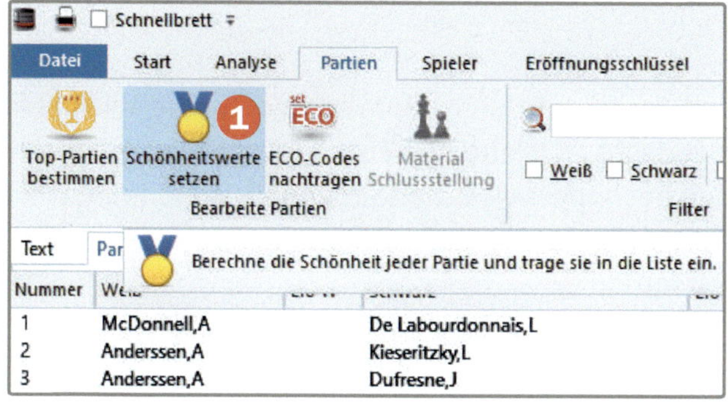

Beim Setzen von Schönheitswerten muss jede Partie nachgespielt und jede Stellung darin auf taktische Motive untersucht werden. Berücksichtigen Sie daher, dass der Vorgang bei großen Datenbanken sehr lange dauern kann, eventuell einige Stunden. Ein schneller Rechner schafft ungefähr 600 Partien pro Sekunde.

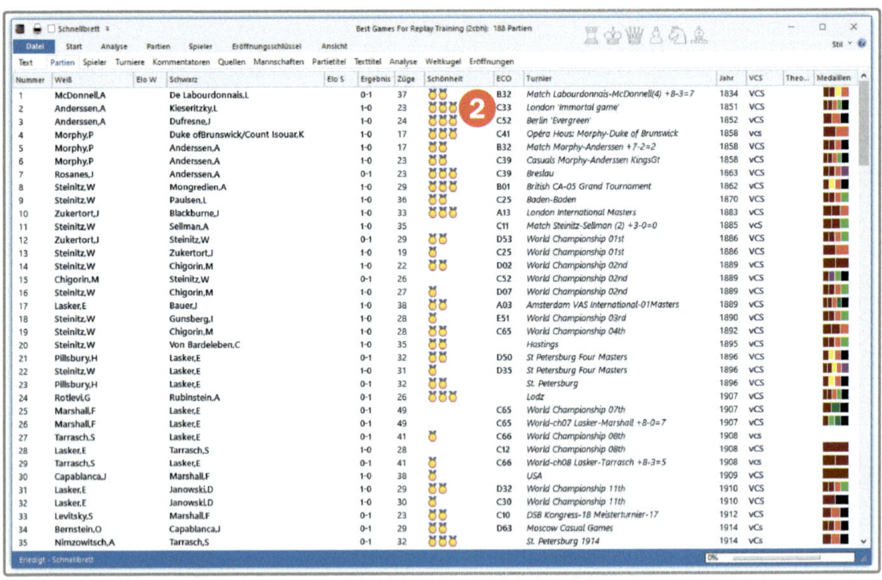

Schnellbrett — Best Games For Replay Training (2cbh): 188 Partien

Datei | Start | Analyse | Partien | Spieler | Eröffnungsschlüssel | Ansicht | Stil

Text | Partien | Spieler | Turniere | Kommentatoren | Quellen | Mannschaften | Partietitel | Texttitel | Analyse | Weltkugel | Eröffnungen

Nummer	Weiß	Elo W	Schwarz	Elo S	Ergebnis	Züge	Schönheit	ECO	Turnier	Jahr	VCS	Theo...	Medaillen
1	McDonnell,A		De Labourdonnais,L		0-1	37		B32	*Match Labourdonnais-McDonnell(4) +8-3=7*	1834	VCS		
2	Anderssen,A		Kieseritzky,L		1-0	23		C33	*London 'Immortal game'*	1851	VCS		
3	Anderssen,A		Dufresne,J		1-0	24		C52	*Berlin 'Evergreen'*	1852	vCS		
4	Morphy,P		Duke ofBrunswick/Count Isouar,K		1-0	17		C41	*Opéra Hous: Morphy-Duke of Brunswick*	1858	vcs		
5	Morphy,P		Anderssen,A		1-0	17		B32	*Match Morphy-Anderssen +7-2=2*	1858	VCS		
6	Morphy,P		Anderssen,A		1-0	23		C39	*Casuals Morphy-Anderssen KingsGt*	1858	vCS		
7	Rosanes,J		Anderssen,A		0-1	23		C39	*Breslau*	1863	VCS		
8	Steinitz,W		Mongredien,A		1-0	29		B01	*British CA-05 Grand Tournament*	1862	vCS		
9	Steinitz,W		Paulsen,L		1-0	36		C25	*Baden-Baden*	1870	VCS		
10	Zukertort,J		Blackburne,J		1-0	33		A13	*London International Masters*	1883	vCS		
11	Steinitz,W		Sellman,A		1-0	35		C11	*Match Steinitz-Sellman (2) +3-0=0*	1885	vcS		
12	Zukertort,J		Steinitz,W		0-1	29		D53	*World Championship 01st*	1886	VCS		
13	Steinitz,W		Zukertort,J		1-0	19		C25	*World Championship 01st*	1886	VCS		
14	Steinitz,W		Chigorin,M		1-0	22		D02	*World Championship 02nd*	1889	vCS		
15	Chigorin,M		Steinitz,W		0-1	26		C52	*World Championship 02nd*	1889	vCS		
16	Steinitz,W		Chigorin,M		1-0	27		D07	*World Championship 02nd*	1889	vCS		
17	Lasker,E		Bauer,J		1-0	38		A03	*Amsterdam VAS International-01Masters*	1889	vCS		
18	Steinitz,W		Gunsberg,I		1-0	28		E51	*World Championship 03rd*	1890	vCS		
19	Steinitz,W		Chigorin,M		1-0	28		C65	*World Championship 04th*	1892	vCS		
20	Steinitz,W		Von Bardeleben,C		1-0	35			*Hastings*	1895	vCS		
21	Pillsbury,H		Lasker,E		0-1	32		D50	*St Petersburg Four Masters*	1896	VCS		
22	Steinitz,W		Lasker,E		1-0	31		D35	*St Petersburg Four Masters*	1896	vCS		
23	Pillsbury,H		Lasker,E		0-1	32			*St. Petersburg*	1896	VCS		
24	Rotlevi,G		Rubinstein,A		0-1	26			*Lodz*	1907	vCS		
25	Marshall,F		Lasker,E		0-1	49		C65	*World Championship 07th*	1907	vCS		
26	Marshall,F		Lasker,E		0-1	49		C65	*World-ch07 Lasker-Marshall +8-0=7*	1907	vCS		
27	Tarrasch,S		Lasker,E		0-1	41		C66	*World Championship 08th*	1908	vcs		
28	Lasker,E		Tarrasch,S		1-0	28		C12	*World Championship 08th*	1908	vCS		
29	Tarrasch,S		Lasker,E		0-1	41		C66	*World-ch08 Lasker-Tarrasch +8-3=5*	1908	vcs		
30	Capablanca,J		Marshall,F		1-0	38			*USA*	1909	vCS		
31	Lasker,E		Janowski,D		1-0	29		D32	*World Championship 11th*	1910	VCS		
32	Lasker,E		Janowski,D		1-0	30		C30	*World Championship 11th*	1910	VCS		
33	Levitsky,S		Marshall,F		0-1	23		C10	*DSB Kongress-18 Meisterturnier-17*	1912	vCS		
34	Bernstein,O		Capablanca,J		0-1	29		D63	*Moscow Casual Games*	1914	vCs		
35	Nimzowitsch,A		Tarrasch,S		0-1	32			*St. Petersburg 1914*	1914	vCs		

Erledigt - Schnellbrett

Die Datenbank ***Best Games For Replay Training***, die speziell für das Nachspieltraining gedacht ist (siehe den Tipp 4.18), enthält mit ihren klassischen Angriffspartien besonders viele Kandidaten für Schönheitswerte. ChessBase vergibt keinen, einen, zwei oder – für besonders spektakuläre Partien – drei Schönheitsorden ❷.

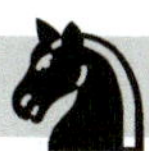

Wenn Sie nicht für alle Partien einer Datenbank, sondern nur für bestimmte Partien Schönheitswerte setzen wollen, dann gehen Sie über das Kontextmenü der Partienliste. Wählen Sie die Partien aus, für die Sie Schönheitswerte setzen wollen, klicken Sie dann mit der rechten Maustaste auf eine der markierten Partien, und wählen Sie ***Schönheitswerte setzen*** im Kontextmenü. Diese Option besteht auch in der Direktliste, sodass Sie die Datenbank dafür gar nicht zu öffnen brauchen (zum Öffnen von Datenbanken und zur Direktliste siehe u. a. 2.4 »Datenbanken und Partien öffnen«).

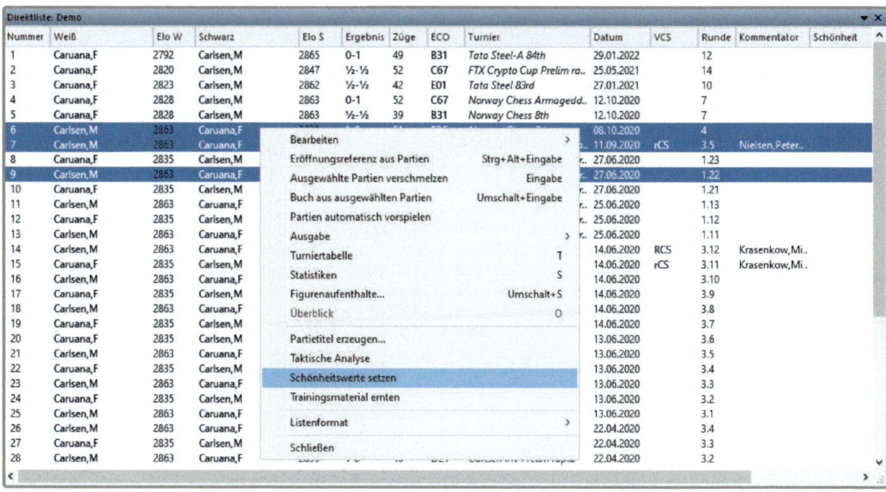

Nachdem Sie wie beschrieben für Partien Schönheitswerte gesetzt haben, können Sie dieses Kriterium wie die anderen behandeln. Zum Beispiel können Sie die Spalte ***Schönheit*** sortieren, sodass die spektakulärsten Partien zuerst angezeigt werden, und mit der erweiterten Suche finden Sie alle Partien mit mindestens einem Schönheitsorden. Setzen Sie dazu auf der Registerkarte ***Partiedaten*** ein Häkchen in das Kontrollkästchen bei ***Schöne Partien*** ❸.

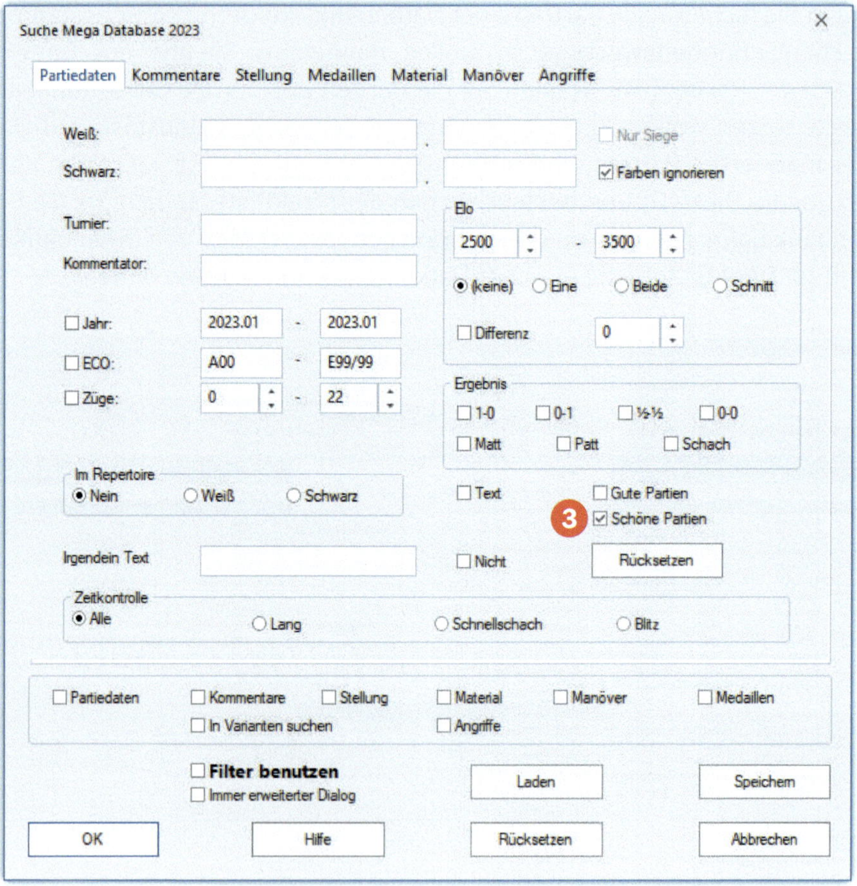

Suche Mega Database 2023

Partiedaten | Kommentare | Stellung | Medaillen | Material | Manöver | Angriffe

Weiß: … Nur Siege
Schwarz: … Farben ignorieren
Turnier:
Kommentator:
Elo: 2500 - 3500
(keine) | Eine | Beide | Schnitt
Differenz: 0
Jahr: 2023.01 - 2023.01
ECO: A00 - E99/99
Züge: 0 - 22
Ergebnis: 1-0 | 0-1 | ½-½ | 0-0
Matt | Patt | Schach
Im Repertoire: Nein | Weiß | Schwarz
Text | Gute Partien
3 Schöne Partien
Irgendein Text | Nicht | Rücksetzen
Zeitkontrolle: Alle | Lang | Schnellschach | Blitz

Partiedaten | Kommentare | Stellung | Material | Manöver | Medaillen
In Varianten suchen | Angriffe

Filter benutzen
Immer erweiterter Dialog
Laden | Speichern
OK | Hilfe | Rücksetzen | Abbrechen

Genaueres zur erweiterten Suche erfahren Sie in 2.17, »Erweiterte Suche«, ab Seite 85.

3 Tipps für die Arbeit im Brettfenster

In diesem Kapitel geht es um die Funktionen, die im Brettfenster zur Verfügung stehen. Sie beziehen sich vor allem auf die Partie- und Stellungseingabe, aber auch darauf, wie Sie die Notation einer Partie mit Varianten und Nebenvarianten Ihren Vorstellungen entsprechend anpassen können.

Kasparow – Topalow, Wijk aan Zee 1999
In dieser legendären Partie gelang dem ehemaligen Schachweltmeister nach zwei eindrucksvollen Turmopfern ein brillianter Sieg gegen Topalow, dessen König er quer über das Brett bis auf D1 jagte.

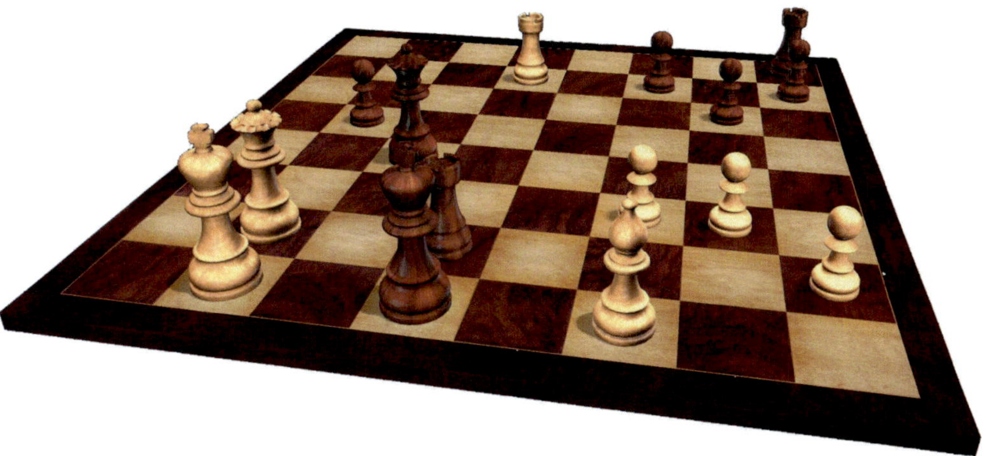

Großmeister Larry Christiansen schrieb später über die Partie:
"Sie verdient einen Platz im Louvre."

3.1 Eine neue Partie eingeben und in einer Datenbank speichern

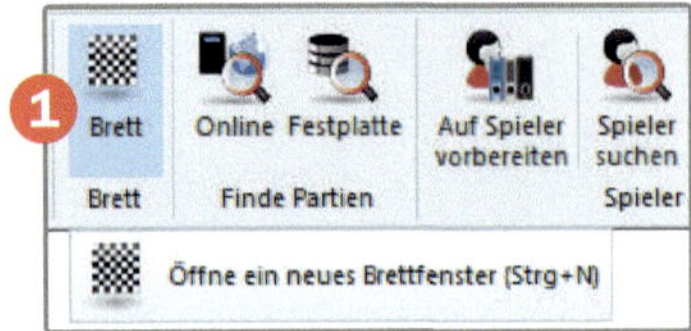

Um eine Partie neu einzugeben, öffnen Sie zunächst ein leeres Brettfenster. Klicken Sie dazu entweder auf der Registerkarte ***Start*** auf das Brettsymbol ❶ oder drücken Sie ***Strg***+***N***.

Es erscheint ein neues ChessBase-Anwendungsfenster mit einem Schachbrett und den Figuren in der Grundstellung – das ChessBase-Hauptfenster bleibt natürlich geöffnet. Um einen Zug einzugeben, fassen Sie die Spielfigur (Bauer, Springer etc.) mit der Maus an – das heißt, Sie klicken mit der linken Maustaste darauf und halten die Maustaste gedrückt – und ziehen sie auf das Zielfeld. Dort angekommen, lassen Sie die Maustaste los. Konkret: Um zum Beispiel den Zug ***1. e2-e4*** einzugeben, klicken Sie auf das Feld ***e2***, lassen die Maustaste gedrückt und ziehen den Bauern nach ***e4***, wo Sie die Maustaste wieder loslassen.

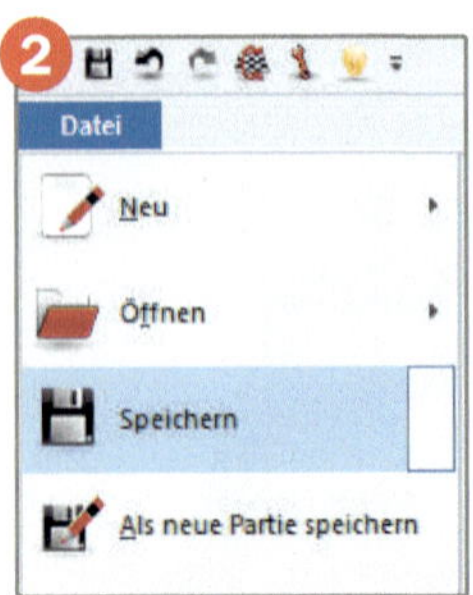

Wenn Sie die Partie fertig eingegeben haben, klicken Sie auf ***Datei*** und dann auf ***Speichern*** (eine weitere Auswahl im Untermenü ist nicht notwendig, da ChessBase standardmäßig die Option ***Partie speichern*** verwendet). Alternativ drücken Sie ***Strg***+***S*** oder Sie klicken am Anfang des Schnellzugriffs auf das Diskettensymbol ❷.

Außerdem könnten Sie im Menü zur ***Datei***-Schaltfläche mit dem gleichen Ergebnis auch den Befehl ***Als neue Partie speichern*** verwenden. Allerdings ist dieser Befehl dafür vorgesehen, eine bereits gespeicherte Partie – beispielsweise nach einer Änderung – nochmals, also als weitere Partie, abzuspeichern, wohingegen der einfache Befehl ***Speichern*** eine bereits gespeicherte Partie nach einer Änderung überschreibt, das heißt ersetzt. Da bei einer Neueingabe die Partie ja noch nicht gespeichert ist, spielt es keine Rolle, welchen von beiden Befehlen man verwendet.

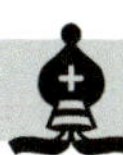

Wählen Sie im erscheinenden Dialogfeld die Datenbank aus, in der Sie die Partie speichern wollen, und klicken Sie auf ***OK***. Danach erscheint ein weiteres Dialogfeld, in dem Sie die Partiedaten eingeben können, zum Beispiel die Namen der Spieler, das Turnier, das Datum, an dem die Partie gespielt wurde (voreingestellt ist der aktuelle Tag), den ECO-Code der gespielten Eröffnung usw. Machen Sie in diesem Dialogfeld die Angaben, die für Sie wichtig sind. Selektieren Sie im linken Bereich nacheinander die einzelnen Kategorien ❸, um alle Eingabemöglichkeiten zu sehen. Die Schaltflächen mit der Aufschrift ***Details*** ❹ öffnen zusätzliche Dialogfelder, in denen Sie in Bezug auf ein nebenstehendes Eingabefeld (im Bild ***Turnier***) noch detailliertere Angaben machen können.

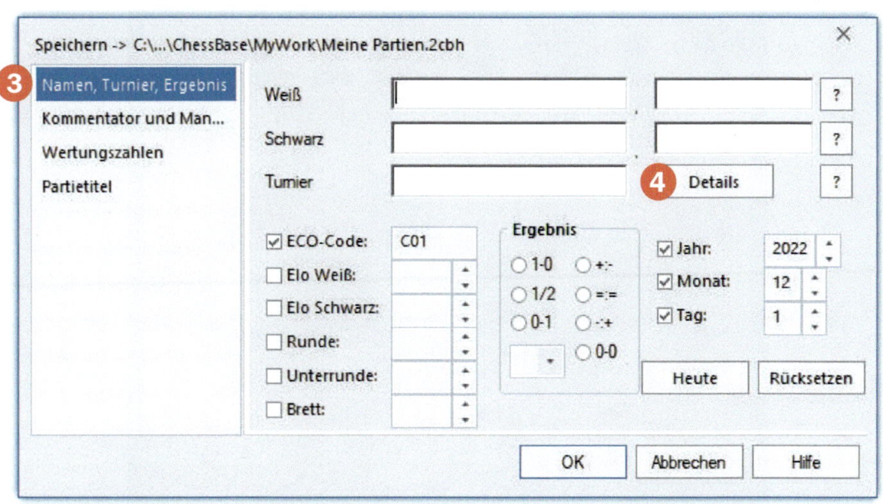

Vor dem Speichern geben Sie alle für Sie wichtigen Informationen zur Partie ein.

Bestätigen Sie Ihre Eingaben zur Partie wiederum mit ***OK***. Danach speichert ChessBase die Partie in der zuvor angegebenen Datenbank.

3.2 Spezielle Methoden bei der Zugeingabe

ChessBase bietet einige Shortcuts, mit denen Sie Züge besonders schnell eingeben können. Klicken Sie zum Beispiel direkt auf das Zielfeld und halten die Maustaste zunächst gedrückt, dann umrandet ChessBase eine Figur, die dorthin ziehen könnte. In der Stellung, die die folgende Abbildung zeigt, könnten die Dame, der Bauer auf *f7* sowie der Springer, der auf *g8* steht, nach *f6* ziehen. Daher umrandet ChessBase diese drei Spielfiguren, wenn man auf dieses Feld klickt und die Maustaste gedrückt hält.

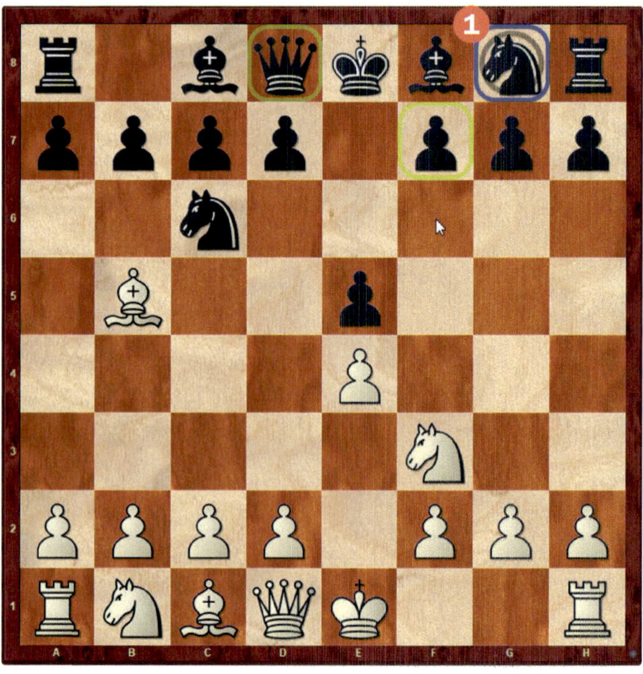

ChessBase bevorzugt bei mehreren Zugmöglichkeiten einen Zug und versieht die entsprechende Spielfigur – in der Abbildung den Springer auf *g8* – mit einem grauen Kreis ❶. Tatsächlich wird ein guter Schachspieler in der obigen Stellung ohne Zweifel den Zug ***Sg8-f6*** gegenüber den Zügen ***Dd8-f6*** und ***f7-f6*** vorziehen. Um einen so vorgeschlagenen Zug zu ziehen, reicht es aus, auf dem Feld die Maustaste loszulassen.

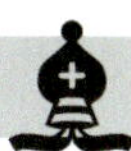

Um einen der weiteren infrage kommenden Züge auszuführen, betätigen Sie – gegebenenfalls nacheinander – zusätzlich die rechte Maustaste, während Sie die linke Maustaste gedrückt halten, und sobald die passende Figur mit dem grauen Kreis umrandet ist, lassen Sie beide Maustasten los. Alternativ bewegen Sie die Maus auf die passende Spielfigur und lassen dort die Maustaste los. Um also beispielsweise in der obigen Stellung den Zug ***Dd8-f6*** einzugeben, können Sie wahlweise folgendermaßen vorgehen:

- Sie klicken in das Feld ***f6***, halten die linke Maustaste gedrückt, klicken dann zusätzlich einmal mit der rechten Maustaste, sodass ChessBase die Dame mit dem besagten grauen Kreis versieht, und lassen dann beide Maustasten los.

- Sie klicken in das Feld ***f6***, halten die linke Maustaste gedrückt, bewegen die Maus über das Feld ***d8*** und lassen die Maustaste dort los. Die rechte Maustaste kommt bei dieser Methode nicht zum Einsatz.

Wenn Sie von vornherein wissen oder erahnen, welchen Zug ChessBase vorschlagen wird, oder wenn in einer Stellung nur eine einzige Spielfigur auf das Zielfeld ziehen kann und Sie deshalb die besagten Umrandungen gar nicht anzeigen wollen, können Sie einfach einmal auf das Zielfeld klicken, ohne die Maustaste gedrückt zu halten. Beispielsweise brauchen Sie in der Anfangsstellung nur kurz auf das Feld ***e4*** zu klicken, um den Zug ***1.e2-e4*** auszuführen.

Es funktioniert aber auch umgekehrt. Das heißt, wenn Sie auf eine Figur klicken, die Sie ziehen wollen (der Cursor nimmt in diesem Fall die Form einer Hand an), markiert ChessBase die infrage kommenden Zielfelder. Die folgende Abbildung zeigt die gleiche Stellung wie im vorherigen Bild, allerdings nach angeklicktem Springer auf ***g8***. Da in dieser Stellung mit dieser Figur die Züge ***Sg8-e7***, ***Sg8-f6*** und ***Sg8-h6*** möglich sind, markiert ChessBase die entsprechenden Zielfelder ***e7***, ***f6*** und ***h6***.

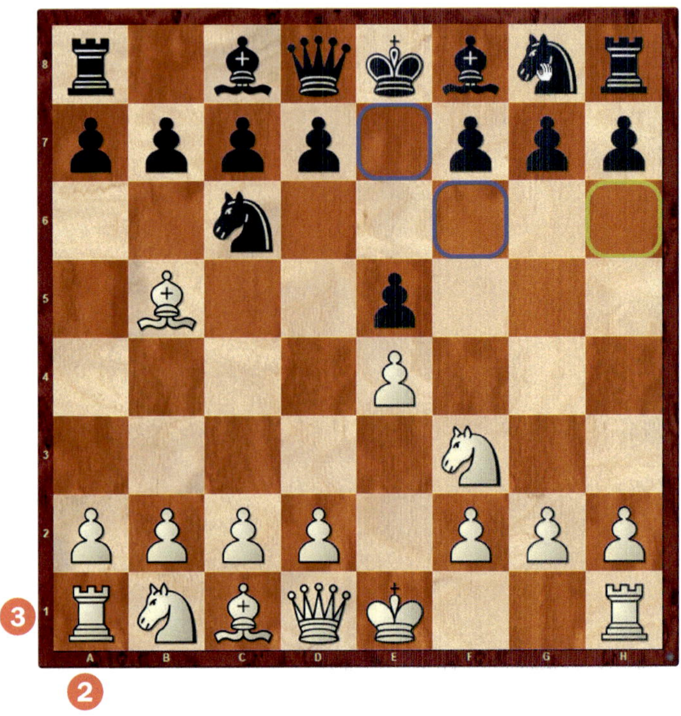

Um den Springer nach ***f6*** zu ziehen, klicken Sie im Feld ***g8*** einmal zusätzlich zur linken die rechte Maustaste und lassen danach beide Maustasten los. Um die Figur auf ein anderes Feld zu stellen, klicken Sie mit der rechten Maustaste so oft, bis der besagte graue Kreis im gewünschten Zielfeld steht, und lassen dann beide Maustasten los.

Um für die Schachfelder Koordinaten (Buchstaben für die Spalten ❷, Zahlen für die Reihen ❸) anzuzeigen, führen Sie einen Rechtsklick auf das Schachbrett aus und wählen ***Brettdesign*** im Kontextmenü. Alternativ drücken Sie ***Umschalt***+***Strg***+***Alt***+***O***. Setzen Sie im erscheinenden Dialogfeld bei ***Koordinaten*** ein Häkchen in das Kontrollkästchen und bestätigen Sie mit ***OK***.

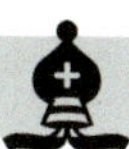

3.3 Zugeingaben korrigieren

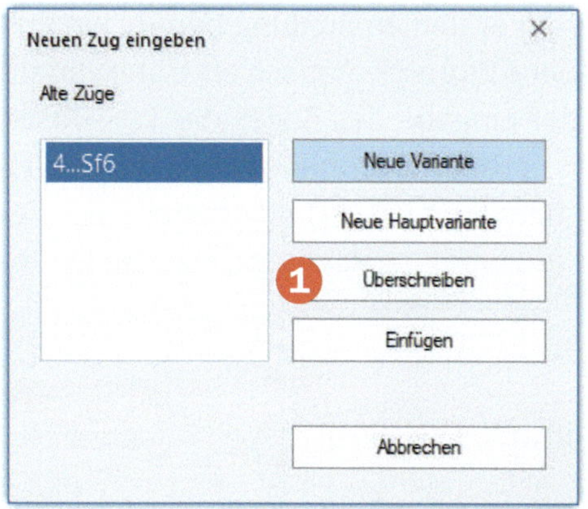

Wenn Sie einmal einen Zug falsch eingegeben haben, können Sie das leicht korrigieren. Gehen Sie einen Zug zurück, indem Sie die ***Pfeil-nach-links***-Taste drücken oder in der Notation auf den vorherigen Zug klicken. Geben Sie dann den neuen Zug ein. Wenn daraufhin das Dialogfeld ***Neuen Zug eingeben*** erscheint, klicken Sie in diesem auf ***Überschreiben*** ❶, um den alten Zug zu ersetzen.

Sie können das Erscheinen des Dialogfelds ***Neuen Zug eingeben*** auch forcieren, indem Sie während der Eingabe des neuen Zugs die ***Strg***-Taste gedrückt halten. Und wenn Sie dabei die ***Umschalt***-Taste drücken, überschreibt ChessBase den alten Zug sofort, ohne dass das Dialogfeld ***Neuen Zug eingeben*** erscheint.

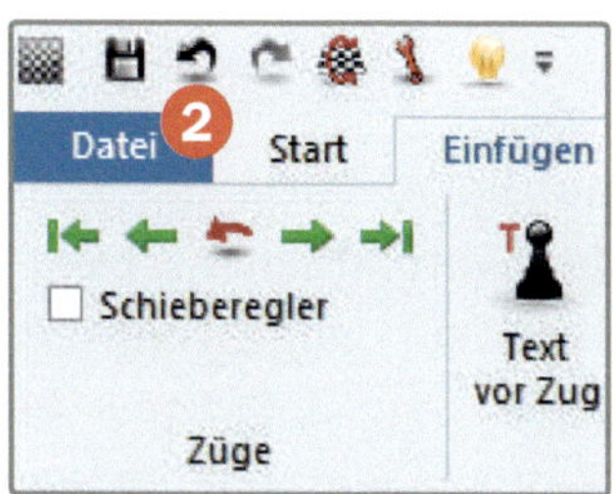

Eine entsprechende Option findet sich auch in der Funktionsleiste in der Gruppe ***Züge*** der Registerkarte ***Einfügen***. Klicken Sie auf den roten, gekrümmten Pfeil ❷, wenn der Zug, den Sie korrigieren wollen, ausgeführt, das heißt in der Notation markiert ist. ChessBase geht dann automatisch einen Zug zurück und Sie können den neuen Zug eingeben, der den alten dann automatisch überschreibt, wenn es sich um den letzten Zug in der Notation handelt und keine Varianten existieren.

3.4 Weitere Optionen bei der Eingabe eines neuen Zugs

Wenn Sie einen Zug eingeben und in der aktuellen Stellung bereits ein Folgezug existiert, wird der neu eingegebene Zug automatisch als Untervariante eingefügt. Drücken Sie während der Eingabe des Zuges die ***Strg***-Taste, wenn Sie den neuen Zug nicht als Untervariante, sondern anders notieren wollen. In diesem Fall erscheint das bereits in 0.3, »Zugeingaben korrigieren«, gezeigte Dialogfeld ***Neuen Zug eingeben***, welches zusätzliche Optionen enthält.

> Am Ende einer Partie beziehungsweise am Ende von Varianten – das heißt, wenn bei Zugeingabe der jeweils vorletzte Zug markiert ist – erscheint das Dialogfeld ***Neuen Zug eingeben*** automatisch.

Das Dialogfeld ***Neuen Zug eingeben*** bietet folgende Optionen:

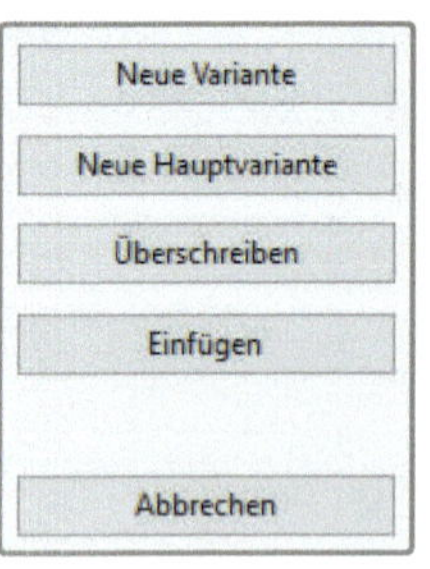

- ***Neue Variante*** entspricht dem Standard. Das heißt, der neue Zug leitet eine Untervariante ein.
- ***Neue Hauptvariante*** kehrt das Ganze um. Der neu eingegebene Zug wird zur Hauptvariante und der bereits vorhandene Zug zur Untervariante.
- Ein Klick auf ***Überschreiben*** erstellt keine neue Variante, sondern der eingegebene Zug überschreibt den vorhandenen. Eventuell vorhandene Folgezüge werden dabei abgeschnitten. Wenn Sie beispielsweise im Brettfenster die Züge ***1. e4 c5 2. Sf3 d6 3. d4 cxd4 4. Sxd4*** eingegeben haben und nun den Zug ***2. Sf3*** markieren und als Antwortzug ***Sc6*** eingeben, dann ergibt sich die Notation ***1. e4 c5 2. Sf3 Sc6*** – die restlichen Züge fallen mit dem Überschreiben weg.

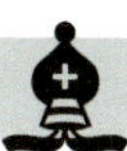

- Das Gegenstück zum Überschreiben ist das ***Einfügen***. Wenn Sie auf diese Schaltfläche klicken, ersetzt ChessBase den vorhandenen Zug und soweit das möglich ist, bleiben die Folgezüge bestehen. Bezogen auf das gerade im vorherigen Aufzählungspunkt genannte Beispiel würde sich daher aus der Notation ***1. e4 c5 2. Sf3 d6 3. d4 cxd4 4. Sxd4*** durch Einfügen des Zugs ***2. ... Sc6*** die Notation ***1. e4 c5 2. Sf3 Sc6 3. d4 cxd4 4. Sxd4*** ergeben. Die beiden Züge ***2. ... Sc6*** und ***2. ... d6*** werden einfach ausgetauscht.

- Über die Schaltfläche ***Abbrechen*** können Sie den Vorgang abbrechen. Das heißt, der gerade eingegebene Zug wird verworfen.

Speziell für die Eingabe von **neuen Varianten** gibt es folgende Möglichkeiten:

- Mit der Symbolschaltfläche ***Neue Variante*** auf der Registerkarte ***Einfügen*** gehen Sie einen Zug zurück und der Zug, den Sie anschließend eingeben, beginnt eine neue Variante.

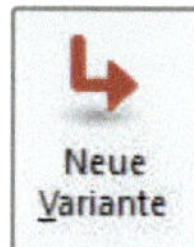

- Den gleichen Effekt (einen Zug zurückgehen und eine neue Variante starten) erreichen Sie auch durch Drücken der Taste ***T***.

- Und schließlich steht der Befehl ***Neue Variante*** auch im Kontextmenü eines Zuges zur Verfügung. Klicken Sie den Zug in der Notation mit der rechten Maustaste an, um das Kontextmenü zu öffnen.

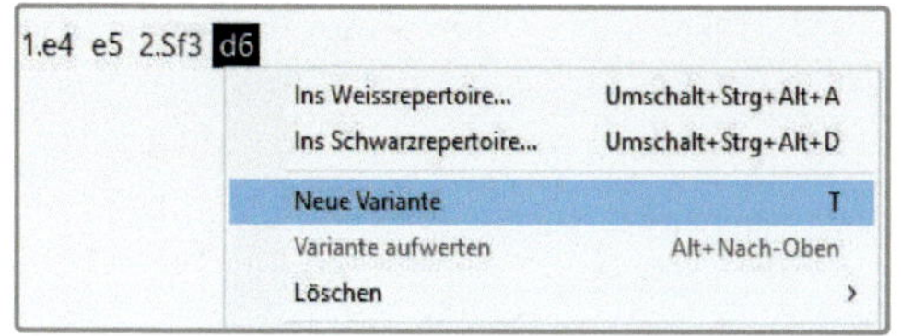

Diese Vorgehensweise (einen Zug zurückgehen und mit dem nächsten Zug eine neue Variante beginnen) ist gegenüber der Anzeige des Dialogfelds ***Neuen Zug eingeben*** eventuell bequemer, wenn Sie sich gerade am Ende einer Stellung/Variante befinden.

3.5 Aktionen rückgängig machen

Wenn Sie sich im Brettfenster einmal vertan haben, brauchen Sie sich nicht lange zu bemühen, das alte, für Sie passende Szenario händisch wiederherzustellen. Klicken Sie einfach im Schnellzugriff auf den gekrümmten, nach links weisenden Pfeil ❶ oder klicken Sie in der Gruppe ***Partie*** der Registerkarte ***Start*** auf ***Rückgängig*** ❷, um die gerade durchgeführte Aktion rückgängig zu machen und den vorherigen Zustand wiederherzustellen.

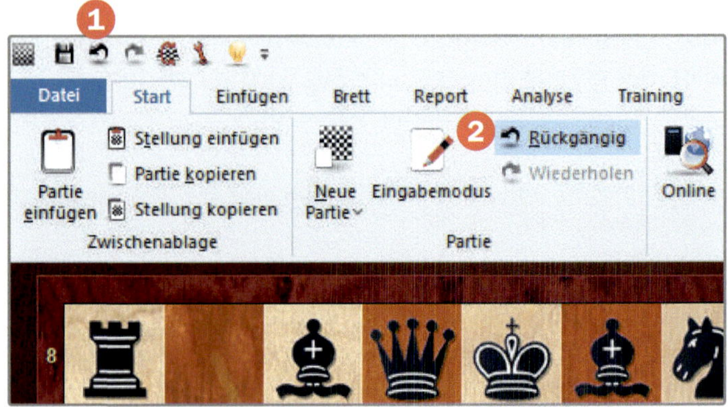

Sie können den Rückgängig-Befehl bei Bedarf auch mehrmals ausführen. Um zum Beispiel die letzte und auch die vorletzte Aktion rückgängig zu machen, klicken Sie einfach zweimal hintereinander auf das Symbol im Schnellzugriff oder auf die ***Rückgängig***-Schaltfläche der Registerkarte ***Start***.

Wenn Sie vorher die Maus über das Rückgängig-Symbol oder über die Rückgängig-Schaltfläche halten, informiert Sie eine QuickInfo über die Art der Aktion, die rückgängig gemacht werden soll ❸ (im Bild handelt es sich um eine ausgeführte Löschaktion).

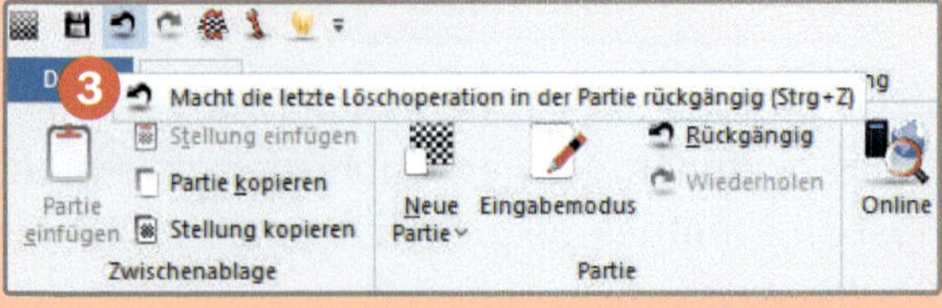

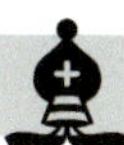

Und auch für das Rückgängigmachen von Aktionen gibt es ein Tastaturkürzel, das dem vieler anderer Programme entspricht, nämlich ***Strg***+***Z***. Um mehrere Aktionen rückgängig zu machen, halten Sie die ***Strg***-Taste gedrückt, während Sie die Taste ***Z*** so oft wie nötig betätigen (für jede Aktion, die rückgängig gemacht werden soll, einmal).

Falls Sie eine oder mehrere Aktionen wie beschrieben rückgängig gemacht haben und sich dann doch anders entscheiden, können Sie in gleicher Weise den ***Wiederholen***-Befehl ausführen. Dieser stellt eine oder mehrere rückgängig gemachte Aktionen wieder her (er macht also das Rückgängigmachen rückgängig). Klicken Sie im Schnellzugriff auf den nach rechts gekrümmten Pfeil oder auf der Registerkarte ***Start*** unterhalb der ***Rückgängig***-Schaltfläche auf die Schaltfläche ***Wiederholen***.

Wiederholen

3.6 Züge/Varianten löschen

Um ab einer bestimmten Position alle nachfolgenden Züge zu löschen, drücken Sie am schnellsten ***Strg***+***Alt***+***9*** beziehungsweise ***Alt Gr***+***9***. Um alle vorherigen Züge zu löschen – auch dies ist möglich –, drücken Sie ***Strg***+***Alt***+***8*** beziehungsweise ***Alt Gr***+***8***. Außerdem enthalten auch die Kontextmenüs von Zügen entsprechende Befehle (***Löschen/Lösche restliche Züge*** sowie ***Löschen/Lösche vorherige Züge***).

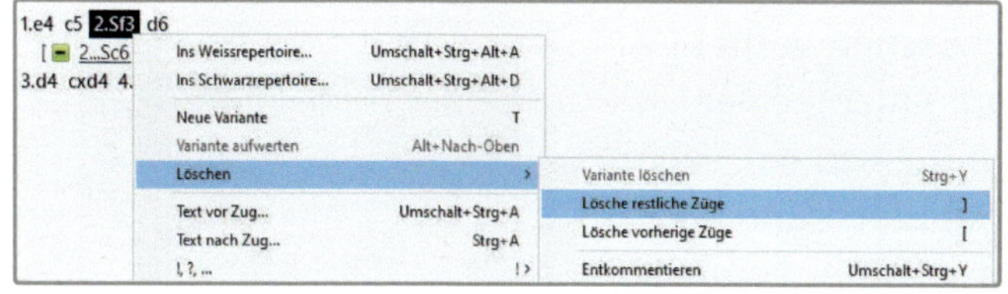

Der Befehl Löschen/Lösche restliche Züge schneidet hier alle Züge nach 2. Nf3, einschließlich der mit 2... Nc6 beginnenden Variante, ab.

Aus dem Löschen vorheriger Züge resultiert immer eine Stellung, die mit dem Zug, der beim Ausführen des Befehls ***Lösche vorherige Züge*** (***Strg***+***Alt***+***8***) markiert ist, beginnt. Wenn dieser Befehl am Anfang einer Untervariante ausgeführt wird, wird diese zur Hauptvariante.

Nehmen wir die folgenden Züge als **Beispiel**:

1. e4 c5 2. Nf3 d6 (2... Nc6 3. d4 cxd4 4. Nxd4 Nf6 5. Nc3 e5) 3. d4 cxd4 4. Nxd4 Nf6 5. Nc3 a6 6. Bg5

Das folgende linke Bild zeigt die Stellung, die sich ergibt, wenn der besagte Löschbefehl auf dem Zug ***2... d6*** der Hauptvariante ausgeführt wird; die Untervariante bleibt in diesem Fall als solche erhalten. Wenn der Löschbefehl dagegen auf dem ersten Zug der Untervariante ausgeführt wird, also bei markiertem ***2... Nc6***, dann wird diese zur Hauptvariante und es ergibt sich die Stellung aus dem rechten Bild.

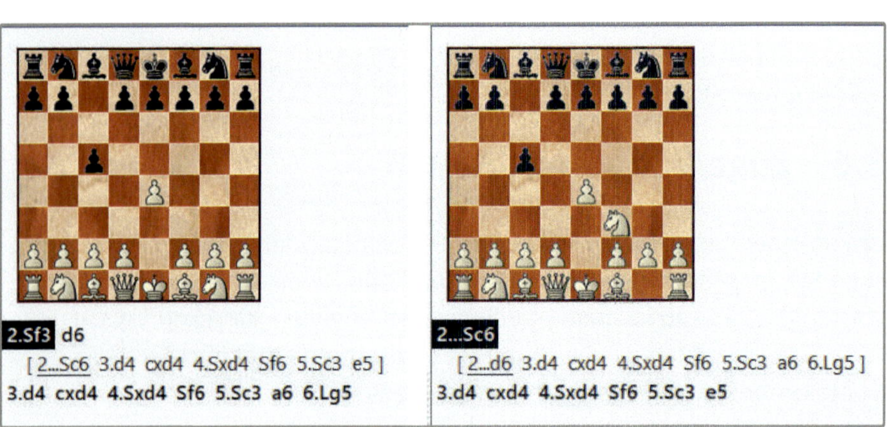

Wird der Befehl zum Löschen vorheriger Züge dagegen nicht am Anfang einer Untervariante, sondern auf einen der nachfolgenden Züge angewendet, dann fallen die Züge der Hauptvariante komplett weg. Führt man den Befehl daher in den obigen Beispielzügen bei markiertem Zug ***3. d4*** (zweiter Zug der mit ***2... Nc6*** beginnenden Untervariante) aus, dann ergibt sich die folgende Stellung:

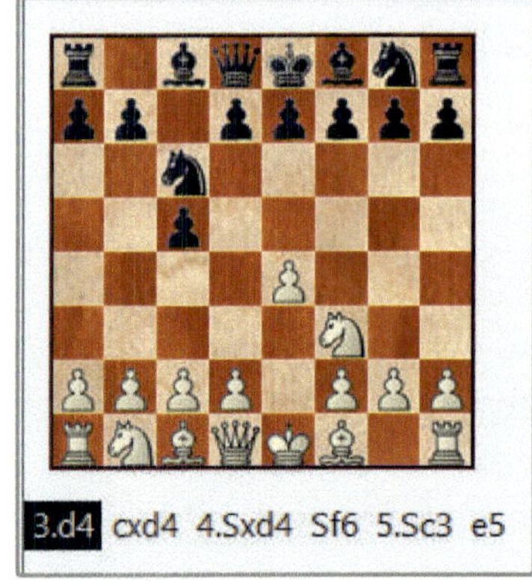

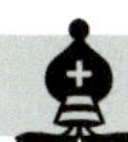

Um eine **Variante**, in der Sie sich gerade befinden, **komplett** zu **löschen**, ...

- ... drücken Sie ***Strg***+*Y*,
- ... oder Sie klicken in der Gruppe ***Varianten*** der Registerkarte ***Einfügen*** auf die Symbolschaltfläche ***Variante löschen***,

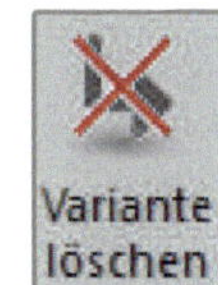

- ... oder Sie verwenden den Befehl ***Löschen/Variante löschen*** im Zug-Kontextmenü.

Hierbei muss ein beliebiger Zug in der zu löschenden Variante markiert sein. Welcher das ist, spielt keine Rolle.

Auf Hauptvarianten ist der Befehl ***Variante löschen*** nicht anwendbar.

3.7 Varianten aufwerten

Eine Variante aufzuwerten heißt, sie zur Hauptvariante zu machen beziehungsweise, falls es sich um eine weiter verzweigte Untervariante handelt, sie um eine Ebene hochzustufen. Dabei wird immer die aktuelle Variante höhergestuft und die bis dato eine Ebene höher liegende Variante heruntergestuft.

Um die **Variante**, in der Sie sich gerade befinden, **aufzuwerten**, ...

- ... klicken Sie in der Gruppe ***Varianten*** der Registerkarte ***Einfügen*** auf die Symbolschaltfläche ***Variante aufwerten***,

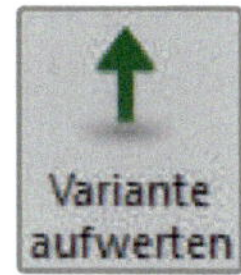

- ... oder Sie drücken ***Alt***+***Pfeil-nach-oben***,
- ... oder Sie klicken einen beliebigen Zug in dieser Variante mit der rechten Maustaste an und wählen den Befehl ***Variante aufwerten*** im Kontextmenü.

Gibt es zu einer übergeordneten Variante mehrere Untervarianten und Sie möchten nicht nur die Hauptvariante neu festlegen, sondern auch die Reihenfolge der Varianten in der Notation ändern, dann gehen Sie am besten so vor:

1 Gehen Sie zu der Stelle, an der die Verzweigung beginnt. Klicken Sie also zum Beispiel in der Notation auf den entsprechenden Zug.

2 Führen Sie den nächsten Zug aus, sodass das folgende Auswahlfenster erscheint. Drücken Sie also entweder die ***Pfeil-nach-rechts***-Taste oder klicken Sie in der ersten Gruppe der Registerkarte ***Einfügen*** auf den grünen, nach rechts weisenden Pfeil.

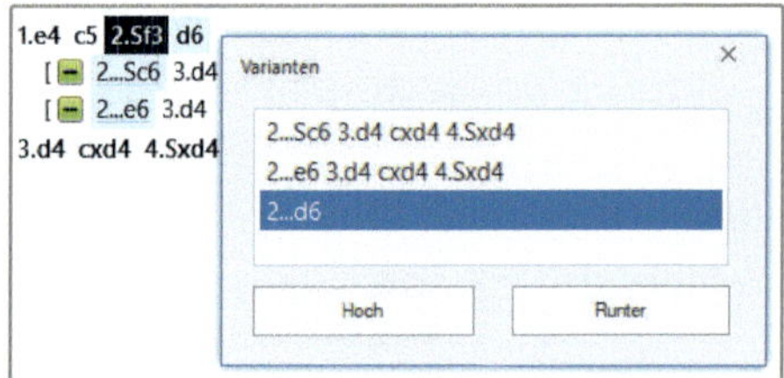

3 Markieren Sie im Dialogfeld ***Varianten*** jeweils einen der dort angezeigten Varianten-Anfangszüge (verwenden Sie dazu die Pfeiltasten; klicken Sie nicht darauf) und betätigen Sie die ***Hoch***- oder die ***Runter***-Schaltfläche, je nachdem wo Sie die Variante platzieren wollen. Dabei gilt:

- Die im Dialogfeld ***Varianten*** am weitesten unten stehende Variante ist die Hauptvariante (im Bild ***2... d6***).
- Die in der Notation als Erstes angegebene Untervariante ist die im Dialogfeld am weitesten oben stehende Variante (im Bild ***2... Sc6)***.
- Danach geht es »normal« weiter. Das heißt, die im Dialogfeld folgenden Varianten sind in der gleichen Reihenfolge auch die nächsten in der Notation (im Bild folgt nur noch eine, mit ***2... e6*** eingeleitete, Variante).

4 Wenn Sie fertig sind, führen Sie durch Drücken der ***Pfeil-nach-rechts***-Taste den im Dialogfeld ***Varianten*** markierten Zug aus. Das Dialogfeld schließt daraufhin automatisch.

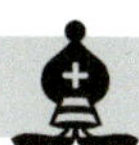

3.8 Varianten aufräumen

Ebenfalls in der Gruppe ***Varianten*** der Registerkarte ***Einfügen*** befindet sich die Schaltfläche ***Varianten aufräumen***, deren Bedeutung sich einem möglicherweise nicht auf den ersten Blick erschließt. Nichtsdestoweniger handelt es sich um eine Funktion, die in manchen Situationen sehr nützlich sein kann.

Varianten aufräumen

Die QuickInfo der Schaltfläche lautet ***Unterschiedliche Zugfolgen zu gleichen Stellungen in dieser Partie zusammenfassen***. Das heißt, die Funktion ***Varianten aufräumen*** »entsorgt« Varianten, die zu gleichen Stellungen führen (präziser: zu Stellungen, die in übergeordneten Varianten bereits vorkommen). Nebenvarianten gehen dabei jedoch nicht verloren (es sei denn, sie führen ebenfalls zu gleichen Stellungen).

Hierzu ein **Beispiel**:

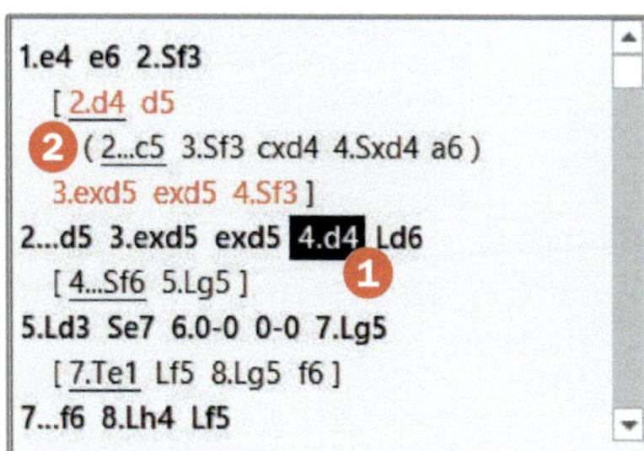

In der folgenden Abbildung führt die mit roter Schriftfarbe versehene Variante ***2. d4 d5 3. exd5 exd5 4. Nf3*** zur gleichen Stellung, die sich mit dem vierten Zug in der Hauptvariante ergibt (***1. e4 e6 2. Nf3 d5 3. exd5 exd5 4. d4***) ❶, während die sich mit den Zügen der Nebenvariante ***2... c5 3. Nf3 cxd4 4. Nxd4 a6*** ❷ ergebenden Stellungen nicht weiter vorkommen.

Wenn nun die Funktion ***Varianten aufräumen*** auf diese Partie angewendet wird, entfernt sie die Variante ***2. d4 d5 3. exd5 exd5 4. Nf3***, die Nebenvariante ***2... c5 3. Nf3 cxd4 4. Nxd4 a6*** dieser Variante und daher auch deren Anfangszug ***2. d4*** bleiben jedoch erhalten ❸. Die Abbildung zeigt das Ergebnis.

1.e4 e6 2.Sf3
❸ [2.d4 c5 3.Sf3 cxd4 4.Sxd4 a6]
2...d5 3.exd5 exd5 4.d4 Ld6
[4...Sf6 5.Lg5]
5.Ld3 Se7 6.0-0 0-0 7.Lg5
[7.Te1 Lf5 8.Lg5 f6]
7...f6 8.Lh4 Lf5

Sie können die Funktion ***Varianten aufräumen*** aber auch anwenden, um die Zugfolge von Hauptvarianten zu ändern, ohne Nebenvarianten zu verlieren. So könnten Sie beispielsweise folgendermaßen vorgehen, um in der Ausgangsstellung des gerade gezeigten Beispiels die Variante ***2. d4 d5 3. exd5 exd5*** zur Hauptvariante zu machen – tatsächlich sind das ja die meistgespielten Anfangszüge der französischen Verteidigung – und dabei alle eindeutigen Nebenvarianten zu behalten.

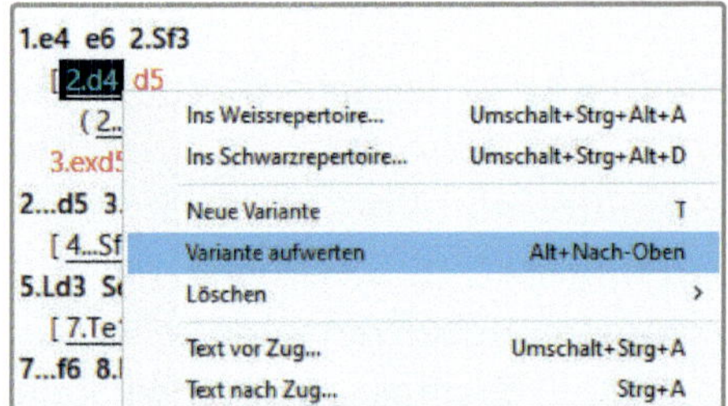

1 Werten Sie die mit ***2. d4*** beginnende Variante auf. Klicken Sie beispielsweise diesen Zug mit der rechten Maustaste an und wählen Sie ***Variante aufwerten*** im Kontextmenü.

2 Danach ergibt sich die folgende Notation:

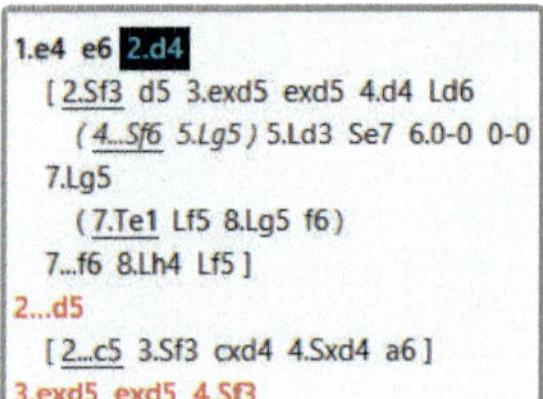

3 Klicken Sie jetzt in der Funktionsleiste auf der Registerkarte ***Einfügen*** auf die Schaltfläche ***Varianten aufräumen***.

1.e4 e6 2.d4 d5
[2...c5 3.Sf3 cxd4 4.Sxd4 a6]
3.exd5 exd5 4.Sf3 Ld6
[4...Sf6 5.Lg5]
5.Ld3 Se7 6.0-0 0-0 7.Lg5
[7.Te1 Lf5 8.Lg5 f6]
7...f6 8.Lh4 Lf5

Die Abbildung zeigt die »aufgeräumte« Notation. Wie Sie sehen, ist dem Varianten-aufräumen nur die Zugfolge ***2. Nf3 d5 3. exd5 exd5 4. Nf3*** zum Opfer gefallen, denn die resultierende Stellung ergibt sich ja jetzt nach den Zügen ***1. e4 e6 2. d4 d5 3. exd5 exd5 4. Sf3*** in der Hauptvariante.

Beachten Sie auch, dass die nachfolgenden Züge mit Nebenvarianten, also ***4... Bd6 (4... Nf6 5. Bg5) 5. Bd3 Ne7 6. O-O O-O 7. Bg5 (7. Re1 Bf5 8. Bg5 f6) 7... f6 8. Bh4 Bf5***, an die Hauptvariante angehängt wurden, da diese zuvor ja bereits mit ***4. Sf3*** endete.

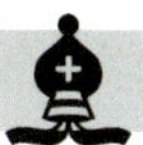

3.9 Eine Stellung eingeben

Für die Eingabe einer Stellung drücken Sie einfach die Taste ***S***. Alternativ wählen Sie im Datenbankfenster ***Datei/Neu/Stellung aufbauen***. Es erscheint das Dialogfeld, das Sie in der folgenden Abbildung sehen.

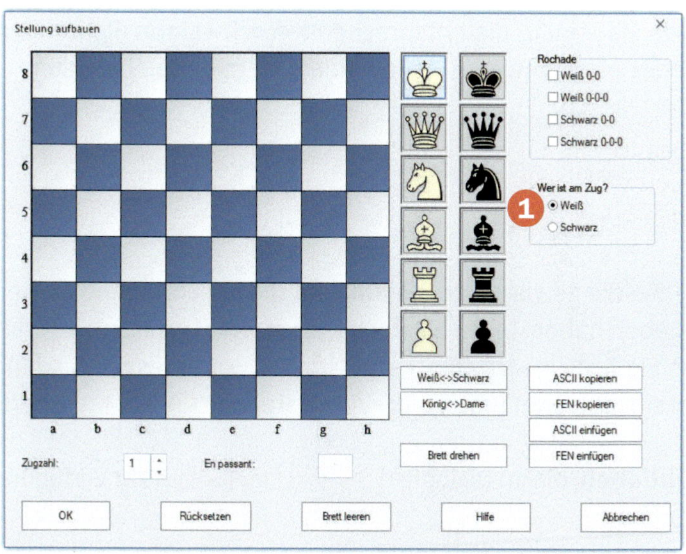

Wenn Sie das Dialogfeld ***Stellung aufbauen*** aufrufen, während ein Brettfenster geöffnet ist, übernimmt das Dialogfeld die Stellung aus dem Brettfenster als Ausgangsstellung. Wenn mehrere Brettfenster geöffnet sind, übernimmt das Dialogfeld die Stellung aus dem Brettfenster, das zuletzt den Fokus hatte beziehungsweise aus dem Brettfenster, das gerade angezeigt wird. Ist kein Brettfenster geöffnet oder befindet sich das geöffnete Brettfenster in der Ausgangsstellung, beginnt der Stellungsaufbau mit einem leeren Schachbrett, wie es in der obigen Abbildung zu sehen ist.

Klicken Sie im Dialogfeld ***Stellung aufbauen*** jeweils auf eine Figur und dann auf das Spielfeld, in dem die Figur platziert werden soll. Dies können Sie mit ein und derselben Figur mehrmals wiederholen. Um zum Beispiel weiße

Bauern auf *a2*, *b2* und *c3* aufzustellen, klicken Sie in der Palette einmal auf den weißen Bauern und anschließend nacheinander auf die Felder *a2*, *b2* und *c3*. Schwarze Bauern können Sie nach Auswahl eines weißen Bauern per Rechtsklick setzen, ohne extra einen schwarzen Bauern auszuwählen. Wenn Sie in der Figurenpalette also eine weiße Figur wählen, dann setzen Sie mit der linken Maustaste die entsprechenden weißen Figuren und mit der rechten Maustaste die entsprechenden schwarzen Figuren auf die Felder. Wenn Sie eine schwarze Figur wählen, ist es genau umgekehrt.

> Um eine Figur, die Sie versehentlich auf ein Feld gesetzt haben, von dort wieder zu entfernen, klicken Sie einfach erneut auf das Feld.

Nachdem Sie die gewünschte Stellung auf die beschriebene Weise vollständig eingegeben haben, legen Sie noch fest, ob Weiß oder Schwarz am Zug ist. Aktivieren Sie dazu im Abschnitt ***Wer ist am Zug?*** eines der beiden Optionsfelder; bei einem leeren Brett ist die Voreinstellung ***Weiß*** ❶ (vorherige Seite).

Weitere **Optionen**, die im Dialogfeld ***Stellung aufbauen*** zur Verfügung stehen:

- Im Abschnitt ***Rochade*** können Sie festlegen, welche Rochaden noch möglich sind (***Weiß 0-0***, ***Weiß 0-0-0***, ***Schwarz 0-0***, ***Schwarz 0-0-0***). Aktivieren Sie die entsprechenden Kontrollkästchen.
- Im Feld ***Zugzahl*** können Sie die Zugnummer des nächsten Zuges angeben.
- Im Feld ***En passant*** können Sie bei einer entsprechenden Konstellation festlegen, dass En-passant-Schlagen möglich ist. In diesem Fall geben Sie im Feld die Linie an, in die geschlagen werden könnte.

  Die folgende Abbildung, die eine Stellung wiedergibt, in der Schwarz am Zug ist, zeigt ein konkretes **Beispiel**: Die Angabe der Linie ***b*** ❷ bedeutet hier praktisch, dass der weiße Bauer gerade von ***b2*** nach ***b4*** gezogen wurde, sodass ihn Schwarz mit dem Zug ***cxb3*** schlagen könnte. Ohne die Angabe im Feld ***En passant*** wäre dieser Zug später nicht ausführbar.

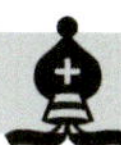

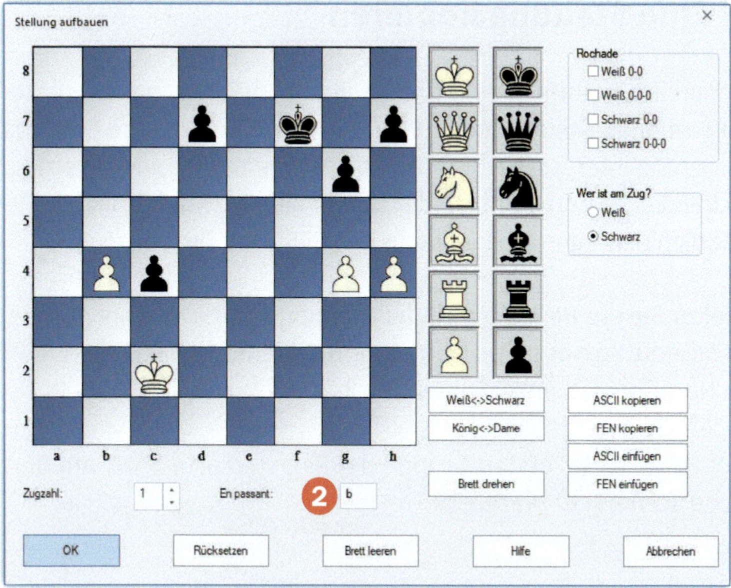

- Klicken Sie auf die Schaltfläche ***Brett leeren***, falls Sie sich beim Aufbau der Stellung vertan haben und noch einmal von vorne beginnen wollen.

- Ein Klick auf die Schaltfläche ***Rücksetzen*** stellt alle Schachfiguren in ihre Ausgangsstellung, also so, wie zu Beginn einer Partie. Machen Sie davon Gebrauch, wenn die Stellung, die Sie eingeben wollen, einfach von der Grundstellung abzuleiten ist. In diesem Fall müssen Sie nur ein paar Figuren versetzen statt alle Figuren selbst einzugeben.

- Die Schaltfläche ***Weiß<->Schwarz*** spiegelt die bis dato aufgebaute Stellung vertikal, die Schaltfläche ***König<->Dame*** spiegelt sie horizontal. Von diesen beiden Möglichkeiten wird man wohl eher selten Gebrauch machen.

Schließen Sie das Dialogfeld per Klick auf die ***OK***-Schaltfläche, wenn Sie mit der Stellungseingabe fertig sind. ChessBase übernimmt nun die Stellung für das Brettfenster. Falls Sie den Stellungsaufbau vom Datenbankfenster aus durchgeführt haben, öffnet ChessBase dafür ein neues Brettfenster.

3.10 Eine Stellung kopieren

Sie können in ChessBase eine Brettstellung kopieren, um sie später in ein neues Brettfenster einzufügen. Wenn Sie zum Beispiel eine Datenbank haben, in der Sie interessante Kombinationen sammeln, und sie stoßen in einer Partie, die Sie gerade nachspielen, auf eine Kombination, die Sie dieser Datenbank hinzufügen wollen, dann gehen Sie am besten so vor:

1 Spielen Sie die Partie bis zu der Stellung vor, die Sie als Ausgangsstellung für die Kombination betrachten, beziehungsweise markieren Sie in der Notation den entsprechenden Zug.

2 Klicken Sie in der ersten Gruppe der Registerkarte ***Start*** auf die Schaltfläche ***Stellung kopieren*** ❶.

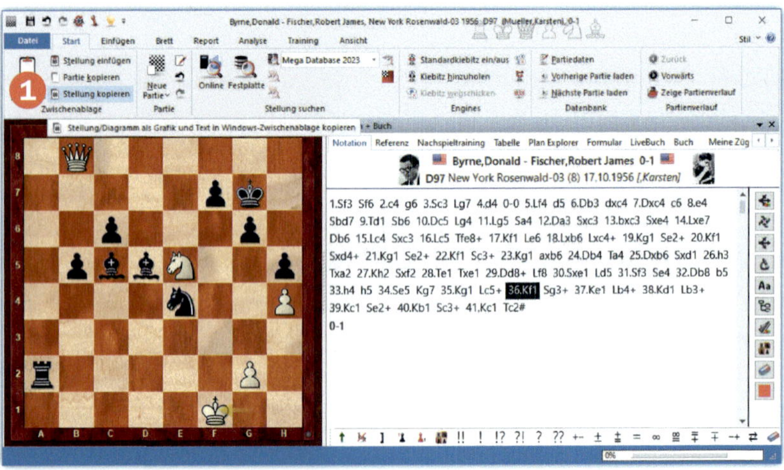

3 Öffnen Sie ein neues Brettfenster. Drücken Sie also ***Strg***+***N***, wenn Sie das Datenbankfenster vor sich haben, oder klicken Sie im Datenbankfenster auf der Registerkarte ***Start*** auf das Brettsymbol.

4 Klicken Sie in dem neuen Brettfenster in der ersten Gruppe der Registerkarte ***Start*** auf die Schaltfläche ***Stellung einfügen*** ❷.

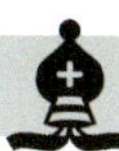

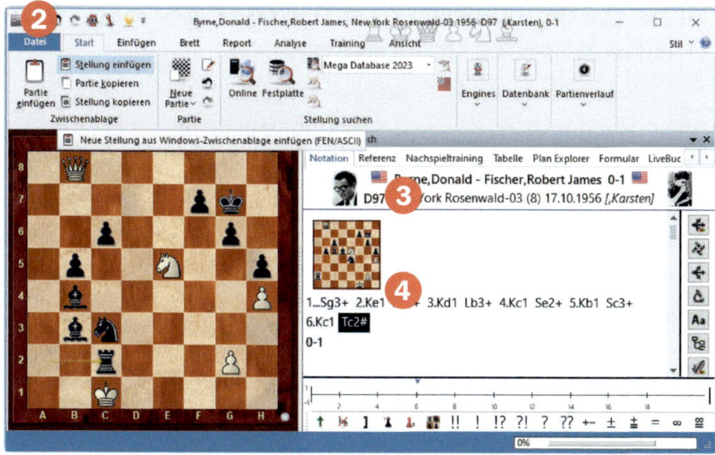

ChessBase fügt nun die zuvor kopierte Stellung in das neue Brettfenster ein. Die Stellung erscheint auf dem Schachbrett und im Notationsbereich ein kleines Diagramm der Stellung 3, jedoch noch keine Züge. Die Partiedaten werden eins zu eins übernommen.

5 Geben Sie nun auf dem Brett die Züge ein, die schließlich zur Mattstellung führen. Die eingegebenen Züge erscheinen im Notationsfenster unterhalb des kleinen Diagramms 4.

6 Speichern Sie das Ganze nun als neue Partie in Ihrer Kombinationsdatenbank. Klicken Sie dazu links oben im Datenbankfenster auf das Diskettensymbol und wählen im erscheinenden Dialogfeld die Datenbank aus.

Auch das Fritz-Programm stellt auf der Registerkarte ***Start*** die Optionen ***Stellung kopieren*** und ***Stellung einfügen*** zur Verfügung. Wenn Sie Fritz installiert haben, können Sie eine Stellung aus ChessBase einfach nach Fritz kopieren, um sie in diesem Programm analysieren zu lassen. Umgekehrt können Sie auch jede Stellung aus Fritz in Ihr ChessBase-Programm kopieren. Auch, wenn eine Website oder ein Schachserver das Kopieren von Stellungen anbietet, können Sie diese mit dem Befehl ***Stellung einfügen*** sofort in Ihr ChessBase-Programm oder in Fritz einfügen.

3.11 Ermitteln, ob eine Stellung innerhalb einer Partie bereits vorkommt

Wenn Sie zum Beispiel Ihre Analysen zu einer bestimmten Eröffnung in einer einzigen Partie festhalten wollen, dann wird diese vermutlich sehr umfangreich, mit vielen Haupt- und Nebenvarianten. Und irgendwann werden Sie sich dann womöglich fragen, ob die sich mit einem Zug, den Sie gerade neu eingeben, ergebende Stellung in der Partie bereits vorkommt. Um dies festzustellen, gibt es in ChessBase das Tastaturkürzel ***Strg+F***.

Setzen Sie die Einfügemarke in der Notation auf einen Zug und drücken Sie ***Strg+F***, um zu erfahren, ob sich die gleiche Stellung in einer oder auch mehreren anderen Varianten der gleichen Partie ergibt. Ist dies der Fall, springt ChessBase in der Notation auf die identische andere Stellung, und falls es mehrere in der Partie gibt, werden diese durch wiederholtes Drücken von ***Strg+F*** der Reihe nach angesprungen.

Die folgende, der Demonstration halber nur aus einer Haupt- und einer Nebenvariante mit nur wenigen Zügen bestehenden Notation soll dies verdeutlichen. Wenn man bei markiertem Zug ***4.Sf3*** ❶ das Tastaturkürzel ***Strg+F*** drückt, springt die Markierung zum Zug ***4.d4*** ❷ in die Untervariante, da sich mit diesem Zug die genau gleiche Stellung ergibt. Drückt man dann ein weiteres Mal ***Strg+F***, dann springt die Markierung wieder zurück zum Zug ***4.Sf3*** der Hauptvariante, da die gleiche Stellung an keiner anderen Stelle mehr vorkommt.

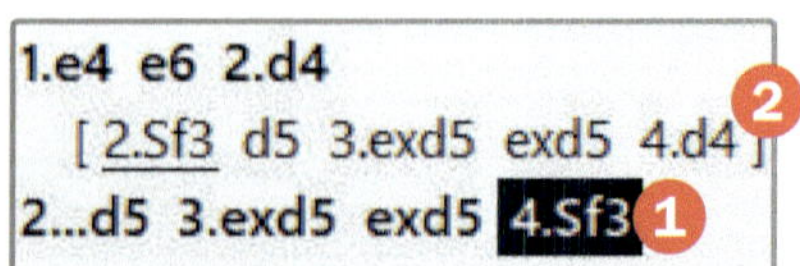

Wenn eine Stellung in der Notation nur ein einziges Mal vorkommt, stellt sich dagegen nach dem Drücken von ***Strg+F*** überhaupt kein Effekt ein; die Markierung verbleibt auf dem ursprünglichen Zug. Drückt man ***Strg+F*** in der oben abgebildeten Notation beispielsweise auf dem Zug ***2.d4***, passiert einfach gar nichts.

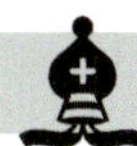

Sie können übrigens sicher sein, dass ChessBase nur absolut identische Stellungen als gleich wertet. Wenn beispielsweise in der einen Stellung Weiß am Zug ist und in der anderen Schwarz, ist das nicht der Fall. Genauso müssen die Rochade-Möglichkeiten gleich sein. Wenn zum Beispiel in der einen Stellung Weiß oder Schwarz noch beide Rochaden ausführen kann und in der anderen Stellung nicht, dann handelt es sich um verschiedene Stellungen, auch wenn die Spielfiguren auf den genau gleichen Feldern stehen.

3.12 Eine Partie kommentieren

Sie können in ChessBase Ihre eigenen oder auch fremde Partien nach Wunsch mit verschiedenen Elementen kommentieren. Einen Textkommentar zu einem Zug platzieren Sie, indem Sie den Zug markieren und ***Strg***+***A*** drücken. In diesem Fall wird der Kommentar nach dem Zug eingefügt. Wenn Sie zusätzlich die Umschalttaste drücken (***Umschalt***+***Strg***+***A***), fügt ChessBase den Kommentar vor dem Zug ein. Alternativ zu den beiden Tastaturkürzeln klicken Sie mit der rechten Maustaste auf den Zug und wählen ***Text nach Zug*** oder ***Text vor Zug*** im Kontextmenü. Und schließlich finden Sie auf der Registerkarte ***Einfügen*** des Brettfensters auch noch die beiden gleichnamigen Symbolschaltflächen.

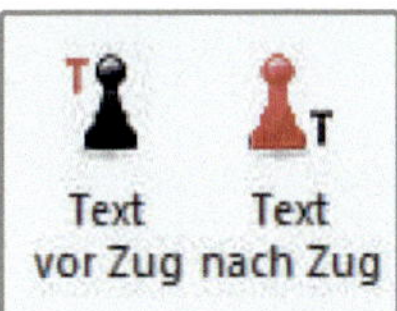

Im erscheinenden Texteingabefenster geben Sie zunächst die Sprache Ihres Kommentars an, indem Sie auf eine der angebotenen Sprachen klicken. Soll Ihr Kommentar sprachneutral sein, klicken Sie auf ***Alle*** ❶ (Abbildung nächste Seite). In diesem Fall ist sichergestellt, dass der Kommentar, unabhängig von den aktuellen Spracheinstellungen, in jedem Fall in der Partienotation erscheint.

Welche der hinterlegten Kommentarsprachen in einer Partienotation angezeigt werden, legen Sie in den ChessBase-Optionen in der Kategorie ***Sprache*** fest (siehe dazu 1.7, »ChessBase-Optionen aufrufen« und 1.8 »Die Sprache für die Benutzeroberfläche einstellen«.

Aktivieren Sie dort im Abschnitt ***Kommentare*** das Optionsfeld ***Alle***, wenn Sie wollen, dass grundsätzlich alle Kommentare – unabhängig davon, in welcher Sprache sie verfasst sind – angezeigt werden.

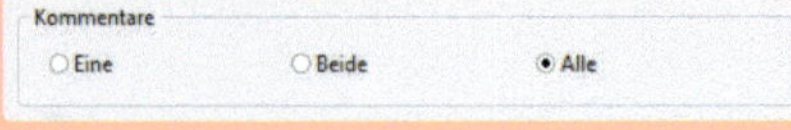

Im rechten Bereich des Texteingabefensters geben Sie für die im linken Bereich gewählte Sprache beziehungsweise für ***Alle*** den gewünschten Textkommentar ein 2.

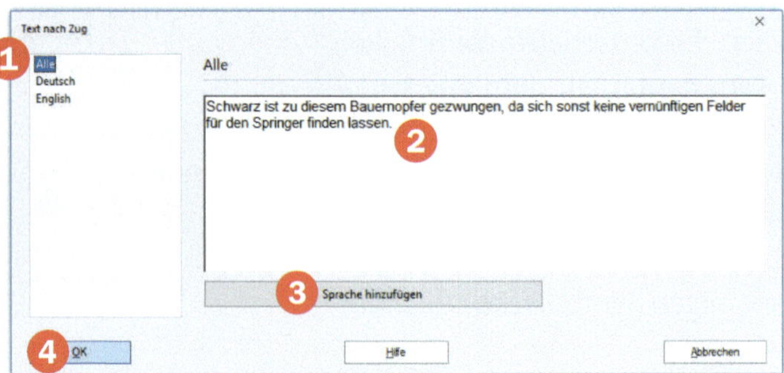

Selbstverständlich können Sie für einen Zug auch Kommentare in verschiedenen Sprachen hinterlegen. Wählen Sie in diesem Fall nacheinander die gewünschten Sprachen aus und geben Sie zu jeder im rechten Bereich die gewünschten Kommentare ein.

Im linken Bereich des Dialogfelds werden in ChessBase 17 zunächst nur die beiden in den ChessBase-Optionen festgelegten Sprachen zur Auswahl angezeigt. Klicken Sie für weitere Sprachen auf ***Sprache hinzufügen*** 3.

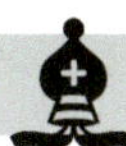

Schließen Sie das Dialogfeld ***Text nach Zug*** beziehungsweise ***Text vor Zug*** mit ***OK*** 4, wenn Sie mit der Eingabe Ihrer Kommentare fertig sind. Diese erscheinen danach sofort in der Partienotation.

Außerdem können Sie nach jedem Zug dessen Qualität sowie die sich ergebende Stellung bewerten. Dafür stehen die üblichen Symbole zur Verfügung. Klicken Sie in der Gruppe ***Kommentare*** der Registerkarte ***Einfügen*** auf ***Zugbewertung*** beziehungsweise auf ***Stellungsbewertung*** und suchen Sie sich im aufklappenden Menü das passende Symbol aus.

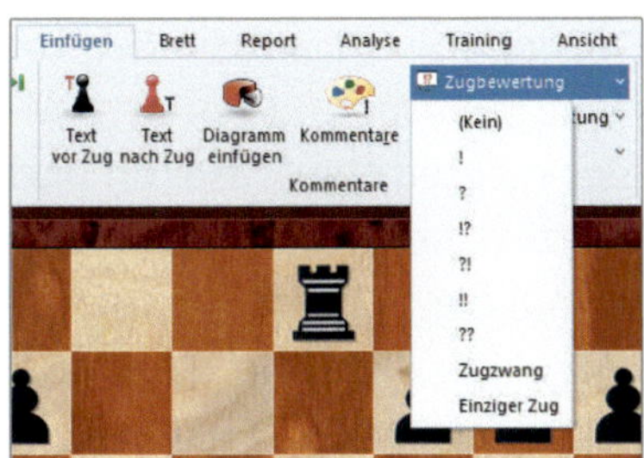

Symbole für die Zugbewertung

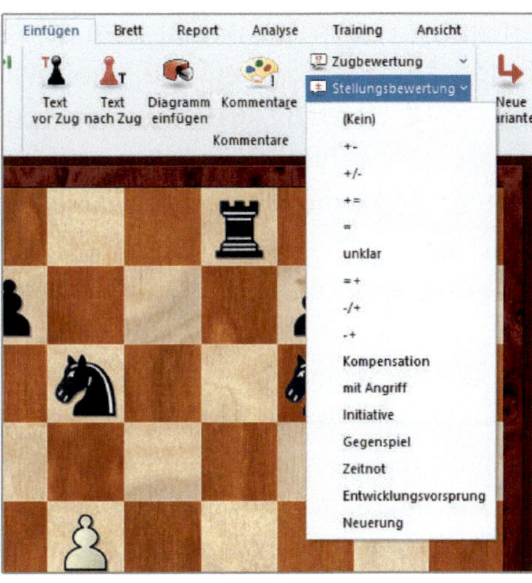

Symbole für die Stellungsbewertung

Die Symbole für Zugbewertung und Stellungsbewertung werden immer unmittelbar nach einem Zug angefügt (wenn beide vorhanden sind, in dieser Reihenfolge), eventuelle Textkommentare folgen. Außerdem gibt es sogenannte Vorabsymbole, die sich meist als Einleitung zu Nebenvarianten eignen. Nach dem Symbol »besser ist« 5 könnte zum Beispiel eine stärkere (in der Partie nicht gespielte) Variante folgen.

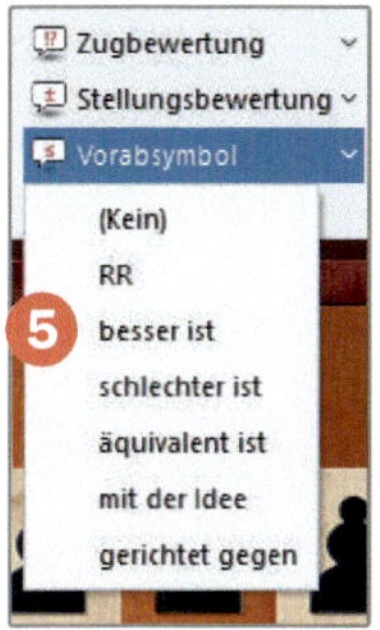

Vorabsymbole werden immer vor dem Zug eingefügt.

Alternativ erreichen Sie die Symbole zur Zug- und Stellungsbewertung sowie die Vorabsymbole auch über das Kontextmenü eines Zuges.

Wählen Sie in den Auswahlmenüs ***(Kein)***, wenn Sie ein Symbol nachträglich wieder entfernen wollen.

Diagramme können in einer Partienotation sehr ansprechend sein, wenn sie an geeigneten Stellen platziert sind (kritische Stellungen, theoretische Endspielstellungen, Stellung, die sich nach der Eröffnung ergibt, usw.). Um an einer bestimmten Stelle ein Diagramm einzufügen, markieren Sie den entsprechenden Zug und klicken dann in der Gruppe ***Kommentare*** der Registerkarte ***Einfügen*** auf die Symbolschaltfläche ***Diagramm einfügen***. Alternativ klicken Sie den Zug mit der rechten Maustaste an und wählen ***Diagramm einfügen*** im Kontextmenü. ChessBase fügt daraufhin nach dem Zug ein Diagramm der sich mit diesem Zug ergebenden Stellung ein (eventuelle Untervarianten dieses Zuges erscheinen noch oberhalb des Diagramms).

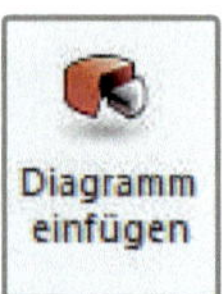

Sie können Diagramme sogar als Teil eines Textkommentars einfügen. Drücken Sie beim Schreiben Ihres Textkommentars an der Stelle, an der Sie das Diagramm haben wollen, ***Strg+D***. ChessBase fügt dann im Texteingabefenster ein Diagramm-Kontrollzeichen ein ❻, das dann in der Notation als Diagramm umgesetzt wird. Das Diagramm gibt die Stellung nach dem Zug wieder, zu dem der Kommentar gehört.

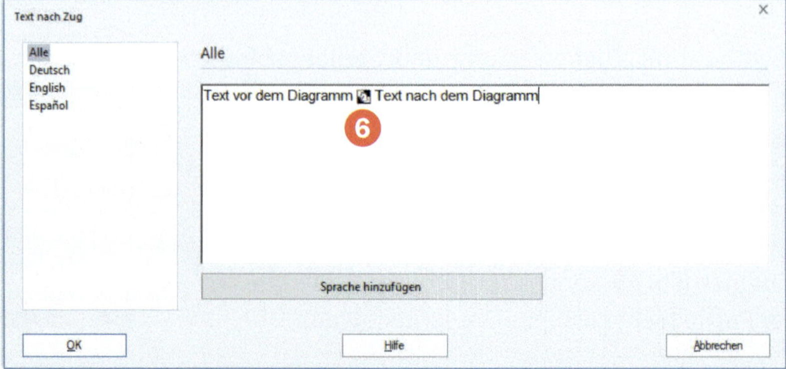

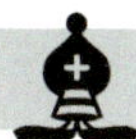

In der Partienotation sieht der obige Zugkommentar mit dem Diagramm dann so aus:

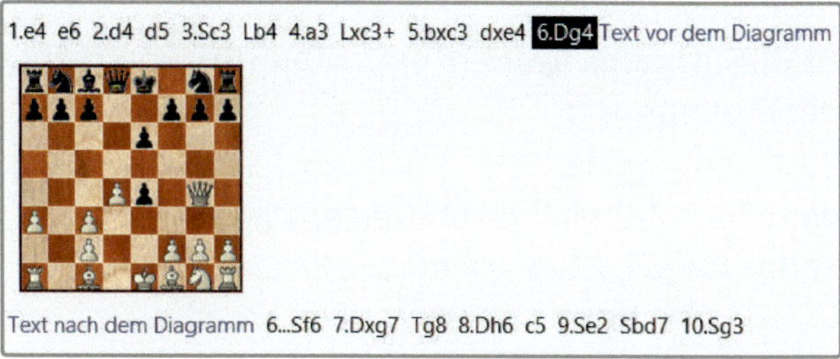

Kommentierte Partien werden in den Partienlisten mit entsprechenden Kürzeln gekennzeichnet (Spalte ***VCS***), sodass Sie sofort sehen, welche Partien wie kommentiert sind.

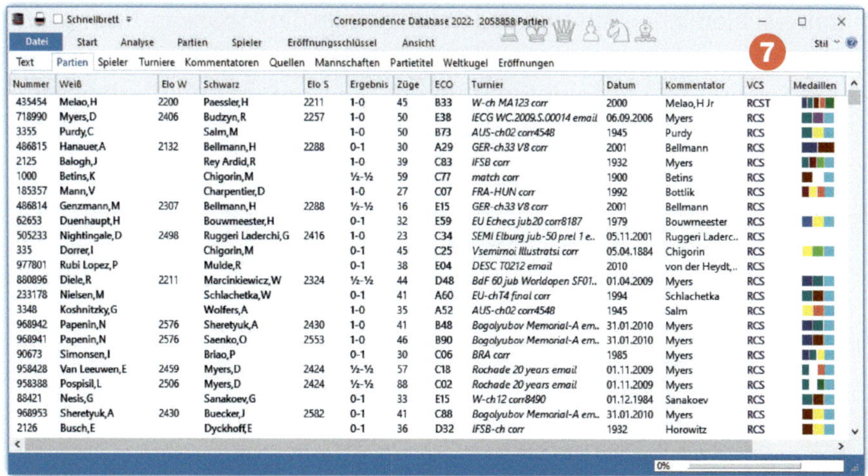

Nummer	Weiß	Elo W	Schwarz	Elo S	Ergebnis	Züge	ECO	Turnier	Datum	Kommentator	VCS	Medaillen
435454	Melao,H	2200	Paessler,H	2211	1-0	45	B33	*W-ch MA123 corr*	2000	Melao,H Jr	RCST	
718990	Myers,D	2406	Budzyn,R	2257	1-0	50	E38	*IECG WC.2009.S.00014 email*	06.09.2006	Myers	RCS	
3355	Purdy,C		Salm,M		1-0	50	B73	*AUS-ch02 corr4548*	1945	Purdy	RCS	
486815	Hanauer,A	2132	Bellmann,H	2288	0-1	30	A29	*GER-ch33 V8 corr*	2001	Bellmann	RCS	
2125	Balogh,J		Rey Ardid,R		1-0	39	C83	*IFSB corr*	1932	Myers	RCS	
1000	Betins,K		Chigorin,M		½-½	59	C77	*match corr*	1900	Betins	RCS	
185357	Mann,V		Charpentier,D		1-0	27	C07	*FRA-HUN corr*	1992	Bottlik	RCS	
486814	Genzmann,M	2307	Bellmann,H	2288	½-½	16	E15	*GER-ch33 V8 corr*	2001	Bellmann	RCS	
62653	Duenhaupt,H		Bouwmeester,H		0-1	32	E59	*EU Echecs jub20 corr8187*	1979	Bouwmeester	RCS	
505233	Nightingale,D	2498	Ruggeri Laderchi,G	2416	1-0	23	C34	*SEMI Elburg jub-50 prel 1 e..*	05.11.2001	Ruggeri Laderc..	RCS	
335	Dorrer,I		Chigorin,M		0-1	45	C25	*Vsemirnoi Illustratsi corr*	05.04.1884	Chigorin	RCS	
977801	Rubi Lopez,P		Mulde,R		0-1	38	E04	*DESC T0212 email*	2010	von der Heydt,..	RCS	
880896	Diele,R	2211	Marcinkiewicz,W	2324	½-½	44	D48	*BdF 60 jub Worldopen SF01..*	01.04.2009	Myers	RCS	
233178	Nielsen,M		Schlachetka,W		0-1	41	A60	*EU-chT4 final corr*	1994	Schlachetka	RCS	
3348	Koshnitzky,G		Wolfers,A		1-0	35	A52	*AUS-ch02 corr4548*	1945	Salm	RCS	
968942	Papenin,N	2576	Sheretyuk,A	2430	1-0	41	B48	*Bogolyubov Memorial-A em..*	31.01.2010	Myers	RCS	
968941	Papenin,N	2576	Saenko,O	2553	1-0	46	B90	*Bogolyubov Memorial-A em..*	31.01.2010	Myers	RCS	
90673	Simonsen,I		Briao,P		0-1	30	C06	*BRA corr*	1985	Myers	RCS	
958428	Van Leeuwen,E	2459	Myers,D	2424	½-½	57	C18	*Rochade 20 years email*	01.11.2009	Myers	RCS	
958388	Pospisil,L	2506	Myers,D	2424	½-½	88	C02	*Rochade 20 years email*	01.11.2009	Myers	RCS	
88421	Nesis,G		Sanakoev,G		0-1	33	E15	*W-ch12 corr8490*	01.12.1984	Sanakoev	RCS	
968953	Sheretyuk,A	2430	Buecker,J	2582	0-1	41	C88	*Bogolyubov Memorial-A em..*	31.01.2010	Myers	RCS	
2126	Busch,E		Dyckhoff,E		0-1	36	D32	*IFSB-ch corr*	1932	Horowitz	RCS	

Anhand der Kürzel erkennen Sie in der Spalte VCS ❶, ob und wie eine Partie kommentiert ist. Sortieren Sie diese Spalte gegebenenfalls, damit die kommentierten Partien zuerst angezeigt werden.

Wenn die Spalte ***VCS*** in Ihren Partienlisten nicht angezeigt wird, können Sie sie einblenden, indem Sie mit der rechten Maustaste auf irgendeinen Spaltentitel klicken und im aufklappenden Menü auf ***Zeige ‚VCS'*** klicken.

Um die Spalte ***VCS*** zu sortieren, klicken Sie einmal auf den Spaltentitel.

Hier ein kurzer **Überblick**, welche Buchstaben für welche Art von Kommentierung stehen:

- Mit ***C*** gekennzeichnete Partien enthalten Textkommentare (das »C« steht für »comments«).
- Eine mit dem Buchstaben ***F*** gekennzeichnete Partie enthält Fernschachkommentare.
- Der Buchstabe ***M*** bedeutet, dass die Partie Multimedia-Kommentare enthält.
- Der Buchstabe ***R*** steht für Repertoire. Dabei handelt es sich um besonders variantenreiche Partien, zum Beispiel Repertoirevorschläge von unterschiedlichen Autoren in den Eröffnungsdatenbanken.
- Der Buchstabe ***S*** bedeutet, dass in den Partien Symbole (Zugbewertungen, Stellungsbewertungen) enthalten sind.
- Wenn in der ***VCS***-Spalte bei einer Partie ein ***T*** erscheint, dann sind in der Partienotation Trainingsfragen eingestreut.
- Mit ***V*** sind Partien, die Varianten enthalten, gekennzeichnet.

Wenn in der ***VCS***-Spalte statt des Großbuchstabens ein Kleinbuchstabe steht (zum Beispiel »c« statt »C«), dann bedeutet das, dass die Kommentierung in dieser Hinsicht nicht so intensiv ist. Eine mit großem »C« gekennzeichnete Partie enthält also mehr Textkommentare als eine mit kleinem »c« gekennzeichnete.

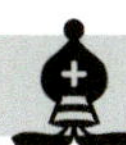

3.13 Nach Kommentaren suchen

Sie können in der erweiterten Suche auch gezielt nach Kommentaren suchen. Die passenden Suchkriterien legen Sie auf der Registerkarte ***Kommentare*** der erweiterten Suche fest.

> Allgemeine Informationen zur erweiterten Suche erhalten Sie in 2.17, »Erweiterte Suche«, ab Seite 85. Welche Optionen Ihnen bei der Kommentierung von Partien zur Verfügung stehen, erfahren Sie im vorherigen Tipp 3.12, »Eine Partie kommentieren«, ab Seite 135.

Die folgende Suchmaske findet zum Beispiel alle Partien, in denen eine bestimmte Stellung vorkommt ❶, aber nur solche, die mit Textkommentaren versehen sind ❷; unkommentierte Partien bleiben außen vor und erscheinen nicht in der Ergebnisliste.

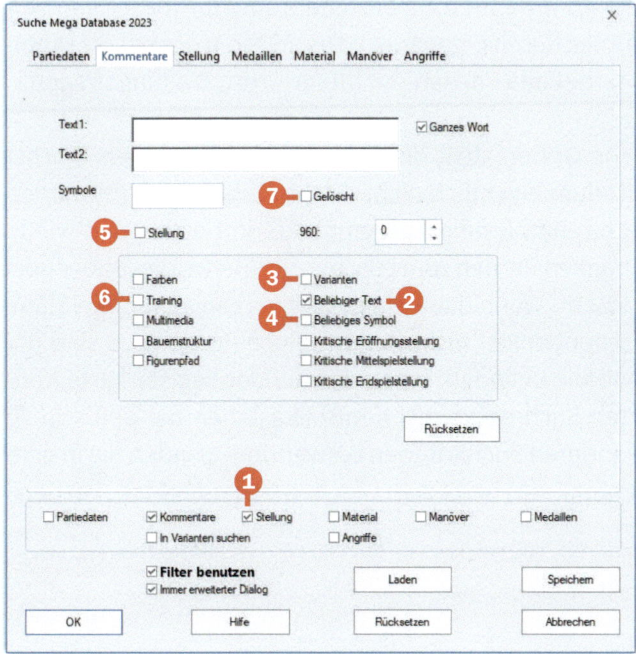

*Aktivieren Sie auf der Registerkarte **Kommentare** der erweiterten Suchmaske das Kontrollkästchen bei **Beliebiger Text** ❷, wenn Sie gezielt nach Partien suchen wollen, die Textkommentare enthalten.*

Partien, die Varianten enthalten, filtern Sie heraus, indem Sie das Kontrollkästchen bei ***Varianten*** ❸ (Abbildung vorherige Seite) setzen und wenn Sie das Kontrollkästchen bei ***Beliebiges Symbol*** ❹ aktivieren, schränken Sie die Suche auf solche Partien ein, die Symbole (Zugbewertung, Stellungsbewertung, Vorabsymbole) enthalten.

Beachten Sie, dass es sich tatsächlich um Suchfilter handelt. Wenn beispielsweise die Optionen ***Varianten*** und ***Beliebiges Symbol*** zusammen aktiviert sind, erscheinen Partien, die Varianten, aber keine Symbole enthalten, und Partien, die zwar Symbole aber keine Varianten enthalten, nicht als Treffer in der Ergebnisliste.

Der Filter ***Stellung*** ❺ (Abbildung vorherige Seite) sucht nach Partien, die nicht mit der Grundstellung, sondern mit einer bestimmten Stellung beginnen (in einer Partienliste sind solche Partien in der ***VCS***-Spalte mit einem »P« gekennzeichnet; andere Buchstaben, die in der ***VCS***-Spalte vorkommen und sich speziell auf die Kommentierung beziehen, sind im vorherigen Tipp 3.12, »Eine Partie kommentieren«, genannt). Der Filter ***Training*** ❻ (Abbildung vorherige Seite) findet alle Partien mit integrierten Trainingsfragen.

Eine besonders nützliche Option stellt die Suche nach »gelöschten« Partien dar, obwohl dieses Kriterium eigentlich nicht direkt etwas mit der Kommentierung von Partien zu tun hat. Erfahrungsgemäß kommt es hin und wieder vor, dass man in Datenbanken Partien zum Löschen vormerkt, diese aber noch nicht sofort endgültig löscht. Wenn dann einige Zeit vergangen ist, weiß man vor allem bei großen Datenbanken nicht mehr, welche Partien das sind und wo sie sich in der Datenbank befinden. Indem Sie auf der Registerkarte ***Kommentare*** der erweiterten Suchmaske das Kontrollkästchen bei ***Gelöscht*** ❼ aktivieren – und keine anderen Suchkriterien verwenden –, finden Sie in einer Datenbank alle »gelöschten«, das heißt zum Löschen vorgemerkten, Partien.

Zum Löschen von Partien siehe 2.7, »Partien löschen«, ab Seite 50.

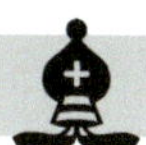

3.14 Züge ersetzen

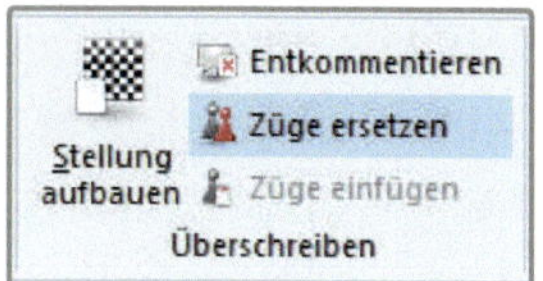

Hinter dieser Symbolschaltfläche, die auf der Registerkarte ***Einfügen*** in der Gruppe ***Überschreiben*** zu finden ist, versteckt sich eine in manchen Situationen überaus nützliche Funktion.

Nehmen wir folgende Situation an: Sie speichern in einer einzigen Partie alle möglichen Verzweigungen einer bestimmten Eröffnung, und zwar nur solche Züge, die Sie für sich selber bevorzugen (weil Sie denken, dass es – zumindest für Ihren Spielstil – die besten Züge sind). Das bringt es natürlich automatisch mit sich, dass einige Varianten sehr lang werden. Nun stellen Sie aber – nachdem Sie schon etliche Varianten mit ihren Verzweigungen editiert haben – fest, dass Sie anstelle eines bereits eingegebenen Zuges einem anderen den Vorzug geben, der nach ein paar weiteren Zügen zu einer Stellung führt, die bereits in der Partie vorhanden ist.

Es geht also darum, ein paar Züge, die sich mitten in der Partie befinden, zu überschreiben bzw. auszutauschen. Aber wie lässt sich das bewerkstelligen, ohne die Züge, samt Untervarianten, die danach kommen, nicht nochmals eingeben zu müssen? Lassen Sie uns die Vorgehensweise an einem überschaubaren **Beispiel** demonstrieren:

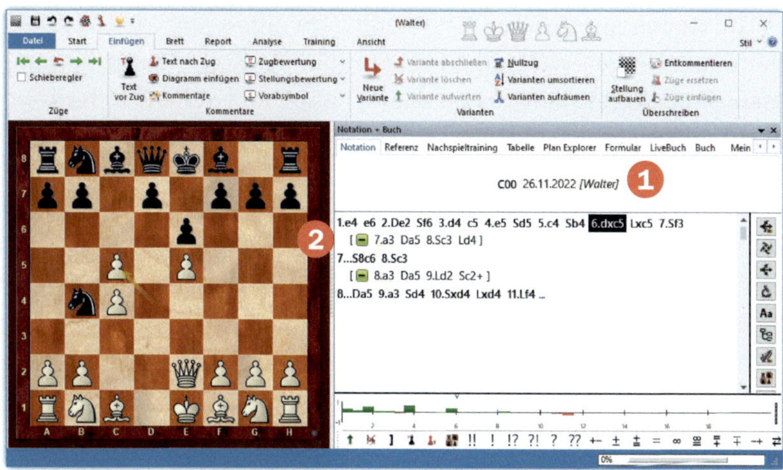

Nach den Zügen ***1. e4 e6 2. De2 Sf6 3. d4 c5 4. e5 Sd5 5. c4 Sb4*** und ***6. dxc5*** möchten Sie nicht wie bisher angedacht ***6... Lxc5*** ❶ (Abbildung vorherige Seite), sondern ***6... S8c6*** spielen. Und nach ***6... S8c6 7. Sf3 Lxc5*** mündet das wieder in die gleiche Stellung, die sich in der abgebildeten Hauptvariante nach dem siebten Zug von Schwarz ergibt, also nach ***7... S8c6*** ❷.

Als Erstes fügen wir ***6... S8c6 7. Sf3 Lxc5*** als Variante hinzu ❸:

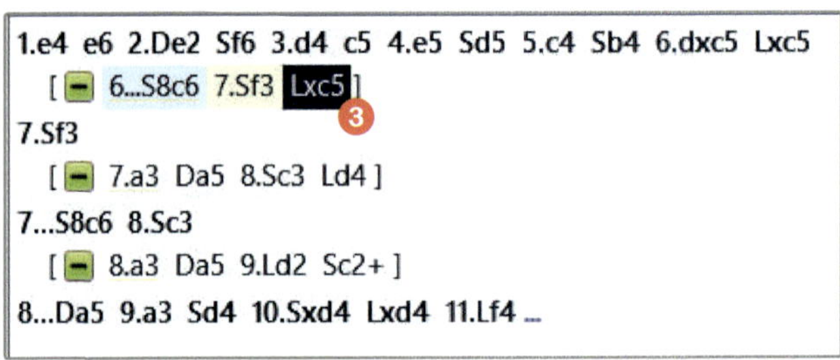

Damit keine Missverständnisse entstehen: Die aktuelle Untervariante ***6... S8c6 7. Sf3 Lxc5*** soll nicht etwa zur Hauptvariante aufgewertet werden, denn das würde ja bedeuten, dass alle Züge der aktuellen Hauptvariante zur Untervariante würden; die Hauptvariante würde dann im siebten Zug mit ***7. Sf3 Lxc5*** enden (siehe 0.7, »Varianten aufwerten«). Stattdessen sollen die Züge ***6... S8c6 7. Sf3 Lxc5*** die Züge ***6... Lxc5 7. Sf3 S8c6*** in der aktuellen Hauptvariante ersetzen. Alles, was danach kommt, soll so bleiben, wie es ist! Stellen Sie sich vor, dass nach dem elften Zug ***11. Lf4*** noch viele weitere Züge mit Verzweigungen folgen (die als Kommentar hinterlegten Auslassungszeichen sollen das verdeutlichen). Diese sollen nach wie vor die Hauptvariante bilden.

Lange Rede, kurzer Sinn – tatsächlich ist nicht mehr viel zu tun, um das Gewünschte zu erreichen. Wir setzen den Cursor auf den ersten Zug der gerade eingegebenen Variante, also auf ***6... S8c6*** ❹. Erst danach aktiviert sich auf der Registerkarte ***Einfügen*** die Schaltfläche ***Züge ersetzen*** ❺ (vorher ist sie ausgegraut).

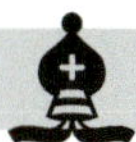

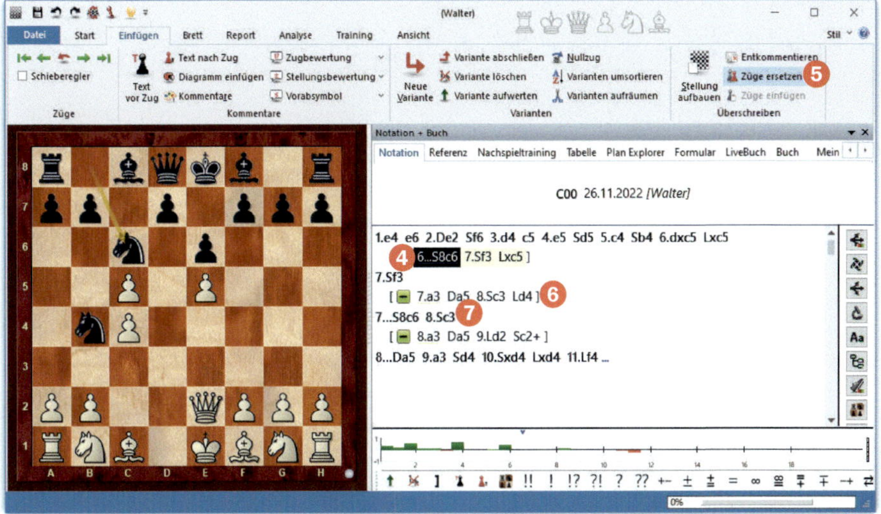

Nach einem Klick auf die Schaltfläche ***Züge ersetzen*** werden die Züge in der Hauptvariante ersetzt. Die in der Hauptvariante ersetzten Züge ***6... Lxc5 7. Sf3 S8c6*** werden zur Untervariante 8, und die Variante ***7. a3 Da5 8. Sc3 Ld4*** 6 wird ebenfalls Teil der neuen Untervariante 9, da sie mit den neuen Zügen der Hauptvariante ja nicht erreicht wird. Alle in der Hauptvariante nach dem siebten Zug von Schwarz folgenden Züge 7 bleiben aber unverändert 10.

1.e4 e6 2.De2 Sf6 3.d4 c5 4.e5 Sd5 5.c4 Sb4 6.dxc5 S8c6
8 [6...Lxc5 7.Sf3 (*7.a3 Da5 8.Sc3 Ld4*) 7...S8c6]
7.Sf3 Lxc5 8.Sc3 10 9
[8.a3 Da5 9.Ld2 Sc2+]
8...Da5 9.a3 Sd4 10.Sxd4 Lxd4 11.Lf4 ...

Nun brauchen wir nur noch die übrig gebliebene Variante 8 zu löschen, zum Beispiel mit ***Strg+Y***, und wir haben die gewünschte Notation:

1.e4 e6 2.De2 Sf6 3.d4 c5 4.e5 Sd5 5.c4 Sb4 6.dxc5 S8c6 7.Sf3 Lxc5 8.Sc3
[8.a3 Da5 9.Ld2 Sc2+]
8...Da5 9.a3 Sd4 10.Sxd4 Lxd4 11.Lf4 ...

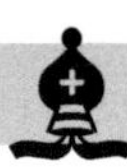
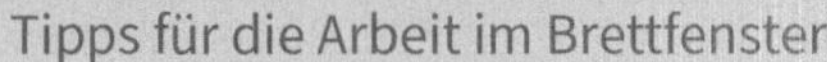

4 Mit ChessBase trainieren

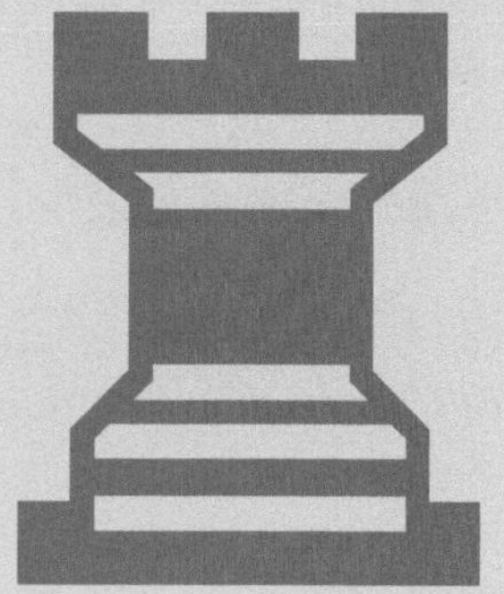

ChessBase bietet neben seiner Funktion als Schachdatenbank eine Reihe von Features, mit denen man ein sehr effektives Schachtraining durchführen kann. Lassen Sie beispielsweise Ihre gespielten Partien analysieren oder sich von ChessBase gezielt auf Ihren nächsten Gegner vorbereiten, oder nutzen Sie die Funktion Replay- beziehungsweise Nachspieltraining für ein besonders unterhaltsames Schachtraining. Konkret: Sie können mit ChessBase Ihre Spielstärke verbessern und ganz allgemein kann ChessBase dazu beitragen, dass Sie mehr Partien gegen starke Gegner gewinnen als das vorher der Fall war. Dabei spielt es überhaupt keine Rolle, welche Spielstärke Sie aktuell besitzen. Wenn Sie richtig trainieren, sprich die zur Verfügung stehenden Features nutzen, werden Sie nach einer gewissen Zeit sowohl als Anfänger als auch als starker Vereinsspieler einen merklichen Anstieg Ihrer schachlichen Fähigkeiten und Ihrer schachlichen Erfolge verzeichnen.

McDonnell – De La Bourdonnais, London 1834

Im sogenannten »Westminster Marathon« trafen 1834 zwei der besten Spieler Ihrer Zeit aufeinander. In der 16. Partie des vierten Matches blieb Weiß aufgrund des schwarzen Bauernansturms nur die Aufgabe. Aufgrund der ungewöhnlichen Schlussstellung ist diese Partie auch heute noch sehr interessant.

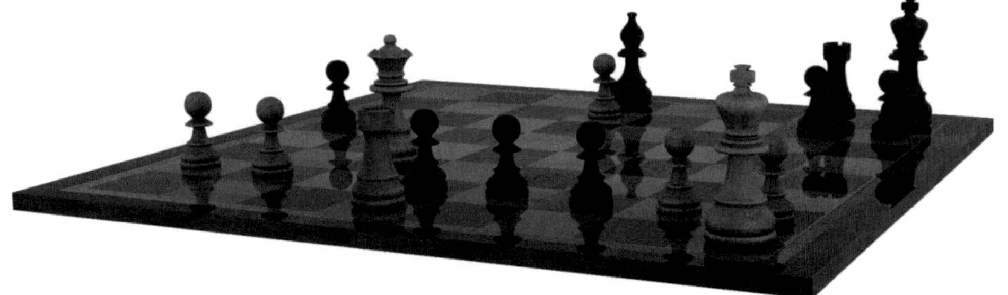

4.1 Eine Standardengine festlegen

Die Standardengine ist die Engine, die ChessBase für die Analyse verwendet, wenn man in einem Brettfenster auf die Schaltfläche Standardkiebitz ein/aus klickt (siehe dazu 4.3, »Eine Stellung von einem »Kiebitz« analysieren lassen«, ab Seite 153). Per Voreinstellung ist das in ChessBase 17 die Engine Deep Fritz 13. Sie ist von Haus aus in ChessBase 17 eingebunden. Das heißt, sie steht bereits unmittelbar nach der Installation von ChessBase 17 zur Verfügung.

Falls Sie das Schachprogramm Fritz auf Ihrem Rechner installiert haben, dann nimmt ChessBase eventuell die Engine von Fritz, also zum Beispiel Fritz 18 – in diesem Fall ist die Engine von Fritz 18 nach der Installation von ChessBase 17 als Standardengine eingestellt.

Weitere, eventuell stärkere Engines, können Sie nachträglich selbst in ChessBase einbinden. Was Sie dazu tun müssen, erfahren Sie in 4.2, »Eine neue Engine in ChessBase einbinden«, ab Seite 149. Danach haben Sie die Wahl, welche der zur Verfügung stehenden Engines Sie als Standardengine verwenden wollen.

Gehen Sie folgendermaßen vor, wenn Sie jetzt oder später eine andere Standardengine festlegen wollen:

1 Klicken Sie links oben im Datenbankfenster auf ***Datei*** und dann ganz unten im sich öffnenden Menü auf ***Optionen***.

2 Selektieren Sie im linken Bereich des erscheinenden ***Optionen***-Dialogfelds die Kategorie ***Engines*** ❶.

3 Klicken Sie im rechten Bereich auf die Schaltfläche ***Durchsuchen*** ❷.

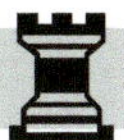

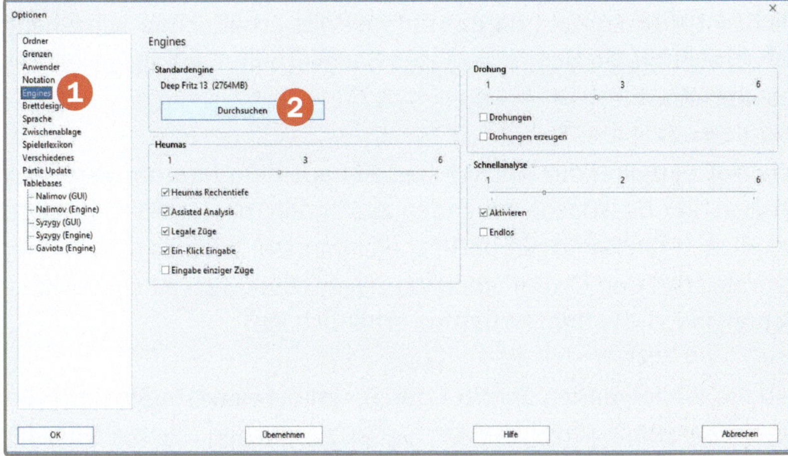

4 Es erscheint ein weiteres Dialogfeld mit dem Titel ***Engine laden***. Wählen Sie in der Liste die Engine aus, die Sie als neue Standardengine festlegen wollen.

5 Schließen Sie das Dialogfeld ***Engine laden*** und danach auch das ***Optionen***-Dialogfeld mit ***OK***.

4.2 Eine neue Engine in ChessBase einbinden

Technisch gesehen sind die Benutzeroberfläche von ChessBase und ein Schachprogramm, das in dieser Benutzeroberfläche zum Analysieren von Stellungen verwendet wird (die in ChessBase geläufige Bezeichnung für solche Schachprogramme ist ***Schachengine*** oder einfach ***Engine***), voneinander getrennt. Damit eine eingebundene Schachengine in ChessBase wie gewünscht funktionieren kann, muss es eine gemeinsame Schnittstelle geben, über die beide – ChessBase und die Engine – miteinander kommunizieren können.

Diese Schnittstelle ist ein von Stefan Meyer-Kahlen entwickeltes Protokoll mit dem Namen ***Universal Chess Interface***, kurz ***UCI***. Dementsprechend heißt eine Engine, die dieses Protokoll unterstützt und damit »ChessBasetauglich« ist, ***UCI-Engine***. Da das auf fast alle erhältlichen Schachengines zutrifft, brauchen Sie sich über diesen Sachverhalt nicht allzu viele Gedanken zu machen.

Um eine UCI-Engine, die Sie zum Beispiel aus dem Internet heruntergeladen haben, in ChessBase verwenden zu können, müssen Sie sie allerdings erst explizit in die Benutzeroberfläche einbinden. Wie das geht, wollen wir hier am Beispiel der Engine Stockfish zeigen. Stockfish ist eine sehr starke Schachengine, die zudem kostenfrei erhältlich ist.

Führen Sie die folgenden Schritte durch, um die neueste Stockfish-Engine in Ihrem ChessBase-Programm verfügbar zu machen (die bei Drucklegung dieses Buches aktuelle Version von Stockfish ist die Version 15.1):

1 Laden Sie die Internetseite ***https://stockfishchess.org*** in Ihrem Browser und klicken Sie auf ***Download Stockfish***. Suchen Sie sich anschließend den für Sie passenden Download aus.

Für Windows gibt es aktuell zwei Engines. Bei der Auswahl geht es allein um die Frage, ob Ihr Prozessor sie unterstützt. Für neuere Computer ist ***AVX2*** grundsätzlich vorzuziehen. ***POPCNT*** ist langsamer, dafür sollte die Engine auf den meisten Windows-Systemen funktionieren.

Sie können ohne Weiteres zunächst das leistungsfähigere ***AVX2*** ausprobieren. Wenn Sie später feststellen, dass die Engine in Ihrem ChessBase-Programm nicht läuft, können Sie immer noch auf ***POPCNT*** zurückgreifen. Auf modernen Rechnern sollte es aber keine Probleme geben.

2 Die Downloaddatei von ***AVX2*** ist ein Archiv mit dem Namen ***stockfish_15.1_win_x64_avx2.zip***. Entpacken Sie das Archiv in ein Verzeichnis Ihrer Wahl. Es resultiert der Ordner ***stockfish_15.1_win_x64_avx2***. Darin befindet sich die Datei ***stockfish-windows-2022-x86-64-avx2.exe***. Dies ist die ausführbare Datei der AVX2-Stockfish-Engine.

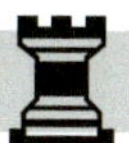

3 Grundsätzlich können Sie eine Engine-Datei an jedem beliebigen Ort speichern, sogar in einer anderen Partition (z. B. Netzwerk oder externe Festplatte) – vorausgesetzt diese ist während der Benutzung von ChessBase zugänglich. Natürlich sollten Sie einen Ort wählen, den Sie sich merken, und am besten legen Sie alle Ihre Engines zusammen in einem Ordner ab. Naheliegend wäre bei einem 64-Bit-System zum Beispiel der Ordner ***Program Files (x86)\Common Files\ChessBase\Engines***, denn diesen Ordner legt ChessBase im Zuge der Installation automatisch für Engines an. Legen Sie die Stockfish-Engine-Datei ***stockfish-windows-2022-x86-64-avx2.exe*** also in den Ordner ***C:\Program Files (x86)\Common Files\ChessBase\Engines*** (ersetzen Sie im Pfad den Laufwerksbuchstaben, falls Ihr Stammlaufwerk nicht ***C:*** ist) oder in einen anderen Ordner Ihrer Wahl. Beachten Sie, dass die Engine-Datei nach dem Einbinden am gewählten Ort verbleiben muss, solange Sie die Engine in ChessBase nutzen wollen.

4 Klicken Sie in einem Brettfenster in der Gruppe ***Engines*** der Registerkarte ***Start*** auf die Schaltfläche ***UCI Engine erstellen*** ❶.

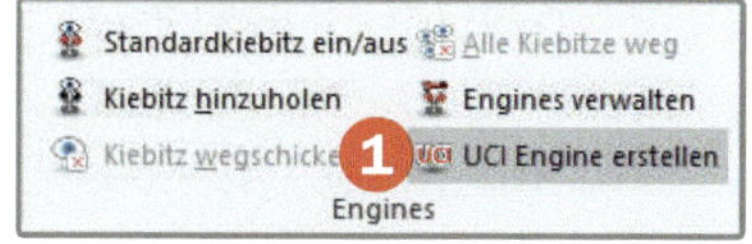

5 Klicken Sie im erscheinenden Dialogfeld auf die Schaltfläche mit den drei Punkten ❷.

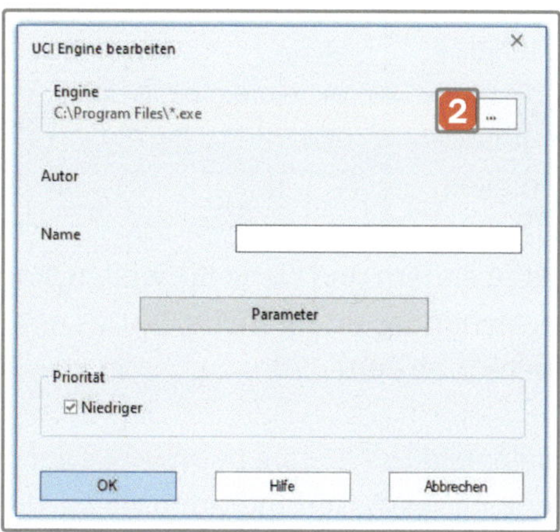

6 Wählen Sie im erscheinenden Windows-Explorer-Fenster die Stockfish-Engine-Datei aus und klicken Sie auf ***Öffnen***.

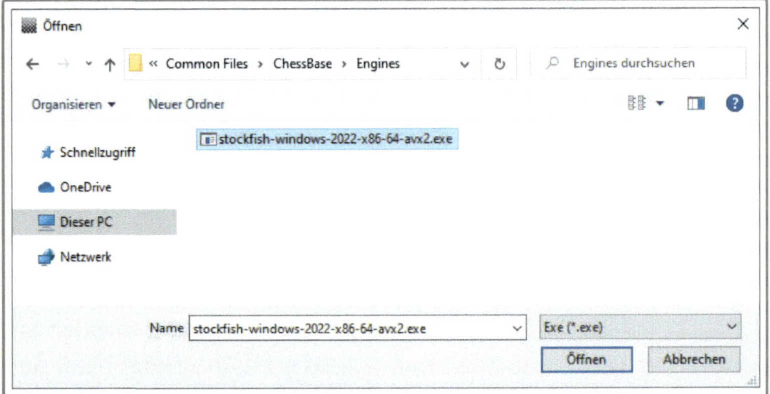

7 Danach fügt ChessBase im Dialogfeld ***UCI Engine bearbeiten*** automatisch den Namen der Engine 3 hinzu. Per Klick auf die Schaltfläche ***Parameter*** könnten Sie jetzt schon spezielle Einstellungen für die Schachengine vornehmen. Grundsätzlich besteht jedoch keine Notwendigkeit, an den Standardeinstellungen etwas zu ändern und wenn Sie wollen, können Sie das später immer noch tun. Mehr dazu erfahren Sie in »Das Analyseverhalten einer Engine konfigurieren« ab Seite 170.

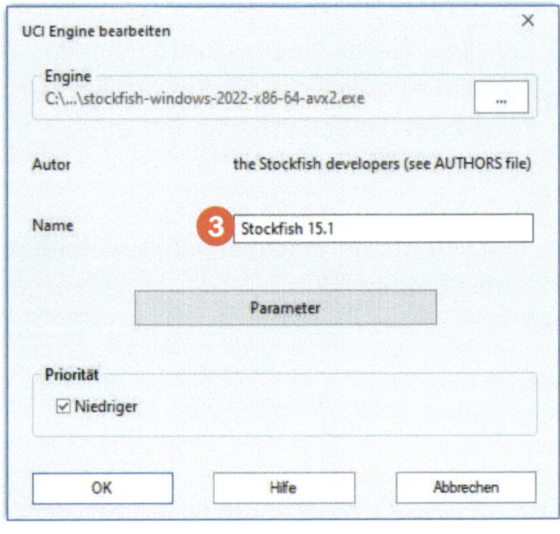

8 Klicken Sie im Dialogfeld ***UCI Engine bearbeiten*** auf die Schaltfläche ***OK***, um die Engine für Ihr ChessBase-Programm zur Verfügung zu stellen.

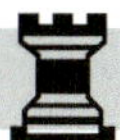

4.3 Eine Stellung von einem »Kiebitz« analysieren lassen

Sie können die aktuelle Stellung in einem Brettfenster jederzeit von einer Schachengine analysieren lassen. Klicken Sie zum Beispiel auf der Registerkarte ***Start*** in der Gruppe ***Engines*** auf die Schaltfläche ***Standardkiebitz ein/aus*** ❶, um eine Stellung mit der in ChessBase als Standard eingestellten Engine zu analysieren (was eine Standardengine ist und wie Sie die Standardengine neu festlegen können, lesen Sie in 4.1 »Eine Standardengine festlegen«, ab Seite 148).

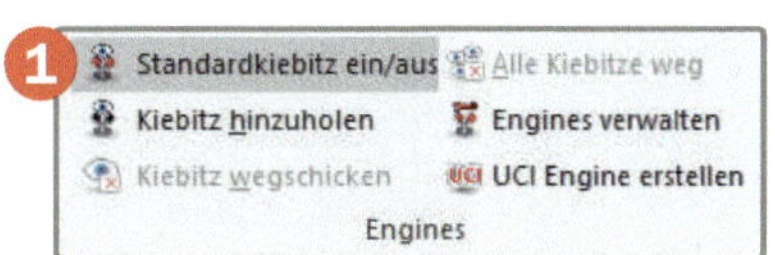

Außerdem können Sie den Standardkiebitz mit dem Tastaturkürzel ***Alt***+***F2*** ein- und auch wieder ausschalten.

Das Enginefenster erscheint normalerweise unterhalb der Notation. In der Titelleiste und noch mal darunter ❷ sehen Sie den Namen der Engine, die gerade am Werk ist.

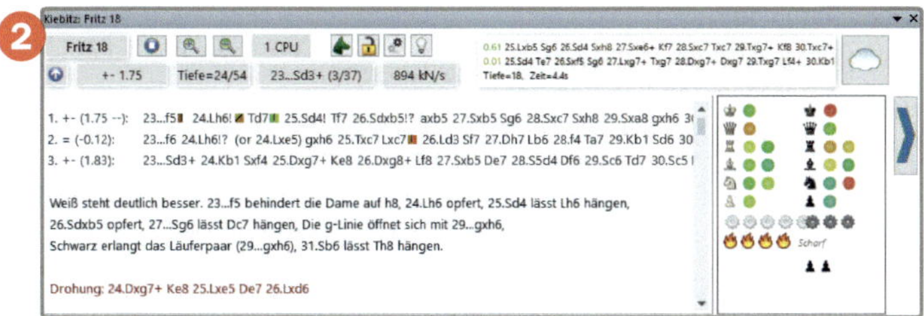

Wenn Sie den Standardkiebitz nicht mehr benötigen, klicken Sie einfach erneut auf ***Standardkiebitz ein/aus***.

Um eine andere Engine als den Standardkiebitz analysieren zu lassen, klicken Sie auf der Registerkarte ***Start*** in der Gruppe ***Engines*** auf die Schaltfläche ***Kiebitz hinzuholen*** ❸.

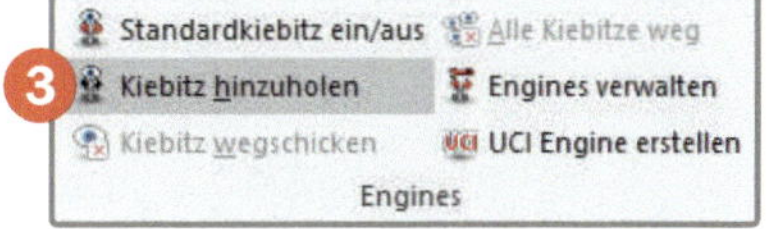

Daraufhin erscheint das Dialogfeld ***Engine laden***, in dem alle augenblicklich in ChessBase verfügbaren Engines aufgelistet sind. Selektieren Sie in der Liste die gewünschte Engine und klicken Sie anschließend auf ***OK***.

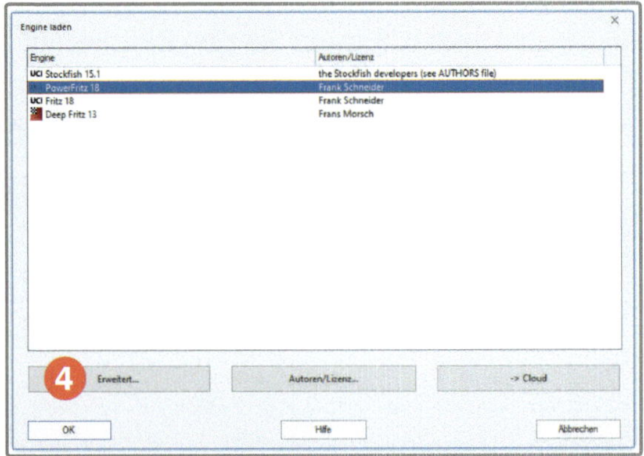

Im Dialogfeld ***Engine laden*** können Sie eine andere Engine als die Standardengine für die Analyse auswählen.

Übrigens können Sie auch über das Dialogfeld ***Engine laden*** eine neue Standardengine festlegen. Wählen Sie in der Liste die neue Standardengine aus und klicken Sie dann auf die Schaltfläche ***Erweitert*** 4 (Abbildung oben). Aktivieren Sie im zusätzlich erscheinenden Dialogfeld das Kontrollkästchen bei ***Standardengine*** 5 und bestätigen Sie mit ***OK*** 6.

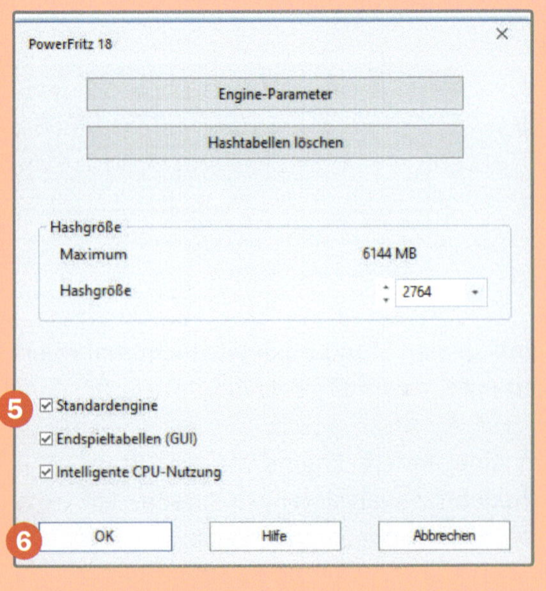

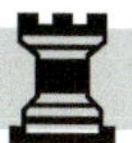

Wenn Sie den extra ausgewählten Kiebitz nicht mehr benötigen, klicken Sie in der Gruppe ***Engines*** der Registerkarte ***Start*** auf ***Kiebitz wegschicken*** ❶.

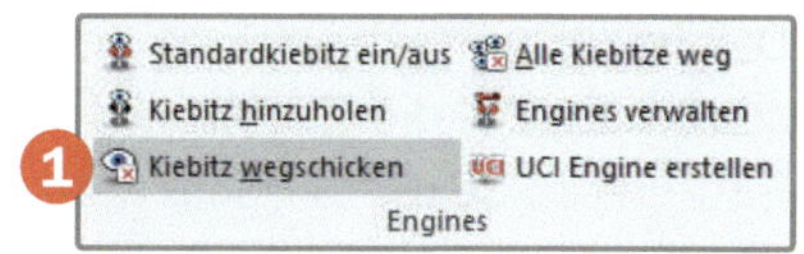

4.4 Die Analyse im Enginefenster richtig bewerten

Den Angaben im Enginefenster können Sie entnehmen, wie der Kiebitz momentan die Stellung bewertet, welchen Zug beziehungsweise welche Variante er gerade berechnet, welche Rechentiefe er dabei aktuell erreicht hat und mit welcher Geschwindigkeit er augenblicklich rechnet. Diese Informationen finden Sie in der Zeile unterhalb des Enginenamens, also praktisch in der zweiten Zeile des Enginefensters.

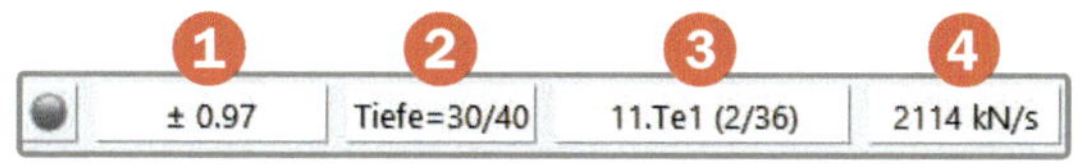

Die erste Angabe bezieht sich auf die Stellungsbewertung ❶ (Abbildung oben). Der hier angegebene Zahlenwert sagt aus, wie die analysierende Engine (der Kiebitz) aktuell die Stellung bewertet. Unabhängig davon, wer in der Stellung gerade am Zug ist, bedeuten positive Werte immer Vorteil für Weiß, negative Werte Vorteil für Schwarz. Eine Angabe wie ***-1.5*** heißt zum Beispiel, dass der Vorteil von Schwarz dem Gegenwert von eineinhalb Bauern entspricht, was unter starken Schachspielern bereits einen entscheidenden Vorteil bedeutet. Nach der im Bild zu sehende Angabe ***± 0.97*** hat Weiß einen Vorteil, der einem materiellen Gegenwert von 0,97 Bauern entspricht. Die Angabe ***= 0.00*** bedeutet zum Beispiel völligen Ausgleich. Die Einschätzung der Analyse-Engine kann sich natürlich mit zunehmender Rechentiefe jederzeit ändern.

Neben der aktuellen Stellungsbewertung erscheint die Rechentiefe ❷ und rechts davon der Zug, den die Engine gerade berechnet ❸ (im Bild rechnet die Engine gerade an dem Zug ***11. Te1***).

Der letzten Angabe dieser Zeile können Sie entnehmen, mit welcher Geschwindigkeit die Engine rechnet ④. Die Einheit ***kN/s*** bedeutet »tausend Knoten pro Sekunde« (kilo nodes per second). Der im Bild zu sehende Wert ***2114 kN/s*** sagt also aus, dass die Analyse-Engine aktuell mit einer Geschwindigkeit von 2.114.000 Knoten pro Sekunde rechnet. Mit »Knoten« sind die Verzweigungen im Suchbaum gemeint: Nach einem bestimmten Zug gibt es wiederum mehrere in Betracht zu ziehende Folgezüge usw.

Wenn der Wert für die Rechengeschwindigkeit entsprechend groß wird, wechselt die Anzeige von ***kN/s*** (kilo nodes per second) zu ***MN/s*** (million nodes per second).

Unterhalb der beschriebenen vier Felder, im weißen Bereich des Enginefensters, sehen Sie die Varianten, die der Kiebitz gerade berechnet. Dazu erfahren Sie gleich mehr im nächsten Tipp.

4.5 Die Analyse im Enginefenster konfigurieren

Wie viele Varianten ein Kiebitz bei der Analyse gleichzeitig berechnen soll, können Sie selbst festlegen. Um die Variantenzahl um eins zu erhöhen, klicken Sie oben im Enginefenster einmal auf das Plus-Symbol ① (Abbildung unten), per Klick auf das Minus-Symbol verringern Sie die Variantenzahl ②. Alternativ klicken Sie mit der rechten Maustaste irgendwo in das Enginefenster und wählen im erscheinenden Kontextmenü ***Anzahl Hauptvarianten erhöhen*** beziehungsweise ***Anzahl Hauptvarianten verringern***. Oder Sie drücken einfach auf Ihrer Tastatur die Plus-Taste beziehungsweise die Minus-Taste (falls Sie die Stellung gleichzeitig mit mehreren Engines analysieren, wirkt sich der Tastendruck jedoch immer nur auf das erste Enginefenster aus).

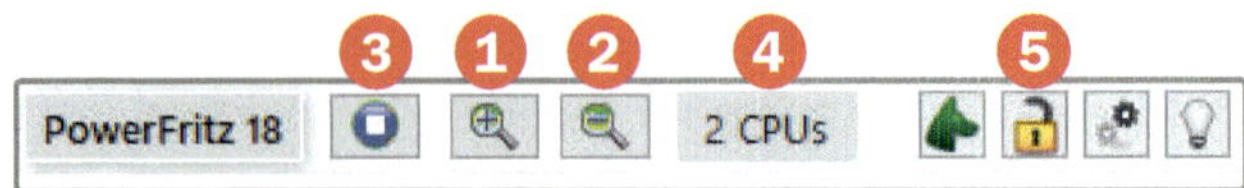

Über das Symbol rechts neben dem Enginenamen ❸ können Sie die Analyse vorübergehend anhalten und sie später wieder fortsetzen.

Wenn Sie auf das CPU-Symbol ❹ klicken, können Sie die Anzahl der genutzten Prozessoren neu einstellen. Voraussetzung ist natürlich, dass Ihr Rechner über entsprechend viele CPUs verfügt (die Anzahl – in der vorherigen Abbildung zwei – erscheint auf dem Button).

Klicken Sie auf das Schloss-Symbol ❺, um die Engine zu »verriegeln«. Diese Option ist sehr praktisch. Machen Sie davon Gebrauch, wenn Sie nicht in der Stellung verharren wollen, während die Engine rechnet. Wenn die Engine verriegelt ist, können Sie in der Partie vor- oder zurückgehen, oder sogar Varianten eingeben, und die Engine rechnet trotzdem an der ursprünglichen Stellung weiter – das heißt, Sie ignoriert die Züge, die Sie auf dem Brett ausführen. Im Normalfall – wenn die Engine nicht verriegelt ist – folgt die Engine automatisch der Brettstellung. Wenn Sie beispielsweise im Brettfenster gerade den neunten Zug von Weiß markiert haben, berechnet die Analyse-Engine mögliche schwarze Antwortzüge auf den neunten Zug von Weiß. Führen Sie nun ein paar Züge aus, gehen Sie also zum – sagen wir – 15. Zug von Schwarz, dann verlässt auch die Engine die ursprüngliche Analyse und widmet sich nun dieser Stellung, also der Stellung, die nach dem 15. Zug von Schwarz entsteht. Mit dem Schloss-Symbol können Sie das, wie gesagt, verhindern. Wenn die Engine verriegelt ist, rechnet sie unbeirrt von Benutzeraktionen an der Stellung weiter, die sie bereits vor dem Einschalten der Verriegelung analysiert hat – im Beispiel also die Stellung, die sich nach dem neunten Zug von Weiß ergibt. Ein weiterer Klick auf das Schloss-Symbol »entriegelt« die Engine wieder.

Statt der Rechengeschwindigkeit (Einheit ***kN/s*** beziehungsweise ***MN/s***) können Sie im Enginefenster die Anzahl der Knoten anzeigen (***kN***), die die Engine bis zum aktuellen Zeitpunkt berechnet hat. Klicken Sie dazu einmal auf die Rechengeschwindigkeitsanzeige ❻ (siehe nächste Abbildung) und aktivieren Sie im erscheinenden Dialogfeld das Optionsfeld ***Knotenzähler*** ❼. Die Einstellung gilt für alle Engines, bis Sie sie wieder ändern.

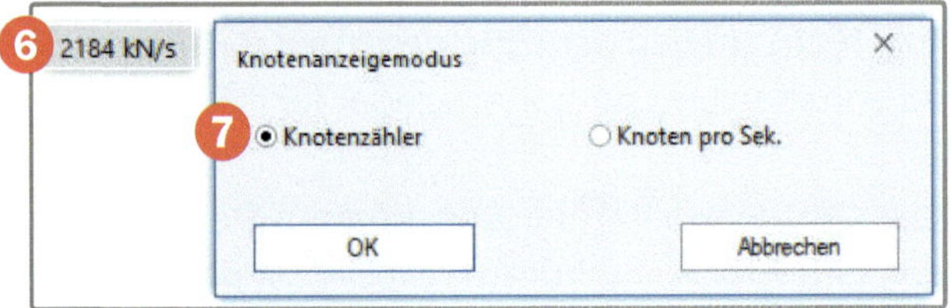

Interessant ist auch das Kontextmenü des Enginefensters, das in der folgenden Abbildung zu sehen ist. Klicken Sie am besten in dem weißen Bereich – also dort, wo die berechneten Varianten angezeigt werden – mit der rechten Maustaste auf eine beliebige Stelle, um es zu öffnen.

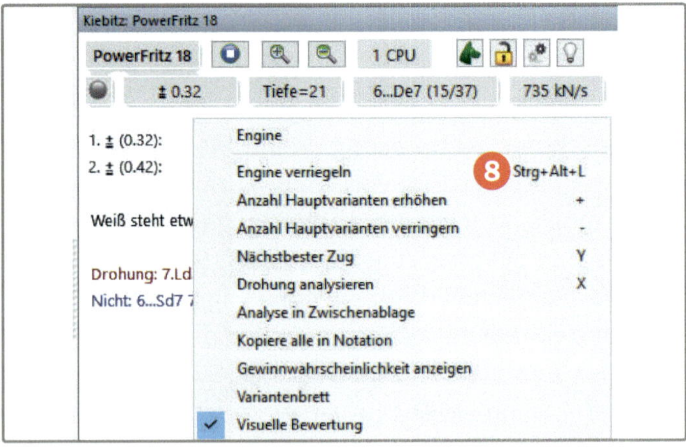

Das Kontextmenü des Enginefensters enthält auch exklusiv einige spezielle Optionen.

Einige der Kontextmenübefehle sind auch direkt im Enginefenster erreichbar. Diese haben wir bereits besprochen. Dazu gehört zum Beispiel der Befehl ***Engine verriegeln***, der, wie im Kontextmenü angegeben 8 (Abbildung oben), alternativ auch mit dem Tastaturkürzel ***Strg***+***Alt***+***L*** ausgeführt werden kann.

Zusätzlich enthält das Kontextmenü aber auch ein paar interessante Optionen, die an anderen Stellen nicht zur Verfügung stehen. Beispielsweise den Befehl ***Drohung analysieren***. Wenn eingeschaltet, berechnet die Analyse-

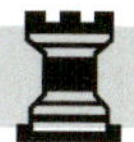

Engine nicht die möglichen Antwortzüge, sondern die mit dem aktuellen Zug aufgestellten Drohungen.

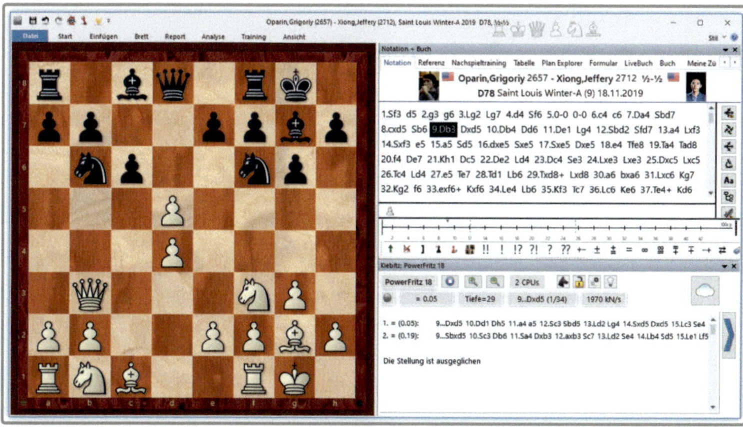

Der »Normalfall« (die Option ***Drohung analysieren*** *ist nicht eingeschaltet): Die Analyse-Engine berechnet mögliche Antwortzüge von Schwarz auf den weißen Zug* ***9. Db3****.*

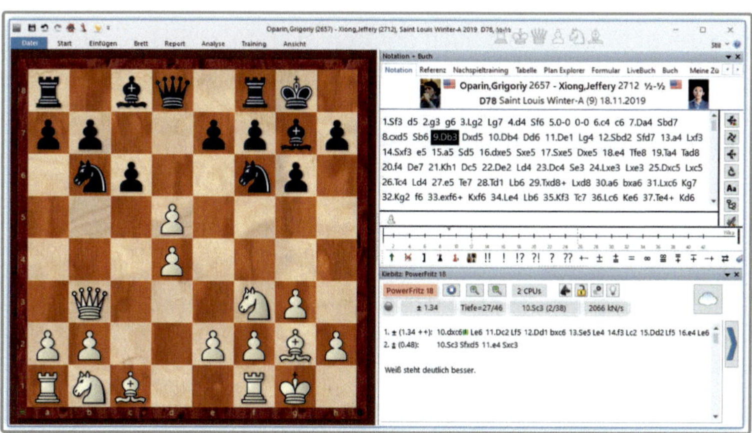

Hier ist die Option ***Drohung analysieren*** *eingeschaltet: Die Analyse-Engine ignoriert mögliche schwarze Antwortzüge auf* ***9. Db3*** *und berechnet stattdessen die mit diesem Zug aufgestellte Drohung* ***10. dxc6****. Das heißt, sie analysiert Stellungen, die sich ergeben würden, wenn Weiß nach* ***9. Db3*** *sofort wieder am Zug wäre.*

Alternativ können Sie die Option ***Drohung analysieren*** ein- und ausschalten, ohne das Kontextmenü des Enginefensters zu bemühen, indem Sie die Taste ***X*** drücken (im Kontextmenü ist zwar das große »X« angegeben, das kleine »x« reicht aber auch; sparen Sie sich also auch das gleichzeitige Drücken der Umschalttaste).

Die Option ***Nächstbester Zug*** wird leider nur von Fritz-Engines unterstützt. Beachten Sie auch, dass diese Option nur dann sinnvoll ist, wenn im Enginefenster nur eine einzige Variante angezeigt wird. Mit dem Befehl ***Nächstbester Zug*** zwingen Sie die Engine in diesem Fall, den Zug, den sie gerade berechnet, zu verwerfen und die nächstliegende Alternative zu berechnen.

Auch für das Ein- und Ausschalten der Option ***Nächstbester Zug*** gibt es alternativ ein Tastaturkürzel. Drücken Sie die Taste ***Y*** beziehungsweise ***y***, wenn Sie sich den Aufruf des Kontextmenüs sparen wollen.

Manchmal recht praktisch ist auch der Befehl ***Analyse in Zwischenablage***. Er kopiert die Varianten, die die Engine gerade berechnet (also die Varianten, die Sie aktuell im Enginefenster sehen), in die Zwischenablage von Windows. Danach können Sie sie zum Beispiel per ***Strg+V*** in einen Texteditor kopieren, um sie später mit einem zukünftigen Berechnungsstand zu vergleichen.

4.6 Analysevorschau, Berechnungen per Mausklick einfügen

Zwei Dinge im Enginefenster verdienen unseres Erachtens besondere Erwähnung, zum einen, weil sie neu in ChessBase 17 sind, zum anderen weil sie sehr nützlich sind:

Wenn Sie die Maus im Enginefenster über einen Zug einer Variante bewegen (ohne zu klicken), die gerade von der Engine berechnet wird, dann erscheint die entsprechende Stellung auf dem Brett. Sobald Sie die Maus wieder von

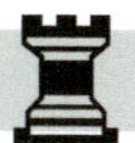

dem Zug entfernen, haben Sie wieder die ursprüngliche Stellung – also die Stellung, an der die Engine gerade rechnet – vor sich.

In der folgenden Abbildung rechnet die Engine beispielsweise gerade an der Stellung, die sich nach dem sechsten Zug von Weiß (***6.Sc3***) ergibt. Dieser Zug ist in der Notation markiert ❶, und die Varianten, die Sie im Enginefenster sehen – die Analyse läuft im Zweivariantenmodus –, gehen von dieser Stellung aus.

In der Abbildung steht der Cursor über dem Zug ***10.0-0*** der zweiten Enginevariante ❷. Daher erscheint auf dem Schachbrett die Stellung, die sich nach diesem Zug ergeben würde.

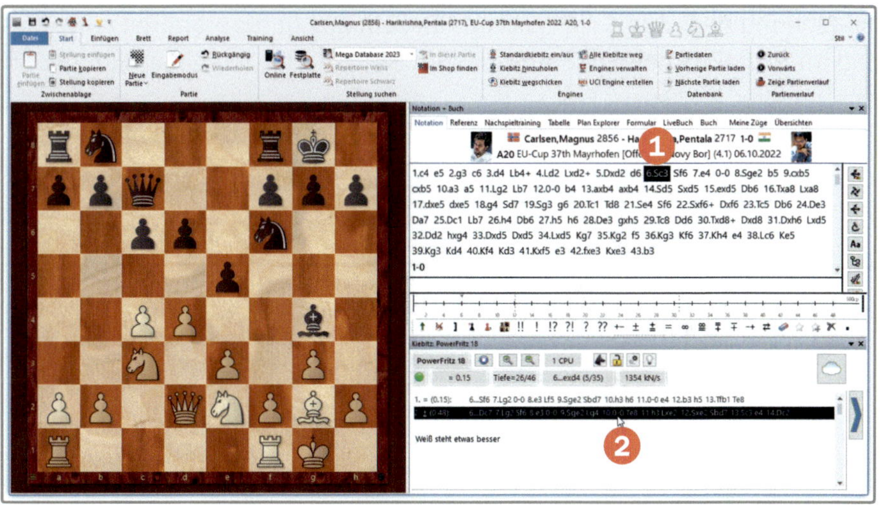

Sie können auf diese Weise Varianten, die von der Engine gerade berechnet werden, zum Beispiel »virtuell« vor- und zurückspielen, indem Sie im Enginefenster einfach die Maus nacheinander über die entsprechenden Züge bewegen (ohne zu klicken). Sobald die Maus aus dem Bereich der Enginevarianten wieder entfernt wird, erscheint auf dem Schachbrett wieder die Stellung, an der die Engine gerade rechnet.

Die Mausaktionen haben übrigens keinerlei Einfluss auf die Berechnungen. Das heißt, diese werden nicht etwa unterbrochen, sondern die Engine rechnet in der Zwischenzeit ungehindert weiter an der Stellung, die sich nach dem Zug, der in der Notation markiert ist, ergibt.

Wenn Sie im Enginefenster dagegen auf einen Variantenzug klicken (!), dann wird die Variante genau bis zu diesem Zug in die Stellung eingefügt (sollten Sie das doch nicht wollen, dann können Sie die Aktion natürlich wie jede andere rückgängig machen – siehe 3.5, »Aktionen rückgängig machen«, ab Seite 122).

Klickt man also in der obigen Abbildung auf den Zug ***10.0-0***, statt nur die Maus darüber zu halten, dann wird die ganze berechnete Variante, hier beginnend mit dem Zug ***6…Dc7***, bis zu diesem Zug in die Notation eingefügt, und im Notationsbereich ergibt sich im Beispiel das folgende Bild. Die Engine rechnet in diesem Fall an der eingefügten Variante – hier also an der Stellung, die sich nach ***10.0-0*** ergibt – weiter.

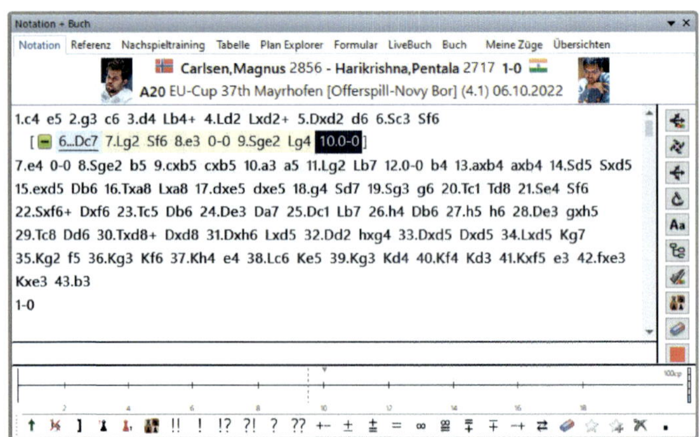

Beide Funktionen stehen im Enginefenster immer zur Verfügung, auch dann, wenn die Buddy Engine nicht aktiv oder die Hauptengine gerade angehalten ist (zur Buddy Engine siehe den nächsten Tipp).

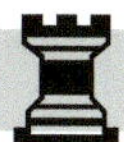

4.7 Mit der Buddy Engine ermitteln, ob Züge forciert sind

Die Buddy Engine ist neu in ChessBase 17. Sie führt parallel zur Hauptengine eine eigenständige Analyse durch. Dass dabei Ressourcen verloren gehen, die merklich ins Gewicht fallen, brauchen Sie jedoch nicht zu befürchten, da die Buddy Engine nur einen kleinen Teil – weniger als 25 Prozent – der vorhandenen Ressourcen beansprucht.

Im Gegenzug können Sie die Hauptengine bei laufender Buddy Engine auch im Einvariantenmodus rechnen lassen, denn die Buddy Engine gleicht den Vorteil, den der Multivariantenmodus gegenüber dem Einvariantenmodus bietet, teilweise aus. Im Buddy-Engine-Fenster sind zum Beispiel immer zwei Varianten zu sehen, die die Buddy Engine gerade berechnet ❶ (siehe Abbildung auf der nächsten Seite).

Das heißt aber nicht, dass Sie bei laufender Buddy Engine nur im Einvariantenmodus analysieren müssen. In manchen Stellungen oder zum Beispiel bei der Eröffnungsvorbereitung möchte man doch lieber zwei Varianten sehen. Sie können sich bei laufender Buddy Engine auf die Bewertungen Ihrer Hauptengine sowohl im Einvariantenmodus als auch im Zweivariantenmodus verlassen. Die Qualität der Analyse erhöht sich bei laufender Buddy Engine sogar, da sich die beiden Engines praktisch ergänzen.

Was ist nun das Besondere an der Buddy Engine? Das Wichtigste ist wohl, dass sie diejenigen Züge in einer Variante kenntlich macht, die forciert sind. Alle forcierten Züge werden von der Buddy Engine mit einem kleinen farbigen Quadrat kommentiert, das in zwei Hälften geteilt ist. Die Farbe der einen Hälfte gibt die Bewertung des besten Zuges wieder, die Farbe der zweiten Hälfte gibt die Bewertung des zweitbesten Zuges wieder. Eine grüne Farbe bedeutet, dass der Zug zu Vorteil führt, Gelb steht für Ausgleich, Rot steht für Nachteil, mit den üblichen Farbabstufungen – ein dunkles Grün bedeutet zum Beispiel entscheidenden Vorteil, bei einem sehr hellen Grün ist der Vorteil gering. Daneben gibt es noch eine weitere Farbe: Schwarz bedeutet, der Zug setzt Matt beziehungsweise er leitet eine Mattkombination ein.

Ein Zug ist forciert, wenn er in der Bewertung einen signifikanten Abstand zum zweitbesten Zug aufweist. Es handelt sich also um den eindeutig besten Zug. Dessen ungeachtet kann es manchmal vorkommen, dass auch der zweitbeste Zug, obwohl er der eindeutig »schlechtere« ist, einen Stellungsvorteil aufrechterhält. In diesem besonderen Fall sind beide Quadrathälften grün.

Schauen wir uns das an einem Beispiel an. Die folgende Abbildung zeigt die Analyse einer Stellung, die sich nach den Zügen ***1. e4 c5 2. Nf3 Nc6 3. Bb5 e6 4. Bxc6 bxc6 5. b3 e5 6. Nxe5 Qe7 7. Bb2 d6 8. Nc4 d5*** ergibt (die Hauptengine läuft hier im Zweivariantenmodus).

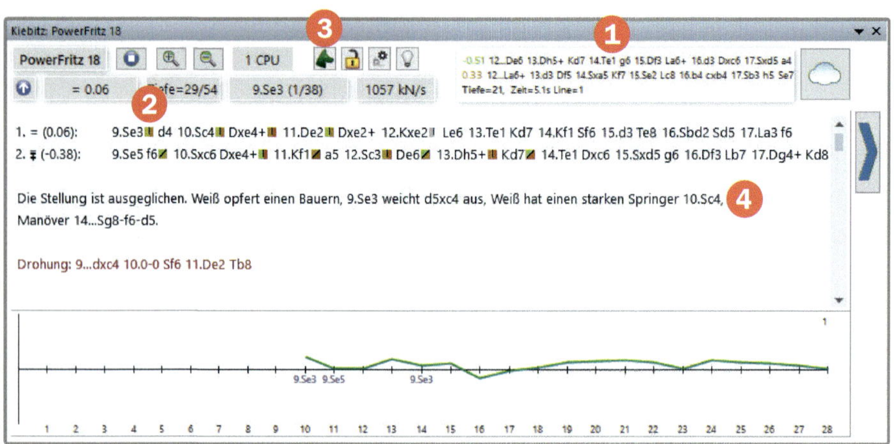

Nach Einschätzung der Engine ist ***9.Se3*** der eindeutig beste Zug. Die erste Hälfte des Quadrats ② ist hellgrün/gelblich. Das heißt, dass die Stellung mit diesem Zug mehr oder weniger ausgeglichen ist. Der zweitbeste Zug neigt zu leichtem Vorteil für Schwarz, daher ist die zweite Quadrathälfte dunkelgelb.

Ein- und ausschalten können Sie die Buddy Engine per Klick auf das Tierkopf-Symbol ③ (Abbildung oben). Wenn die Buddy Engine aktiv ist, ist der Tierkopf grün.

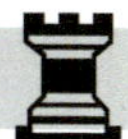

Die beiden Quadrathälften sind durch eine senkrechte Linie geteilt. Das bedeutet, der beste Zug ist leicht zu finden. Eine Diagonale von der linken oberen Ecke zur rechten unteren Ecke bedeutet, der beste Zug ist zwar nicht trivial, aber doch verhältnismäßig einfach zu finden. Eine Diagonale von der linken unteren Ecke zur rechten oberen Ecke bedeutet dagegen, dass der beste Zug nicht so leicht zu finden ist; in der Regel stellt sich der Zug erst nach längerer Analyse als der beste heraus.

Die Buddy Engine kann Ihnen gerade bei der Eröffnungsvorbereitung eine große Hilfe sein. Wenn Varianten viele »einzige Züge« aufweisen, bedeutet das schließlich, dass Ihr Gegner sehr genau spielen muss, denn ein zweitbester Zug bringt ihn möglicherweise bereits auf die Verliererstraße. Die Antwortzüge verlangen Ihrem Gegner also mehr ab, während Sie darauf vorbereitet sind.

Von daher kann es durchaus sinnvoll sein, eine geringfügig »schlechtere« Variante, die dem Gegner aber höchste Genauigkeit abverlangt, weil alles forciert ist, einer Variante vorzuziehen, die zwar objektiv etwas besser, aber vom Gegner leichter zu behandeln ist.

Das Aufzeigen von forcierten Zügen ist zwar die erklärte Hauptaufgabe der Buddy Engine, aber die Buddy Engine leistet noch mehr. Sie sorgt im Enginefenster nämlich für zusätzliche, aussagekräftige Kommentierungen der berechneten Stellung, wie in der obigen Abbildung zu sehen ist ❹. Diese Kommentierungen können wesentlich dazu beitragen, eine Stellung besser zu verstehen. Wenn die Buddy Engine ausgeschaltet ist, beschränken sich die Kommentierungen wie in früheren ChessBase-Versionen auf kurze Aussagen wie »Die Stellung ist ausgeglichen«, »Weiß/Schwarz steht besser«.

4.8 Visuelle Bewertung im Enginefenster

ChessBase 17 bietet im Enginefenster visuelle Stellungsbewertungen von Spielfiguren. Wenn im Kontextmenü des Enginefensters die Option ***Visuelle Bewertung*** aktiviert ist ❶, erscheint auf der rechten Seite des Enginefensters ein Bereich, in dem alle auf dem Brett befindlichen Spielfiguren dargestellt sind, und rechts neben den Spielfiguren ein runder farbiger Kreis ❷.

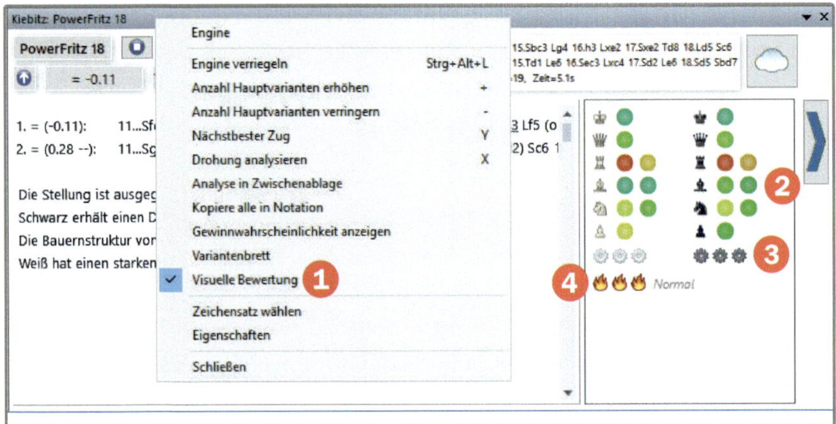

Die visuelle Bewertung schalten Sie an und aus, indem Sie die Option im Kontextmenü des Enginefensters anklicken ❶. Wenn die visuelle Bewertung aktiviert ist, erscheint vor dem Menüpunkt ein Häkchen.

Ist der Kreis neben einer Figur grün, bedeutet das, dass die Figur gut steht, ist er rot, steht sie schlecht. Auch hier reicht die Farbskala von dunkelgrün über hellgrün/gelblich und hellrot bis zu dunkelrot. Ist der Kreis neben einer Figur dunkelrot, dann steht sie »grottenschlecht« und sie sollte, wenn möglich, alsbald in eine bessere Position gebracht werden.

Die Anzahl der Zahnräder ❸ (Abbildung oben) zeigt die Mobilität einer Stellung an – je mehr Zahnräder eine Seite hat, desto mobiler ist ihre Stellung. Die Anzahl der Flammen-Symbole ❹ gibt die Schärfe der Stellung wieder – diese Angabe bezieht sich also auf beide Seiten.

Wenn Sie die Maus über den visuellen Bewertungsbereich bewegen ❺, dann sehen Sie die Stellungsbewertungen auch auf dem Schachbrett – alle Spielfiguren sind mit der entsprechenden Farbe umrandet.

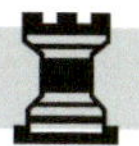

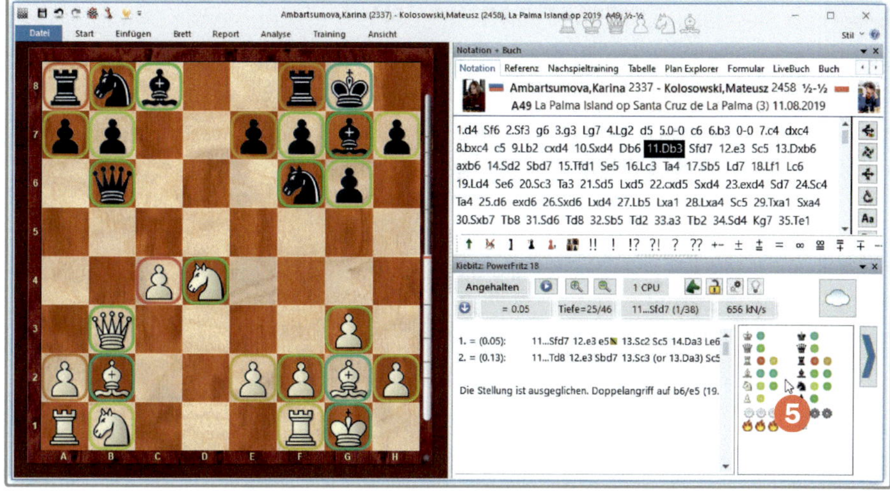

Die visuelle Bewertung steht übrigens auch bei angehaltener Engine zur Verfügung, sodass Sie sich die Stellungen der Figuren in Ruhe anschauen können.

4.9 Parallelanalyse mit mehreren Engines

Sie können eine Stellung auch gleichzeitig von mehreren Engines analysieren lassen, um die Analyseergebnisse miteinander zu vergleichen. Dies funktioniert im Übrigen auch auf Rechnern mit nur einem einzigen Prozessor.

> Beachten Sie jedoch, dass, wenn man mehrere Analyse-Engines zu einem Brettfenster hinzufügt, sich diese die Prozessorleistung teilen und dann auch entsprechend langsamer laufen. Das Gleiche gilt natürlich, wenn man mehrere Brettfenster mit verschiedenen Engines öffnet. Je mehr Engines am Werk sind, desto höher ist die Prozessorauslastung.

Jede weitere Engine können Sie im Brettfenster ebenfalls über die Schaltfläche ***Kiebitz hinzuholen*** auf der Registerkarte ***Start*** (Gruppe ***Engines***) starten.

Beachten Sie, dass es nicht möglich ist, über das erscheinende Dialogfeld auf einmal mehrere Engines zu starten (wählt man im Dialogfeld ***Engine laden*** mehrere Engines aus, wird nur diejenige gestartet, die als Erstes selektiert wurde). Rufen Sie das Dialogfeld ***Engine laden*** gegebenenfalls wiederholt auf, wenn Sie zwei, drei oder gar vier Engines parallel analysieren lassen wollen.

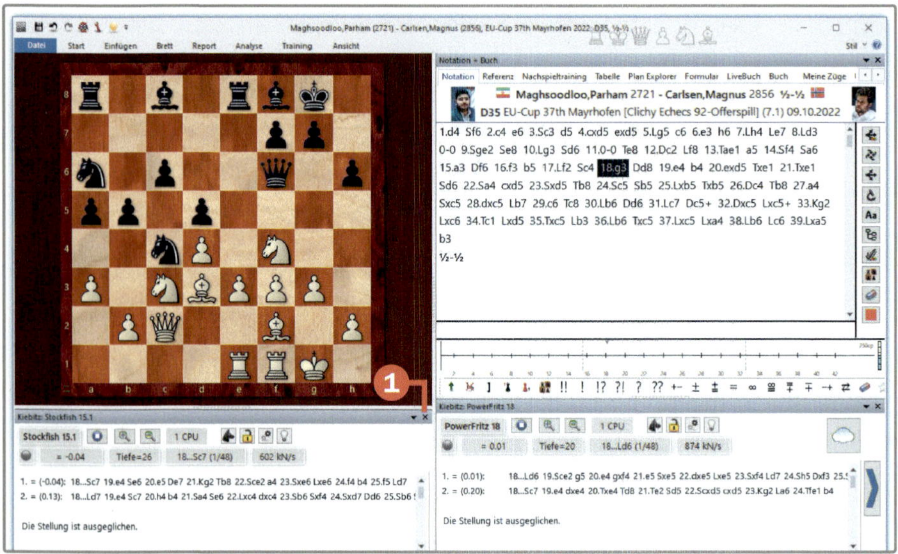

PowerFritz 18 und Stockfish 15.1 analysieren hier gleichzeitig dieselbe Stellung.

Wenn Sie die geladenen Engines nicht mehr benötigen, können Sie sie folgendermaßen wieder entfernen:

- Der Befehl ***Alle Kiebitze weg*** auf der Registerkarte ***Einfügen*** schließt alle aktuell geladenen Engines.
- Der Befehl ***Kiebitz wegschicken*** auf der gleichen Registerkarte schließt immer die Engine, die als Letztes geladen wurde.
- Unabhängig davon können Sie jede Engine schließen, indem Sie einfach rechts oben in dem entsprechenden Enginefenster auf das kleine Kreuz ❶ klicken (Abbildung oben; per Klick auf dieses Kreuz wird die Stockfish-15.1-Engine geschlossen).

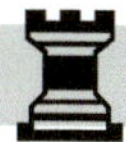

Neben dem Analysevergleich gibt es noch einen weiteren Grund, in einem Brettfenster mehrere Engines analysieren zu lassen. Dann nämlich, wenn man eine Engine verriegelt hat, um eine bestimmte Stellung besonders gründlich zu erforschen (zum Verriegeln von Engines siehe den vorherigen Tipp 4.5 auf Seite 156). Unabhängig von der analysierenden verriegelten Engine können Sie wie hier beschrieben jederzeit weitere Engines hinzufügen, die dann andere Stellungen in der Partie analysieren. Und natürlich ist es auch möglich, mehrere Analyse-Engines zu verriegeln, sodass diese verschiedene Partiestellungen gründlich analysieren.

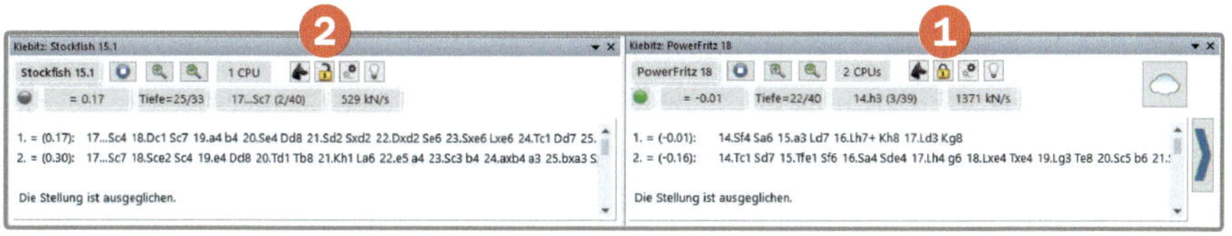

Die verriegelte PowerFritz-Engine ❶ (Abbildung oben) rechnet an der Stellung nach dem dreizehnten Zug von Schwarz, während die (nicht verriegelte ❷) Stockfish-Engine die Stellung analysiert, die sich nach dem siebzehnten Zug von Weiß ergibt.

4.10 Die Analyse-Engine im aktuellen Enginefenster wechseln

Wenn Sie verschiedene Engines nicht parallel laufen, sondern eine bestimmte Stellung von, sagen wir, zwei Engines nacheinander analysieren lassen wollen, brauchen Sie das Enginefenster nicht extra zu schließen. Sie können die Engine auch im aktuellen Enginefenster wechseln:

1 Klicken Sie in dem Enginefenster, das bereits geöffnet ist, links unterhalb der Titelleiste auf den Namen der analysierenden Engine ❶.

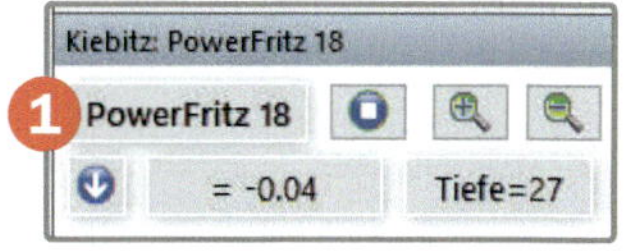

2 Daraufhin erscheint das Dialogfeld ***Engine laden***. Wählen Sie in diesem die gewünschte neue Engine aus und klicken Sie auf ***OK***.

ChessBase tauscht nun im Enginefenster die Analyse-Engines aus. Die neue Engine analysiert die Stellung noch einmal aufs Neue. Sie fängt mit der Berechnung also genau da an, wo die vorherige Engine begonnen hat.

4.11 Das Analyseverhalten einer Engine konfigurieren

Wenn Sie wollen, können Sie das Analyseverhalten einer Engine nach Ihren Wünschen einstellen. Welche beziehungsweise wie viele Parameter diesbezüglich zur Verfügung stehen, ist abhängig von der jeweiligen Engine.

Bereits während des Einbindens einer Engine in ChessBase können Sie den Engine-Konfigurationsdialog über die Schaltfläche ***Parameter*** aufrufen (siehe Seite 152). Danach, das heißt, wenn die Engine bereits eingebunden ist, rufen Sie den Konfigurationsdialog am besten auf, indem Sie im Brettfenster auf der Registerkarte ***Start*** auf die Schaltfläche ***Kiebitz hinzuholen*** klicken. Wählen Sie im erscheinenden Dialogfeld ***Engine laden*** die Engine aus, die Sie konfigurieren wollen ❶, und klicken Sie auf die Schaltfläche ***Erweitert*** ❷.

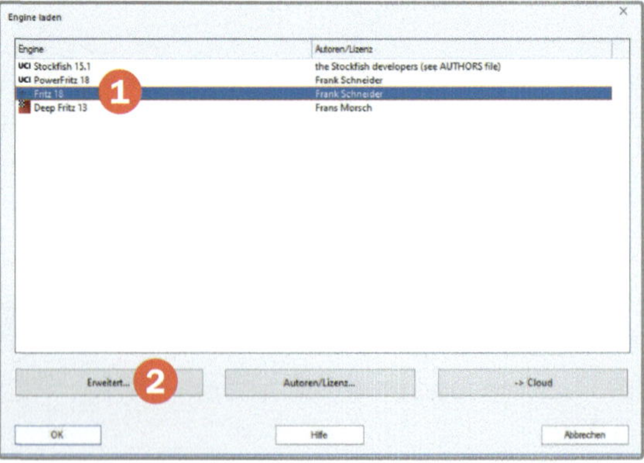

Es erscheint das Dialogfeld, das in der folgenden Abbildung zu sehen ist. Hier können Sie bereits einige Einstellungen für die Engine vornehmen. Mit dem Wert für die Hashgröße ❸ (nächste Abbildung) legen Sie zum Beispiel

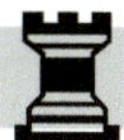

fest, wie viel Arbeitsspeicher der Engine zur Zwischenspeicherung von Rechenergebnissen zur Verfügung stehen soll. Wenn das Kontrollkästchen neben ***Endspieltabellen (GUI)*** 4 gesetzt ist und die Endspieldatenbanken installiert sind, spielt ChessBase in Stellungen, in denen sich drei bis fünf Steine auf dem Brett befinden, die besten Züge aus den Endspieldatenbanken, ohne dass die Engine zur Berechnung herangezogen wird.

Über das Kontrollkästchen ***Standardengine*** 5 können Sie eine Engine auch in diesem Dialogfeld als neue Standardengine festlegen; wenn die zu konfigurierende Engine bereits als Standard festgelegt ist, ist das Kontrollkästchen natürlich schon gesetzt (zur Standardengine siehe »Eine Standardengine festlegen«, ab Seite 148).

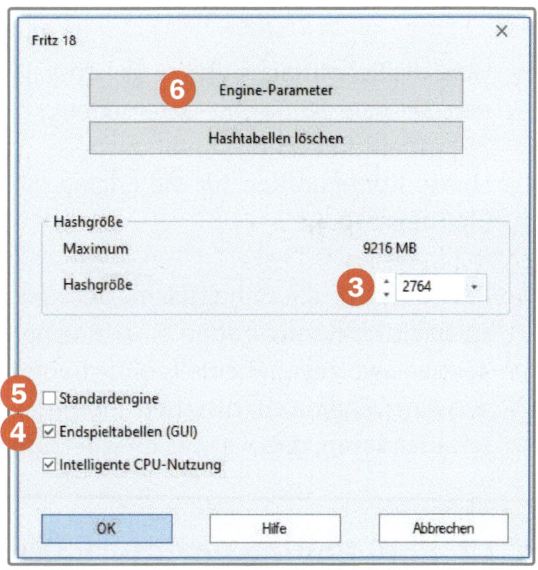

Per Klick auf die Schaltfläche ***Engine-Parameter*** 6 öffnen Sie ein weiteres Dialogfeld, in dem Sie verschiedene Werte, die sich speziell auf das Analyseverhalten der gewählten Engine beziehen, überprüfen und gegebenenfalls neu festlegen können. Die folgende Abbildung zeigt standardmäßige Einstellungen der Engine Fritz 18. Welche und wie viele Engine-Parameter konfiguriert werden können, ist jedoch abhängig von der jeweiligen Engine.

Die Optionen ***Speichern***, ***Laden*** und ***Voreinstellung*** stehen jedoch für jede Engine zur Verfügung:

- Per Klick auf ***Speichern*** 7 (nächste Abbildung) öffnet sich der bekannte Windows-Explorer-Dialog ***Speichern unter***, in dem Sie eine Datei

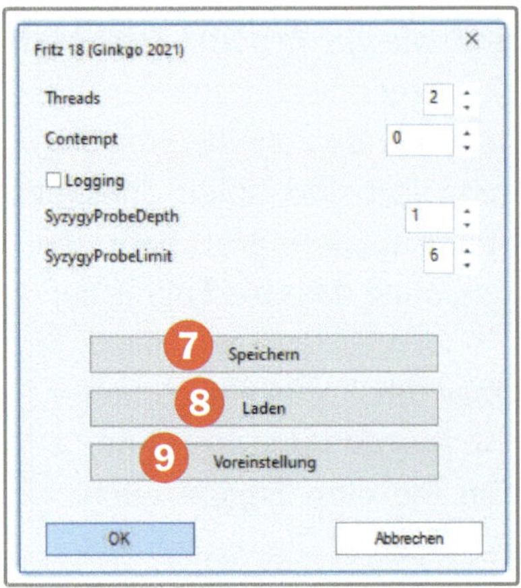

erstellen können, welche die aktuellen Analyseeinstellungen der Engine enthält. Standardmäßig wird die Datei im ChessBase-Ordner unter ***NoGames\EngineParameter*** mit dem Namen der Engine gespeichert. Die Dateierweiterung lautet ***.cbparam***.

- Über die Schaltfläche ***Laden*** 8 können Sie eine ***.cbparam***-Datei jederzeit laden und so die zuvor gespeicherte Konfiguration für die Engine übernehmen.
- Per Klick auf die Schaltfläche ***Voreinstellung*** 9 können Sie die ursprüngliche Konfiguration einer Engine jederzeit wiederherstellen. Sie können also gegebenenfalls ohne Bedenken mit den Analyseeinstellungen einer Engine ein bisschen „herumexperimentieren“, ohne befürchten zu müssen, dabei etwas unwiderruflich durcheinanderzubringen.

4.12 Eine Engine vorübergehend deaktivieren

Möglicherweise installieren Sie im Laufe der Zeit eine Vielzahl von Engines, auch unterschiedliche Versionen der gleichen Engine, sodass die Auswahl im Dialogfeld ***Engine laden*** immer größer und eventuell unübersichtlicher wird. Statt eine Engine aber komplett zu entfernen, können Sie sie auch deaktivieren. Eine deaktivierte Engine wird im Ladedialog nicht mehr angezeigt, aber wenn Sie sie einmal wieder benötigen, können Sie sie dort jederzeit wieder hinzufügen, sprich wieder aktivieren.

Angenommen, Sie haben in ChessBase zwei Versionen der Stockfish-Engine eingebunden, aber Sie möchten auf die ältere aus irgendwelchen Gründen nicht gänzlich verzichten. In diesem Fall können Sie die ältere Engine folgendermaßen deaktivieren:

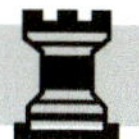

1 Klicken Sie im Brettfenster in der Gruppe ***Engines*** der Registerkarte ***Start*** auf ***Engines verwalten*** ❶.

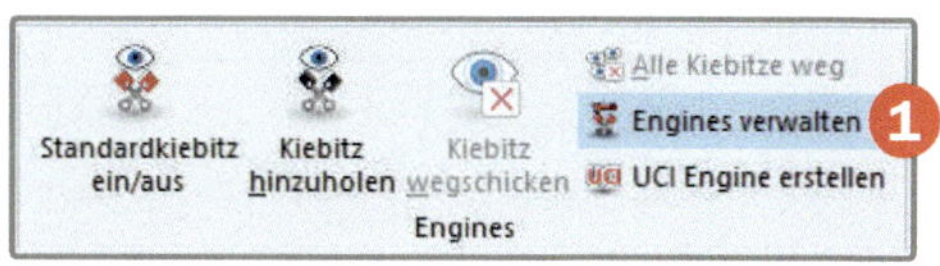

2 Selektieren Sie im erscheinenden Dialogfeld die Engine, die Sie deaktivieren wollen ❷.

3 Klicken Sie anschließend auf die obere der beiden mittleren Schaltflächen ❸. Damit fügen Sie die ausgewählte Engine zu den inaktiven Engines hinzu.

4 Schließen Sie das Dialogfeld mit ***OK***, um die Änderung zu speichern.

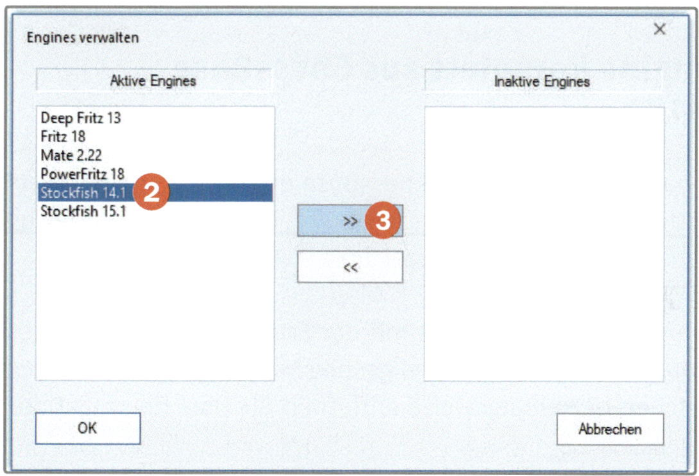

Wenn Sie eine deaktivierte Engine später einmal wieder verwenden wollen, selektieren Sie sie im Dialogfeld ***Engines verwalten*** in der Liste der inaktiven Engines ❹ (nächste Abbildung) und klicken anschließend auf die untere der beiden mittleren Schaltflächen ❺. Bestätigen Sie die Änderung wiederum mit ***OK***.

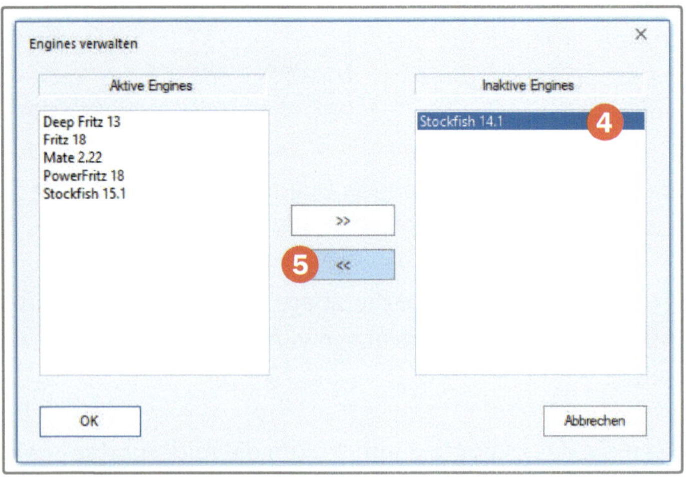

4.13 Eine Engine komplett aus ChessBase entfernen

Will man eine Schachengine ganz aus ChessBase entfernen, sodass Sie in den Dialogen überhaupt nicht mehr angezeigt wird, dann muss man die folgenden Dateien aus dem ChessBase-Verzeichnis löschen:

Einmal die eigentliche Datei der Engine mit der Erweiterung ***.exe***. Suchen Sie also den Ort auf, an dem Sie die Datei gespeichert hatten (siehe 4.2 auf Seite 149) und löschen beziehungsweise entfernen Sie dort die ***.exe***-Datei der Engine.

Standardmäßig sieht ChessBase auf einem 64-Bit-System für Engines die Ordner ***C:\Program Files (x86)\Common Files\ChessBase\Engines*** beziehungsweise ***Engines.uci*** vor (ersetzen Sie im Pfad den Laufwerksbuchstaben, falls Ihr Stammlaufwerk nicht ***C:*** ist).

Löschen Sie außerdem die Konfigurationsdatei mit der Erweiterung ***.uci***, die ChessBase beim Einbinden der Engine angelegt hat. Sie finden UCI-Dateien normalerweise im Ordner ***Engines.uci*** unter ***Program Files (x86)\Common Files\ChessBase***. Falls sich die Datei dort wider Erwarten nicht befinden sollte, durchsuchen Sie am besten Ihr Stammverzeichnis. Mit dem Suchbegriff »*.uci« finden Sie alle UCI-Dateien, oder Sie suchen gezielt nach »Engines.uci«, also nach Ordnern mit dem Namen ***Engines.uci***. Eventuell befindet sich eine UCI-Datei auch in Ihrem ***AppData***-Ordner unter ***Roaming\ChessBase\Engines.UCI***, also zum Beispiel unter ***C:\Users\<Benutzername>\AppData\Roaming\ChessBase\Engines.UCI***.

> Beachten Sie, dass der Ordner ***AppData*** im Windows-Explorer standardmäßig nicht angezeigt wird. Geben Sie entweder den vollständigen Pfad in die Adressleiste des Windows-Explorers ein oder blenden Sie versteckte Dateien und Ordner ein, indem Sie auf der Registerkarte ***Ansicht*** in das Kontrollkästchen neben ***Ausgeblendete Elemente*** ein Häkchen setzen.

Damit haben Sie die Engine vollständig aus ChessBase entfernt. Zusätzliche Aktionen in der ChessBase-Benutzeroberfläche sind dazu nicht erforderlich. Falls Sie die Engine später einmal doch wieder in ChessBase verfügbar machen wollen, gehen Sie so vor, wie in 4.2, »Eine neue Engine in ChessBase einbinden«, beschrieben.

4.14 Assisted Analysis

Die Assisted Analysis zeigt beim Anklicken einer Figur die Qualität aller mit dieser Figur möglichen Züge farblich auf dem Brett an. Somit sehen Sie sofort, ob ein Zug gut oder schlecht ist, und zwar schon, bevor sie ihn ausgeführt haben.

> Sie können die Assisted Analysis im Brettfenster auf der Registerkarte ***Analyse*** ein- und ausschalten, indem Sie in der letzten Gruppe das erste Kontrollkästchen aktivieren beziehungsweise deaktivieren.

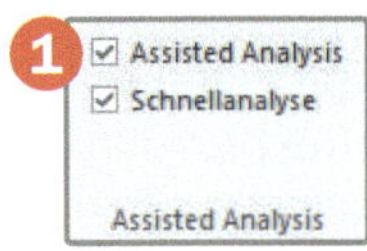

Gruppe ***Assisted Analysis*** auf der Registerkarte ***Analyse***: Standardmäßig ist die Assisted Analysis eingeschaltet ①.

Nehmen wir als Beispiel eine Stellung aus der Partie Magnus Carlsen gegen Gawain Jones aus dem Jahr 2015, die in der folgenden Abbildung zu sehen ist. Der letzte Zug von Schwarz war ***32… Kf7*** und Weiß ist am Zug. Wenn Sie auf den weißen Turm in der achten Reihe klicken ②, ohne die Maustaste loszulassen, umrandet ChessBase alle infrage kommenden Zielfelder mit unterschiedlichen Farben.

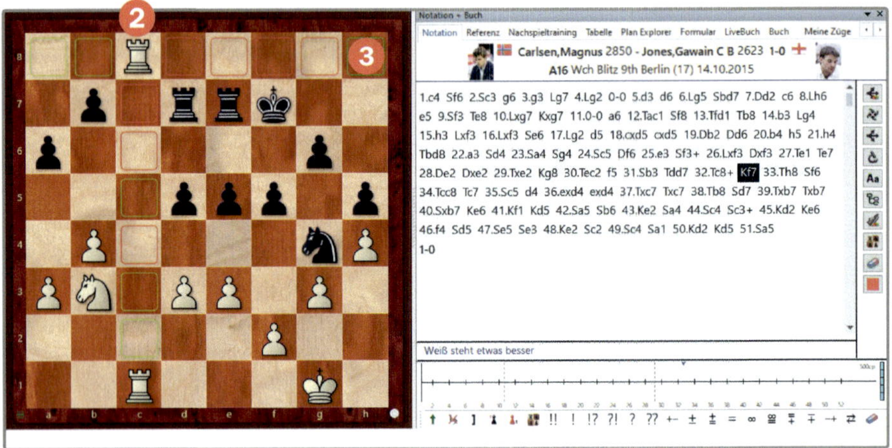

Ein sattes Grün steht für einen sehr guten Zug, Dunkelrot für einen sehr schlechten. In der obigen Stellung ist demnach ***Tc8-h8*** der beste Zug ③ (Abbildung oben) – das heißt, der beste Zug, der mit dem Turm auf ***c8*** ausgeführt werden kann.

Da es aber nicht nur sehr gute und sehr schlechte Züge gibt, bleibt zwischen dem satten Grün und dem Dunkelrot noch ein breites Farbspektrum. Je heller der grüne Rand eines Zielfeldes ist, desto weniger gut ist ein Zug (oder umgekehrt: je dunkler das Grün ist, desto besser ist der Zug), wohlgemerkt handelt es sich aber immer noch um einen guten, wenngleich nicht optimalen Zug. Die Farbe Gelb bedeutet, dass es sich um einen normalen, das heißt

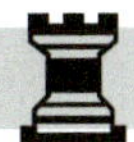

akzeptablen, Zug handelt, während alle Rottöne auf Fehler hinweisen. Auch diesbezüglich gilt: Je dunkler das Rot, desto gravierender ist der Fehler. In der obigen Stellung könnte der Turm zum Beispiel auf allen rot umrandeten Feldern sofort von Schwarz geschlagen werden, was natürlich wegen des damit entstehenden ungleichen Kräfteverhältnisses zum sofortigen Verlust der Partie führen würde.

Sie können mit der Assisted Analysis auf die beschriebene Weise jeden möglichen Zug in einer Stellung überprüfen. Fassen Sie die Figuren einfach nacheinander mit der Maus an, ohne zu ziehen. Wenn Sie zum Beispiel in der obigen Stellung den Bauern auf ***d3*** oder den Springer auf ***b3*** »anfassen«, werden Sie feststellen, dass die Züge ***d3-d4***, ***Sb3-d2*** oder ***Sb3-c5***, die man wohl auf den ersten Blick mit in Betracht ziehen würde, zwar nicht so gut wie ***Tc8-h8***, aber dennoch spielbar sind (die Felder werden mit einem schwachen Grün umrandet).

4.15 Taktische Analyse

Die taktische Analyse untersucht eine oder auch gleichzeitig mehrere Partien auf Fehler und taktische Ungenauigkeiten. Dies geschieht automatisch, ohne dass Sie nach dem Starten der taktischen Analyse noch etwas dazu tun müssen.

Insbesondere eignet sich die taktische Analyse für die schnelle, automatische Analyse eigener, noch unkommentierter Partien. Auf diese Weise können Sie zum Beispiel auch Blitzpartien, die Sie auf dem ChessBase-Server gespielt haben, schnell überprüfen lassen und aus möglichen Fehlern lernen.

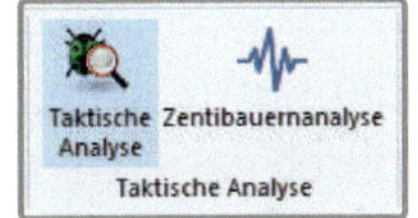

Um eine im Brettfenster geladene Partie von der taktischen Analyse überprüfen zu lassen, klicken Sie auf der Registerkarte ***Analyse*** auf die Symbolschaltfläche ***Taktische Analyse*** (welcher Zug in der Notation gerade markiert ist, spielt keine Rolle; die taktische Analyse überprüft immer die ganze Partie).

Daraufhin erscheint ein gleichnamiges Dialogfeld, das Sie in der folgenden Abbildung sehen.

Je mehr Zeit Sie für die taktische Analyse festlegen, desto zuverlässiger werden natürlich die Ergebnisse ausfallen. Auf der anderen Seite sollten Sie die Bedenkzeit aber auch nicht zu hoch einstellen, damit die Analyse zügig durchgeführt werden kann. Da sich der empfohlene Wert ❶ an der Leistungsfähigkeit Ihrer Hardware orientiert, stellen Sie im Zeit-Feld ❷ am besten diesen Wert ein, falls er dort nicht bereits voreingestellt ist.

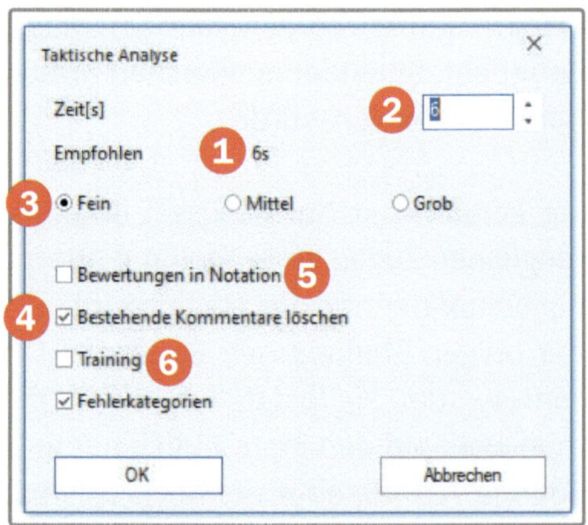

Die Sekundenangaben beziehen sich auf die Zeit, die sich die taktische Analyse im Durchschnitt pro Halbzug nimmt.

Für möglichst genaue Analysen empfiehlt es sich außerdem, das Optionsfeld ***Fein*** ❸ aktiviert zu lassen beziehungsweise es zu aktivieren, falls es nicht von Haus aus aktiviert ist.

ChessBase fügt die Ergebnisse der taktischen Analyse in Form von Kommentaren in die Partie ein. Um später bei der eigenen Auswertung der Analyseergebnisse einen besseren Überblick zu haben, ist es daher sinnvoll, in der Partie eventuell bereits vorhandene Kommentare zu entfernen ❹. Dadurch gehen die ursprünglichen Kommentare nicht etwa verloren, denn mit der bloßen Durchführung einer taktischen Analyse wird die Originalpartie noch nicht verändert (diese Aussage trifft allerdings nur zu, wenn man die taktische Analyse, wie gerade beschrieben, im Brettfenster startet).

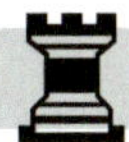

Wenn Sie das Kontrollkästchen bei ***Bewertungen in Notation*** ❺ setzen, fügt die taktische Analyse zusätzlich Stellungsbewertungen in Form von Dezimalzahlen in die Notation ein – zum Beispiel ***0.5*** für eine Stellung, in der Weiß leichten Vorteil hat (dies entspricht einem materiellen Gegenwert von einem halben Bauern) oder etwa ***-2.9*** für eine Stellung, in der Schwarz praktisch auf Gewinn steht (***2.9*** entspricht einem materiellen Gegenwert von 2,9 Bauern; ein vorangestelltes Minuszeichen bedeutet, dass der Vorteil auf schwarzer Seite liegt). Dies geschieht bei der taktischen Analyse jedoch nicht für jeden Zug, sondern sinnvollerweise nur an den entscheidenden Stellen.

Wenn Sie das Kontrollkästchen bei ***Training*** ❻ (Abbildung vorherige Seite) aktivieren, bettet die taktische Analyse Trainingsfragen in die Notation ein, die dann beim Nachspielen der Partie automatisch eingeblendet werden.

ChessBase führt eine taktische Analyse normalerweise mit der Standardengine durch (wie Sie eine Standardengine festlegen, lesen Sie in »Eine Standardengine festlegen«, ab Seite 148). Wenn im Brettfenster aber bereits eine Analyse-Engine im Einsatz ist, dann führt ChessBase die taktische Analyse mit dieser Engine durch. Starten Sie also zuerst die gewünschte Engine, bevor Sie die taktische Analyse starten, wenn Sie für eine taktische Analyse eine andere Engine als Ihre Standardengine bevorzugen.

Falls Ihnen eine laufende taktische Analyse doch einmal zu lange dauert, können Sie sie jederzeit vorzeitig beenden. Klicken Sie dazu im Dialogfeld, das während der taktischen Analyse angezeigt wird, auf die ***Stop***-Schaltfläche oder links oben im Brettfenster auf die Schaltfläche ***Prozess anhalten***.

Die taktische Analyse fügt der Partienotation Varianten, Text, Diagramme und Kommentierungssymbole hinzu. Dies geschieht übrigens nicht erst nach Ende, sondern bereits, sichtbar für den Anwender, während der Berechnungen. Dabei werden nicht nur bloße Fehler und Ungenauigkeiten kommentiert, sondern auch kritische Wendepunkte, Drohungen, Verteidigungsideen, mögliche Angriffspläne, gespielte oder mögliche starke Züge sowie nicht gespielte schwache Züge (warum kann man eine Figur nicht nehmen und wie sähe die Widerlegung aus) und auch Eröffnungstheorie und Endspieltheorie berücksichtigt.

Während die taktische Analyse läuft, können Sie außerhalb von ChessBase ohne Weiteres andere Dinge an Ihrem Computer erledigen.

Die von der taktischen Analyse kommentierte Partie können Sie verwerfen, nachdem Sie sie angesehen haben, oder – am besten als neue Partie – speichern. An der Originalpartie ändert sich nichts, solange Sie die Partie nicht speichern, das heißt durch die von der taktischen Analyse kommentierte Partie ersetzen.

Wenn Sie die taktische Analyse nicht dauerhaft speichern wollen, schließen Sie das Brettfenster über das kleine Kreuz-Symbol in der rechten oberen Ecke oder über ***Datei/Schließen*** und beantworten dann die Frage nach dem Speichern mit ***Nein***. Achtung: Mit ***Ja*** überschreiben Sie die Originalpartie.

Über ***Datei/Als neue Partie speichern*** können Sie die Ergebnisse der taktischen Analyse separat, das heißt als neue Partie speichern. Die Originalpartie bleibt dabei unverändert erhalten.

Zum Speichern von Partien siehe auch 3.1, »Eine neue Partie eingeben und in einer Datenbank speichern«, ab Seite 114, und auch den ersten Kasten in 2.6, »Datenbanken an die Favoritenliste anheften«, auf Seite 48.

Wenn Sie wollen, können Sie auch gleich mehrere Partien auf einmal von der taktischen Analyse kommentieren lassen. Dazu markieren Sie die Partien in einer Partienliste, klicken dann mit der rechten Maustaste auf eine der ausgewählten Partien und wählen im Kontextmenü die Option ***Taktische Analyse***.

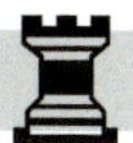

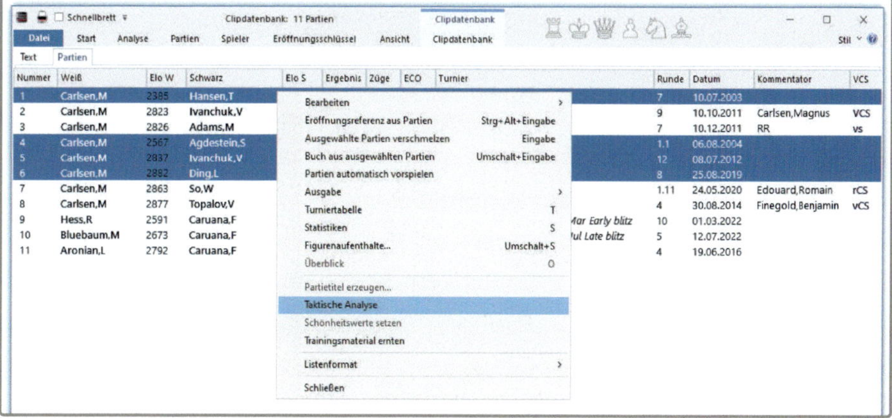

Wie man in einer Partienliste mehrere Partien gleichzeitig auswählt, lesen Sie in 2.8, »Partien in eine andere Datenbank kopieren«, auf Seite 51 (Kasten »Mehrere Partien in einer Partienliste auswählen«).

Natürlich können Sie auf diesem Weg die taktische Analyse auch mit nur einer einzigen Partie starten, indem Sie diese allein in der Partienliste auswählen, ohne vorher die Partie extra in einem Brettfenster zu öffnen.

Beachten Sie jedoch, dass bei der so durchgeführten taktischen Analyse die Originalpartien immer, und zwar ohne Rückfrage, ersetzt werden. In der Spalte ***Kommentator*** der Partienliste erscheint dann der Eintrag ***Taktische Analyse*** beziehungsweise ***Tactical Analysis*** mit Angabe der Bedenkzeiten. So können Sie sofort sehen, welche Partien bereits taktisch analysiert worden sind – vorausgesetzt natürlich, dass diese Spalte aktuell eingeblendet ist.

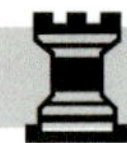

Wenn die taktische Analyse wie gerade beschrieben per Rechtsklick in einer Partienliste gestartet wird, enthält das erscheinende Dialogfeld ***Taktische Analyse*** zwar gegenüber dem weiter oben abgebildeten das zusätzliche Kontrollkästchen ***Ersetzen*** und das Häkchen lässt sich auch daraus entfernen. Wenn man das tut, passiert jedoch im Zuge der taktischen Analysen schlichtweg gar nichts, zumindest nichts Verwertbares. Die Originalpartien werden dann zwar nicht mit den Ergebnissen der taktischen Analysen ersetzt, aber man bekommt auch kein Brettfenster mit den taktischen Analysen angezeigt.

Beachten Sie auch, dass es selbst einen modernen, leistungsfähigen Computer an seine Grenzen bringen könnte, wenn man zu viele Partien gleichzeitig taktisch analysieren lässt; die Analysen würden dann eine gefühlte Ewigkeit dauern.

4.16 Tiefe Analyse

Die tiefe Analyse ist eine unbeaufsichtigte Analyse, bei der eine Engine sehr lange an derselben Stellung rechnet. Man lässt der analysierenden Engine also Zeit, in Rechentiefen vorzudringen, die sie unter normalen Bedingungen nicht erreicht.

Sie starten diese Analyse, indem Sie im Brettfenster auf der Registerkarte ***Analyse*** in der Gruppe ***Tiefe Analyse*** auf die gleichnamige Schaltfläche klicken ❶.

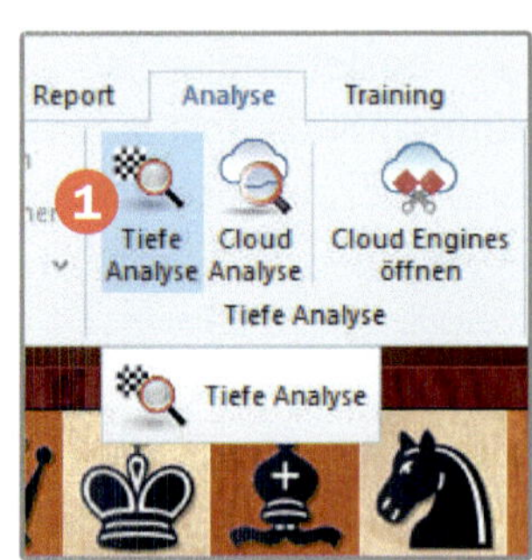

Nach dem Start rechnet das Programm unendlich lange und erzeugt nach und nach einen Analysebaum der besten Kandidaten- und Gegenzüge. Die Züge gibt ChessBase selbstständig ein, sodass Sie sich um nichts kümmern müssen.

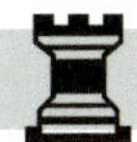

Der Baum ändert sich dynamisch. Varianten, die sich als schwach herausstellen, werden wieder gelöscht.

Während der tiefen Analyse stehen die folgenden Optionen zur Verfügung:

- Per Klick auf die Schaltfläche mit dem grünen Pfeil 2 (Abbildung unten) können Sie eine Analysestufe überspringen. Sie erhöhen damit die Analysetiefe.

- Über die Schaltfläche ***Cloud Engines öffnen*** 3 können Sie Cloud Engines zur Analyse hinzufügen. Die Stellung wird dann mit parallel laufenden Engines analysiert. Die Hauptengine, die die Analyse steuert, führt die Kandidatenzüge aus und die zusätzlich geladenen Engines berechnen die möglichen Antworten auf die Kandidatenzüge. Welche Funktion eine Engine hat, sehen Sie in der Titelzeile des Enginefensters (die Engine, die die tiefe Analyse steuert, hat den Titel „Kandidaten").

Cloud Engines, die Sie während der tiefen Analyse hinzufügen, beeinträchtigen diese nicht; sie übernehmen automatisch die richtigen Rollen. Fallen Cloud Engines aus, läuft die Analyse ungestört weiter, wenn Sie mit einer lokalen Steuerengine arbeiten.

- Über die Schaltfläche mit dem Stoppschild 4 halten Sie die tiefe Analyse an. Sie können das Ergebnis mit dem erzeugten Variantenbaum wie gewohnt als separate Partie speichern oder die vorhandene Partie mit dem Analyseergebnis ersetzen.

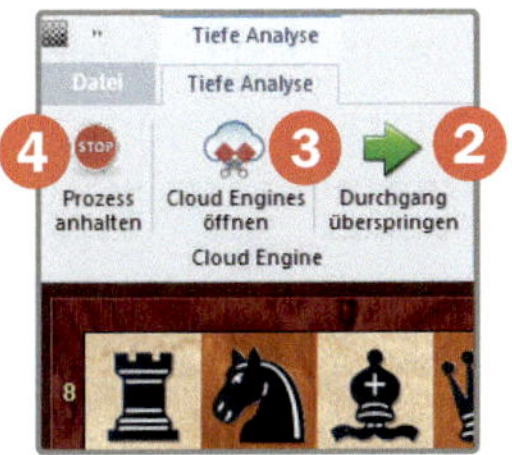

4.17 Analyseaufträge

Als Analyseaufträge können Sie mehrere Stellungen bestimmen, die dann von ChessBase ohne Ihr weiteres Zutun analysiert werden. Sie geben also, wie der Name schon sagt, bei Ihrem ChessBase-Programm Analysen in Auftrag.

ChessBase speichert Analyseaufträge in einer Datei mit der Erweiterung ***.analysis***. Um eine solche Datei zu erstellen, klicken Sie im Brettfenster auf der Registerkarte ***Analyse*** in der Gruppe ***Analyseaufträge*** auf die Symbolschaltfläche ***Neue Analyseaufträge*** ❶.

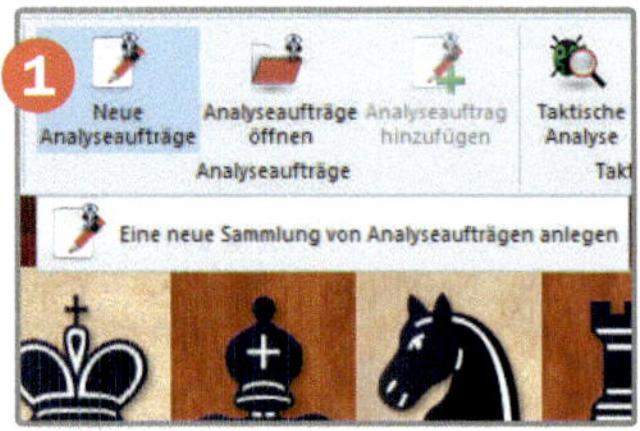

Selbstverständlich können Sie auf diese Weise auch mehrere solcher Dateien anlegen, zum Beispiel eine speziell für Eröffnungsanalysen und eine andere speziell für Endspielanalysen.

Standardmäßig speichert ChessBase Analyseauftragsdateien im Benutzerverzeichnis in einem Ordner namens ***Analysis*** unterhalb des ChessBase-Ordners, also zum Beispiel unter ***C:\Users\<Benutzername>\Documents\ChessBase\Analysis*** beziehungsweise ***Dieser PC > Dokumente > ChessBase > Analysis*** ❷. Im Dialogfeld ***Speichern unter*** können Sie gegebenenfalls einen anderen Ordner festlegen. Überschreiben Sie den vorgeschlagenen Dateinamen ❸, wenn Sie die Analyseauftragsdatei anders benennen möchten (nennen Sie sie zum Beispiel ***Endspiele***, falls Sie in dieser Datei ausschließlich Aufträge für Endspielanalysen zusammenfassen wollen).

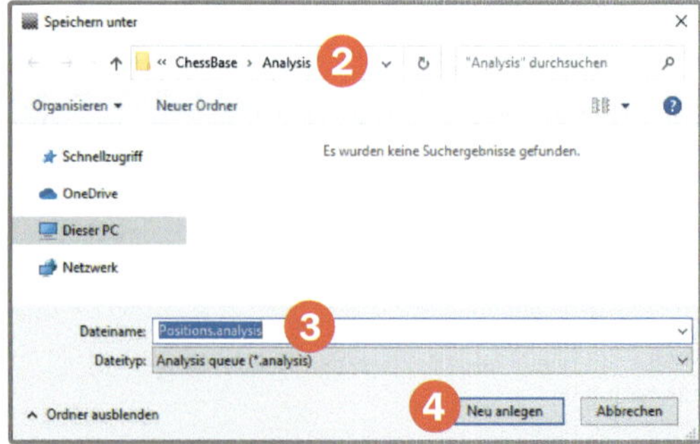

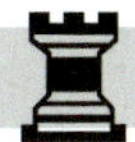

Klicken Sie im ***Speichern unter***-Dialogfeld auf die Schaltfläche ***Neu anlegen*** 4, nachdem Sie Namen und Speicherort der zu erstellenden Analyseauftragsdatei bestimmt haben. Daraufhin erscheint das Dialogfeld ***Analyseeinstellungen***, das Sie in der folgenden Abbildung sehen.

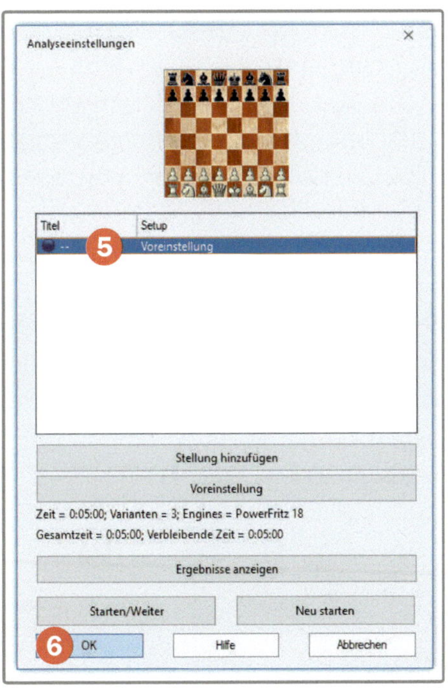

*ChessBase fügt beim Erstellen einer Analyseauftragsdatei als Erstes automatisch die Stellung hinzu, die sich gerade auf dem Brett befindet; im Bild ist das die Grundstellung, daher enthält die **Titel**-Spalte für diesen Eintrag auch keine Züge, sondern die Zeichen „--“ 5 (wie Sie eine Stellung, also einen Analyseauftrag, wieder löschen können, erfahren Sie gleich).*

Beachten Sie, dass ChessBase zu diesem Zeitpunkt die Analyseauftragsdatei noch nicht erstellt hat. Dies geschieht erst, wenn Sie das Dialogfeld ***Analyseeinstellungen*** per Klick auf die ***OK***-Schaltfläche 6 schließen. Es steht Ihnen aber frei, erst noch weitere Stellungen – also Analyseaufträge – hinzuzufügen (dazu erfahren Sie gleich mehr), bevor Sie die Datei von ChessBase – dann zusammen mit den Analyseaufträgen – erstellen lassen.

Nachdem Sie eine Analyseauftragsdatei erstellt und das Dialogfeld ***Analyseeinstellungen*** geschlossen haben, können Sie es jederzeit folgendermaßen wieder aufrufen:

1 Klicken Sie im Brettfenster auf der Registerkarte ***Analyse*** auf die Schaltfläche ***Analyseaufträge öffnen*** (sie befindet sich rechts neben der Schaltfläche ***Neue Analyseaufträge***).

2 Wählen Sie im erscheinenden Dialogfeld die Analyseauftragsdatei aus (Dateierweiterung ***.analysis***) und klicken Sie auf die Schaltfläche ***Öffnen***.

Um einer Analyseauftragsdatei Stellungen, sprich Analyseaufträge, hinzuzufügen, geben Sie auf dem Schachbrett die gewünschte Stellung ein, oder Sie markieren in der Notation einer bestehenden Partie den entsprechenden Zug, und klicken dann im Dialogfeld ***Analyseeinstellungen*** auf ***Stellung hinzufügen***.

Sie können auf diese Weise gleich mehrere Stellungen hinzufügen. Das Dialogfeld ***Analyseeinstellungen*** ist nicht-modal. Das heißt, Sie können in ChessBase weiterarbeiten, also im Brettfenster nacheinander die gewünschten Stellungen festlegen, während es geöffnet ist.

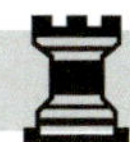

Beachten Sie jedoch, dass sich das ***Analyseeinstellungen***-Dialogfeld immer nur auf ein einziges Brettfenster bezieht. Wenn Sie parallel weitere Brettfenster öffnen, können Sie für diese aber ebenfalls ein ***Analyseeinstellungen***-Dialogfeld anzeigen, eventuell für eine weitere Analyseauftragsdatei (zwei ***Analyseeinstellungen***-Dialogfelder für die gleiche Datei in verschiedenen Brettfenstern anzuzeigen, ist weniger sinnvoll, da in diesem Fall der aktuelle Zustand des zuletzt mit ***OK*** geschlossenen Dialogfelds den des zuvor geschlossenen überschreibt).

Sie können einer bestehenden Analyseauftragsdatei aber auch einen Analyseauftrag hinzufügen, ohne das Dialogfeld ***Analyseeinstellungen*** anzuzeigen. Klicken Sie in diesem Fall im Brettfenster auf der Registerkarte ***Analyse*** auf die Schaltfläche ***Analyseauftrag hinzufügen***, um die Stellung, die sich aktuell auf dem Schachbrett befindet, hinzuzufügen.

Beachten Sie, dass der Analyseauftrag immer der Datei hinzugefügt wird, die Sie zuletzt geöffnet hatten, falls Sie mehrere Analyseauftragsdateien angelegt haben (das kleine Meldungsfenster, das nach dem Hinzufügen des Analyseauftrags erscheint, enthält auch den Namen der Zieldatei).

Wenn Sie einen Analyseauftrag, den Sie bereits hinzugefügt haben, wieder löschen wollen, klicken Sie im ***Analyseeinstellungen***-Dialogfeld mit der rechten Maustaste auf den Eintrag 1 und wählen im Kontextmenü den Befehl ***Entfernen*** 2.

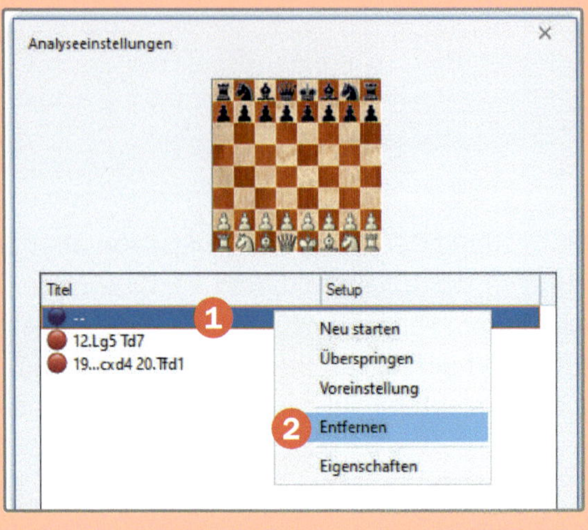

Wenn Sie wie beschrieben die gewünschten Analyseaufträge hinzugefügt haben, können Sie die Analyse per Klick auf die Schaltfläche ***Starten/Weiter*** starten oder eine bereits begonnene und unterbrochene Analyse fortsetzen.

Klicken Sie dagegen auf die Schaltfläche ***Neu starten***, wenn Sie eine bereits begonnene Analyse nicht mehr fortführen, sondern – eventuell mit geänderten Einstellungen – noch mal von vorne beginnen wollen. ChessBase legt in diesem Fall in den Analyseergebnissen eine neue Partie für die Analyse an. Die vorherigen Analysen gehen dabei nicht verloren, sondern bleiben in der alten Partie gespeichert.

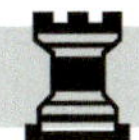

Wenn Sie die Analyse sofort starten, erfolgt diese für jeden Analyseauftrag mit den Voreinstellungen. ChessBase wählt diese zunächst, wie Sie es in der folgenden Abbildung sehen, mit der Standardengine als Analyse-Engine.

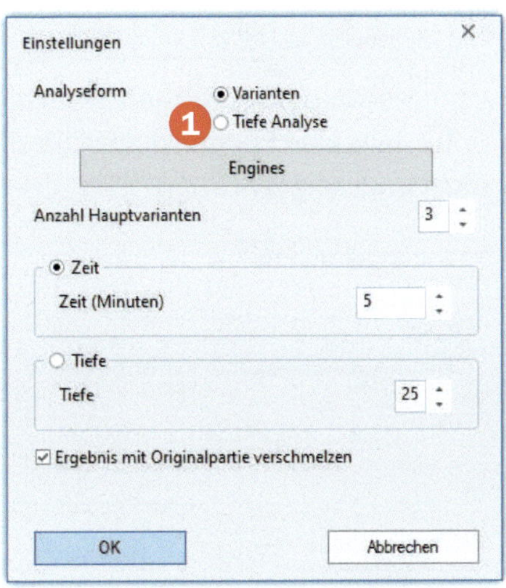

Wenn Sie vor dem Start der Auftragsanalyse nichts anderes festlegen, erfolgt diese immer mit den in diesem Dialogfeld festgelegten Einstellungen, die Sie gegebenenfalls anpassen können.

Sie können das ***Einstellungen***-Dialogfeld in den ***Analyseeinstellungen*** über die Schaltfläche ***Voreinstellung*** aufrufen und die Parameter gegebenenfalls ändern. Aktivieren Sie zum Beispiel das Optionsfeld ***Tiefe Analyse*** 1 (Abbildung vorige Seite), wenn es Ihnen vor allem auf die besten Kandidaten- und Gegenzüge ankommt. Bei der tiefen Analyse optimiert ChessBase ständig die Ergebnisse; das heißt, Varianten, die sich als schlecht herausstellen, werden nachträglich aus der Notation entfernt.

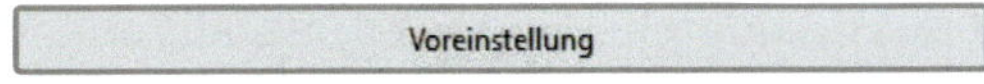

Sie können im ***Einstellungen***-Dialogfeld auch eine andere Engine oder gar mehrere Engines für die Analyse der Aufträge festlegen:

1 Klicken Sie im ***Einstellungen***-Dialogfeld auf die Schaltfläche ***Engines*** ❷.

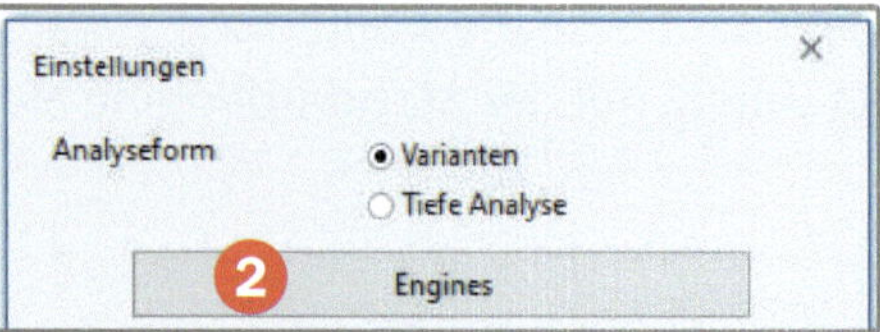

2 Es erscheint ein weiteres Dialogfeld. Klicken Sie in diesem auf die Schaltfläche ***Hinzufügen*** ❸, falls eine Engine, die Sie für die Analysen verwenden wollen, hier nicht angezeigt wird.

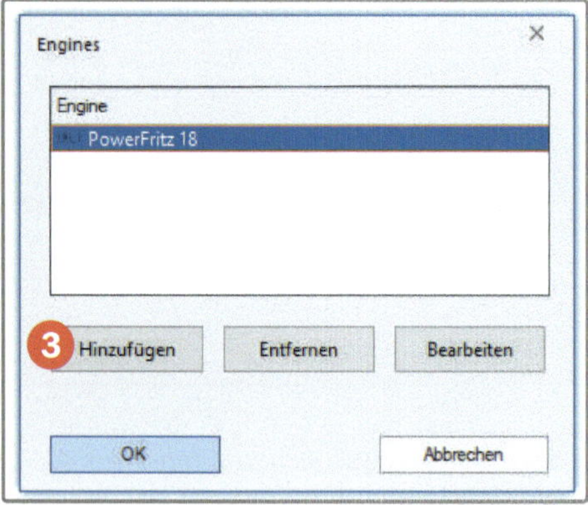

3 Daraufhin erscheint das bekannte Dialogfeld ***Engine laden***. Wählen Sie in diesem die gewünschte Engine aus und schließen Sie das Dialogfeld danach mit ***OK***. Daraufhin fügt ChessBase diese Engine im Dialogfeld ***Engines*** hinzu.

4 ChessBase verwendet für die Auftragsanalyse alle Engines, die im Dialogfeld ***Engines*** angezeigt werden. Um eine Engine zu entfernen, selektieren Sie den Eintrag und klicken dann auf die Schaltfläche ***Entfernen***.

5 Schließen Sie das Dialogfeld ***Engines*** ebenfalls mit ***OK***, nachdem Sie Ihre Auswahl getroffen haben. Danach erfolgt die Analyse von Analyseaufträgen per Voreinstellung mit der dafür neu festgelegten Engine bzw. mit den Engines, wenn Sie dafür mehrere Engines festgelegt haben.

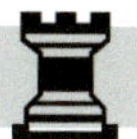

Die Voreinstellungen kommen grundsätzlich immer zum Tragen, und zwar für alle im Dialogfeld ***Analyseeinstellungen*** hinzugefügten Stellungen. Dementsprechend enthält die Spalte ***Setup*** für jede Stellung zunächst den Text „Voreinstellung".

Sie können jedoch die Einstellungen für einen Analyseauftrag auch separat festlegen. Klicken Sie dazu den Eintrag mit der rechten Maustaste an ❶ und wählen Sie ***Eigenschaften*** ❷ im Kontextmenü.

Daraufhin erscheint ein ***Einstellungen***-Dialogfeld mit den gleichen Optionen, die auch für die Voreinstellung zur Verfügung stehen. Ändern Sie die Einstellungen gegebenenfalls nach Ihren Wünschen ab und bestätigen Sie wiederum mit ***OK***. Die so geänderten Einstellungen beziehen sich somit ausschließlich auf diesen einen Analyseauftrag.

Auch wenn Sie die Einstellungen speziell für einen Analyseauftrag wie beschrieben geändert haben, können Sie für diesen jederzeit wieder zur Voreinstellung zurückkehren. Klicken Sie den Analyseauftrag dazu im Dialogfeld ***Analyseeinstellungen*** mit der rechten Maustaste an und wählen Sie ***Voreinstellung*** ❸ im Kontextmenü.

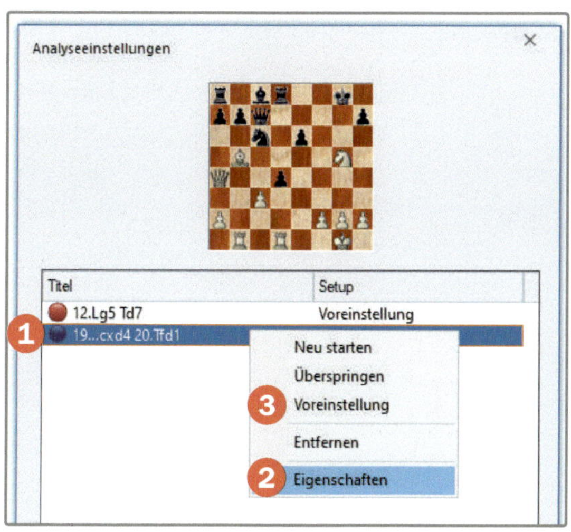

Nach dem Start einer Auftragsanalyse stehen im Brettfenster die folgenden Optionen zur Verfügung:

- Über die Schaltfläche ***Prozess anhalten*** können Sie die Analyse beenden. ChessBase speichert das aktuelle Ergebnis, sodass Sie die Analyse gegebenenfalls später wieder aufnehmen können.
- Per Klick auf die Schaltfläche ***Cloud Engines öffnen*** können Sie für die Analyse eine Cloud-Engine hinzufügen.
- Über die Schaltfläche ***Durchgang überspringen*** veranlassen Sie ChessBase bei der tiefen Analyse, eine Variante zu überspringen.

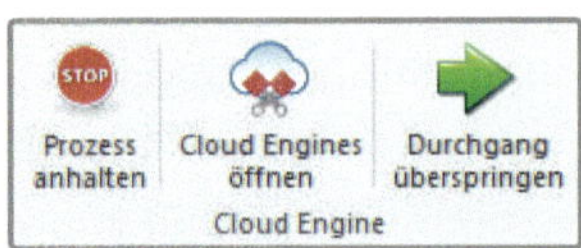

ChessBase speichert alle Analyseergebnisse in einer separaten Datenbank mit der Erweiterung ***.cbone*** am gleichen Ort und mit dem gleichen Namen wie die Analyseauftragsdatei. Sie können diese Datenbank öffnen, indem Sie im Dialogfeld ***Analyseeinstellungen*** auf die Schaltfläche ***Ergebnisse anzeigen*** klicken (oder natürlich vom ChessBase-Hauptfenster aus über das Tastaturkürzel ***Strg***+***F***). Es erscheint eine Liste mit den Partien.

Ergebnisse anzeigen

Machen Sie von der Möglichkeit, Analyseaufträge zu vergeben, Gebrauch, wenn Sie nicht jede Stellung einer Partie, sondern nur bestimmte kritische Stellungen – diese aber dafür umso gründlicher – analysieren möchten. Lassen Sie die Analyse gegebenenfalls sehr lange, zum Beispiel über Nacht, laufen, um besonders exakte Ergebnisse zu erhalten, und verschmelzen Sie die Analyseergebnisse (Kontrollkästchen ***Ergebnis mit Originalpartie verschmelzen*** in den Einstellungen der Analyseaufträge).

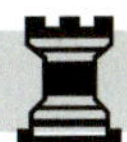

4.18 Nachspieltraining

Das Nachspieltraining, englisch Replay Training, ist ein spezielles Feature, das Sie beim Nachspielen von Partien verwenden können. Sie versuchen, während des Nachspielens die richtigen Züge in der Partie zu finden und ChessBase gibt Ihnen Rückmeldungen zu Ihren Zugvorschlägen. Falls gewünscht, erhalten Sie Tipps, an denen Sie sich bei der Zugwahl orientieren können. ChessBase bewertet jeden Ihrer Züge und weist Sie auf leichte sowie auf grobe Fehler hin. Am Ende der Partie sehen Sie, wie viele gute Züge Sie gefunden haben.

Sie können das Nachspieltraining sofort und an jeder Stelle einer Partie nutzen, indem Sie im Brettfenster zur gleichnamigen Registerkarte wechseln ❶. Einen Zugvorschlag machen Sie, indem Sie den Zug in der gewohnten Weise ausführen, also die entsprechende Spielfigur mit der Maus auf das gewünschte Zielfeld ziehen. Wenn Ihr Vorschlag nicht mit dem in der Partie gespielten Zug übereinstimmt, nimmt ChessBase Ihren Zug nach einer kleinen Verzögerung zurück und führt stattdessen den Partiezug aus. Danach geht das Nachspieltraining weiter und Sie können den nächsten Zug vorschlagen.

Das Nachspieltraining eignet sich sowohl für ein leichtes Unterhaltungstraining als auch für sportlich anspruchsvolles Training.

Tipp: Probieren Sie das Nachspieltraining zunächst mit der in ChessBase mitgelieferten Datenbank ***Best Games For Replay Training*** aus. Sie enthält viele klassische Angriffspartien, die sich für das Nachspieltraining besonders gut eignen. Später können Sie sich eine eigene Datenbank anlegen, in der Sie Partien speziell für Ihr Replay-Training zusammenstellen.

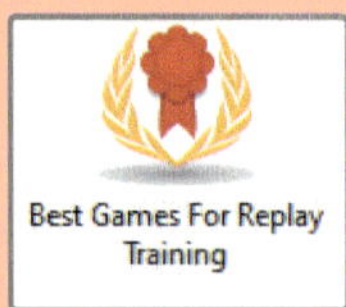

Symbol der Datenbank ***Best Games For Replay Training***

Die Datenbank ***Best Games For Replay Training*** ist physisch im Datenbankpfad unter ***Training*** gespeichert. Eventuell werden Sie bereits nach der Installation von ChessBase in der Ansicht ***Meine Datenbank*** ein Symbol dieser Datenbank vorfinden. Falls nicht, können Sie es wie in 2.1, »Datenbanken zur Ansicht »Meine Datenbanken« hinzufügen«, ab Seite 36 beschrieben dort nachträglich hinzufügen.

Lesen Sie in 4.19 ab Seite 201, »Die Datenbank »Best Games For Replay Training« installieren«, falls die Datenbank ***Best Games For Replay Training*** wider Erwarten nicht in Ihrem ChessBase 17 erscheint (schauen Sie auf jeden Fall im ***Training***-Ordner des Datenbankpfads nach).

Die Tatsache, dass ein Zugvorschlag zurückgenommen wird, also nicht dem Partiezug entspricht, sagt allein natürlich noch nichts über die Qualität des Zuges aus; möglicherweise ist Ihr Zug ja sogar besser als der in der Partie

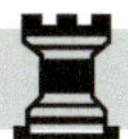

gespielte. Daher folgt die Rückmeldung für jeden Zugvorschlag auf dem Fuß. Sie könnte zum Beispiel so lauten wie in der folgenden Abbildung nach dem Vorschlag ***Sf3-d2*** für den 18. Zug von Weiß ❷. Darauf folgt eine kurze Stellungsbewertung ❸ und im Weiteren eine Punktewertung für den vorgeschlagenen Zug ❹, die Angabe eines Zuges, den die Engine spielen würde ❺, sowie die bis dato erreichte Gesamtpunktzahl ❻.

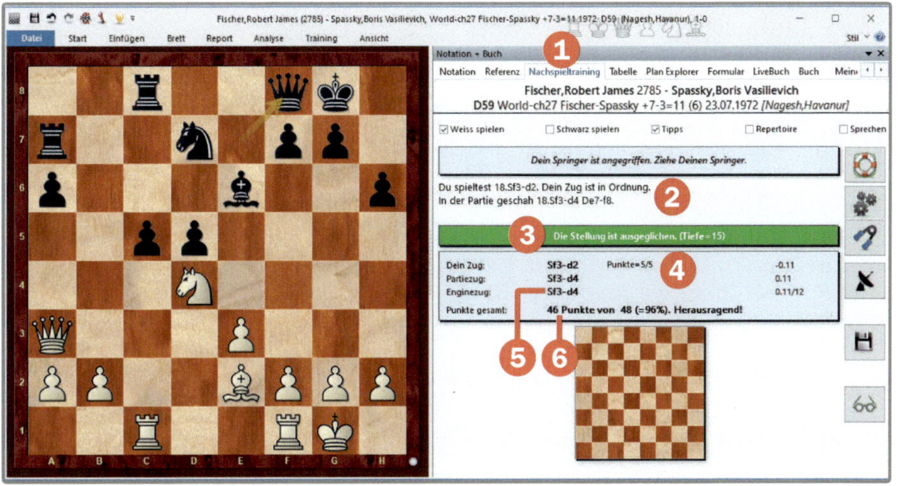

*Hier hat der ChessBase-Anwender im Nachspieltraining gerade den Zug **18. Sf3-d2** vorgeschlagen. Auf diesen Zug bezieht sich die Bewertung. Der in der Partie gespielte und hier bereits ausgeführte Zug ist **18. Sf3-d4**. Nach der ebenfalls automatisch ausgeführten Antwort **18… De7-f8** kann der nächste Zugvorschlag erfolgen.*

Sie müssen übrigens ab der Stelle, an der Sie mit dem Nachspieltraining beginnen, nicht immer mit dem jeweils folgenden Zug weitermachen. Spielen Sie die Partie vor, indem Sie die ***Pfeil-nach-rechts***-Taste oder das entsprechende Symbol in der ersten Gruppe der Registerkarte ***Einfügen*** verwenden, wenn Sie eine Stellung nicht interessiert, und machen Sie dann mit dem Nachspieltraining weiter. Oder Sie wechseln zwischenzeitlich auf die Registerkarte ***Notation***, markieren dort den entsprechenden Zug, und kehren anschließend wieder zur Registerkarte ***Nachspieltraining*** zurück.

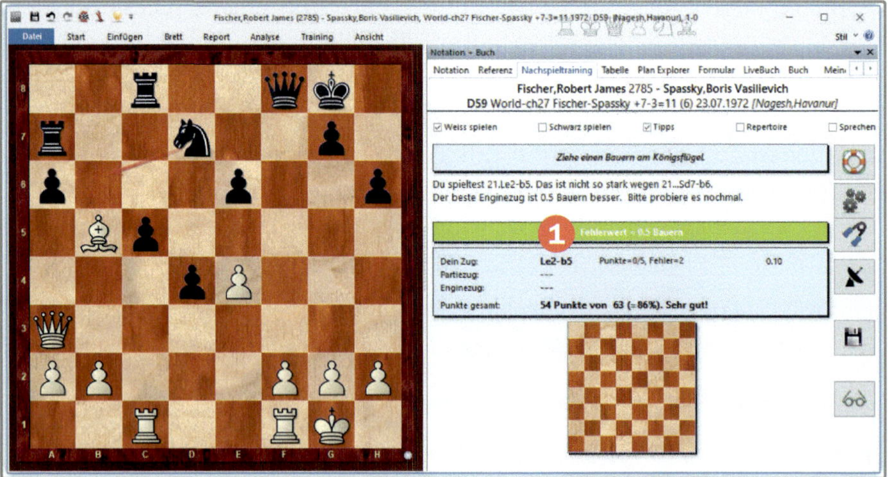

*Wenn ein Zugvorschlag nicht so gut ist, teilt ChessBase im Nachspieltraining mit, warum das so ist. Hier wird ChessBase den Zug **Le2-b5** gleich zurücknehmen und der Trainierende darf es noch einmal versuchen.*

Bei einem schlechten, oder sagen wir »nicht so guten«, Zug vergibt ChessBase im Nachspieltraining einen Fehlerwert. Die Qualität Ihrer Züge können Sie außerdem an der Farbe des Balkens, der normalerweise eine Bemerkung zur Stellung enthält, erkennen ❶ (Abbildung oben). Die Skala reicht von leuchtend Grün für gute Züge bis Dunkelrot für sehr schlechte Züge. In der obigen Abbildung erscheint der Balken nach dem Zug ***Le2-b5*** immer noch in einem schwachen Grün mit einem Fehlerwert von ***0.5***. Es handelt sich also um keinen groben Fehler.

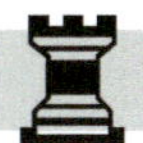

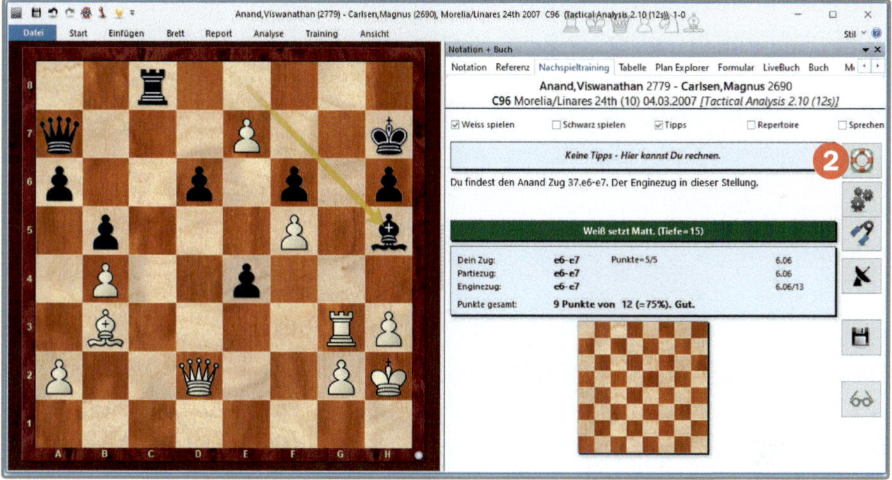

Wenn in einer Stellung ein forcierter Gewinn möglich ist – hier mittels ***Dd2xd6*** *–, dann erscheint zunächst kein konkreter Tipp, sondern die Meldung* ***Keine Tipps – Hier kannst Du rechnen*** *und die Stellungsbeurteilung lautet* ***Weiß setzt Matt****, falls Sie das Nachspieltraining mit Weiß nutzen. Wenn Sie die Kombination beziehungsweise den Gewinnzug partout nicht finden, klicken Sie – gegebenenfalls mehrmals – auf den Rettungsring* ❷*, um dennoch konkretere Tipps zu erhalten.*

Unterhalb der Partiedaten (wer spielte gegen wen, wann und wo) befinden sich auf der ***Nachspieltraining***-Registerkarte die fünf Kontrollkästchen ***Weiss spielen***, ***Schwarz spielen***, ***Tipps***, ***Repertoire*** und ***Sprechen***.

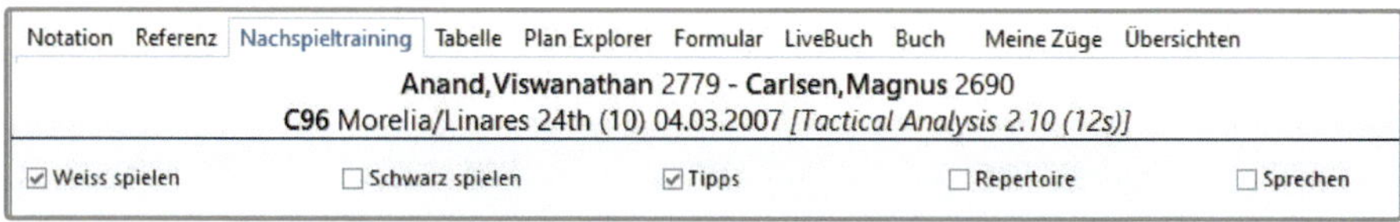

Mit den ersten beiden Kontrollkästchen entscheiden Sie, mit welcher Farbe Sie spielen wollen. Standardmäßig ist die Farbe des Siegers der Partie vorausgewählt und bei Remispartien Weiß. Entfernen Sie zum Beispiel das Häkchen aus dem Kontrollkästchen ***Weiss spielen*** und setzen Sie es bei ***Schwarz spielen***, wenn Sie statt mit Weiß mit Schwarz spielen wollen. Im Übrigen ist es auch möglich, beide Seiten zu spielen. Aktivieren Sie in diesem Fall beide Kontrollkästchen.

Auch das Kontrollkästchen bei ***Tipps*** ist standardmäßig gesetzt. Unter dieser Einstellung erhalten Sie beim Nachspieltraining für jeden Zugvorschlag automatisch den Anforderungen der Stellung entsprechend mehr oder weniger konkrete Hinweise.

Setzen Sie das Kontrollkästchen bei ***Sprechen***, wenn Sie möchten, dass ChessBase Ihnen die Tipps auch akustisch mitteilt.

Entfernen Sie das Häkchen bei ***Tipps***, wenn Sie grundsätzlich keine Tipps erhalten wollen. Unabhängig davon, ob dieses Kontrollkästchen gesetzt ist oder nicht, können Sie die Anzeige von Tipps jederzeit erzwingen, indem Sie auf die Symbolschaltfläche mit dem Rettungsring klicken ❷ (Abbildung auf der vorherigen Seite). Bei gesetztem ***Tipps***-Kontrollkästchen erscheinen dadurch sogar noch zusätzliche Tipps und auch in der Eröffnungsphase, in der überhaupt keine Tipps automatisch angezeigt werden, können Sie per Klick auf den Rettungsring Tipps in der Form »Ziehe Deinen e-Bauern«, »Entwickle Deinen Damenflügel« usw. einblenden.

Bei wiederholtem Klicken auf den Rettungsring wird auf dem Brett zunächst die zu ziehende Figur und danach auch das passende Zielfeld mit einem grünen Rand versehen.

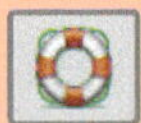

Schalten Sie die automatischen Tipps (gesetztes Kontrollkästchen) an beziehungsweise lassen Sie sie angeschaltet, wenn Sie ein lockeres und nicht anstrengendes Unterhaltungstraining durchführen wollen. Deaktivieren Sie dagegen die automatischen Tipps (leeres Kontrollkästchen), wenn Sie ohne Ablenkung und intensiv über die infrage kommenden Züge nachdenken wollen und fordern Sie die Tipps bei Bedarf über den Rettungsring an.

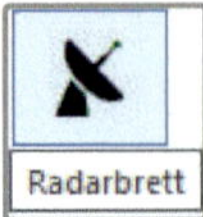

Möglicherweise haben Sie sich ja schon gefragt, was es mit dem kleinen Schachbrett ganz unten auf der Registerkarte ***Nachspieltraining*** auf sich hat. Wenn das Schachbrett leer ist, können Sie dort per Klick auf die Schaltfläche ***Radarbrett*** (so lautet die

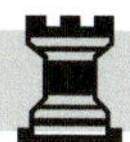

QuickInfo bei Mouseover, also wenn die Maus, ohne zu klicken, kurz über die Schaltfläche gehalten wird) eine Stellung aufbauen, welche die Partie nach drei bis vier weiteren Partiezügen wiedergibt. Während der Eröffnungsphase wird das Radarbrett automatisch angezeigt.

Sie können die zukünftige Stellung als Anhaltspunkt für Ihre Zugvorschläge nehmen. Überlegen Sie, wie fortzusetzen ist, um diese Stellung zu erreichen. An den anderen Nachspieltraining-Modalitäten ändert sich dadurch nichts.

Wenn das Radarbrett, also die vorweggenommene Stellung, gerade angezeigt wird, dann bewirkt ein Klick auf die ***Radarbrett***-Schaltfläche, dass sich das Brett leert. Sie können das Radarbrett also jederzeit ausblenden, wenn Sie es als Hilfestellung nicht oder nicht mehr benötigen.

Grundsätzlich gilt für das Radarbrett die gleiche Empfehlung wie für die automatischen Tipps (siehe den vorherigen Kasten). Nehmen Sie die Hilfestellung dankend an, um ein lockeres Unterhaltungstraining durchzuführen und verzichten Sie darauf, wenn Sie erst einmal in Ruhe ohne Unterstützung nachdenken wollen. Während der Eröffnungsphase ist es aber in jedem Fall sinnvoll, das Radarbrett zu verwenden.

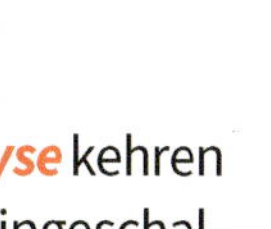

Ein Klick auf die Schaltfläche ***Manuelle Analyse*** – das ist die Schaltfläche mit den Zahnrädern – schaltet Tipps und Bewertung vorübergehend aus, sodass Sie die Stellung ohne Hilfsmittel selbst analysieren, also zum Beispiel durch Eingabe von Zügen Varianten ausprobieren können. Mit einem weiteren Klick auf die Schaltfläche ***Manuelle Analyse*** kehren Sie wieder zu der Stellung zurück, bei der Sie die manuelle Analyse eingeschaltet hatten, und Sie befinden sich wieder im normalen Nachspieltraining-Modus.

Per Klick auf die Schaltfläche mit der Zange aktivieren Sie das sogenannte unterstützte Rechnen. Bei diesem Analysemodus werden die Züge auf dem Brett zwar in der üblichen Weise nacheinander eingegeben, aber nicht sichtbar ausgeführt. Das heißt, Sie ziehen eine Spielfigur mit der Maus an die gewünschte Zielstelle, ChessBase merkt sich Ihren eingegebenen Zug, gibt ihn jedoch nicht auf dem Brett wieder.

Die Bezeichnung »unterstütztes Rechnen« (so lautet die QuickInfo zu dieser Schaltfläche) ist möglicherweise etwas übertrieben, denn tatsächlich ist die Assisted Analysis die einzige Hilfe, die Sie dabei haben. Diese berücksichtigt aber die »blind« eingegebenen Züge. Wenn Sie beim unterstützten Rechnen beispielsweise einen Zug für Weiß und anschließend einen Gegenzug für Schwarz eingeben und danach eine weiße Figur mit der Maus »anfassen«, dann basieren die farblichen Hinweise der Assisted Analysis auf der Stellung, die sich nach den zuvor »blind« eingegebenen Zügen ergeben würde.

Lesen Sie »Assisted Analysis«, ab Seite 175, wenn Ihnen dieser Begriff jetzt noch nichts sagt. In diesem Tipp erfahren Sie in aller Kürze, was es damit auf sich hat.

Klicken Sie mit der rechten Maustaste auf das Brett, wenn Sie wie beschrieben eine Variante »blind eingegeben« haben und wieder zur Ausgangsstellung – also zu der Stellung, bei der Sie das unterstützte Rechnen eingeschaltet hatten – zurückkehren wollen. ChessBase verwirft (man könnte auch sagen »vergisst«) dann alle bis dahin »blind« eingegebenen Züge und Sie können gegebenenfalls eine andere Variante gedanklich ausprobieren. Um nur einen einzelnen »blind« eingegebenen Zug zurückzunehmen, drücken Sie die ***Pfeil-nach-links***-Taste.

Die Idee hinter dem unterstützten Rechnen ist, eine Situation ähnlich der in einer echten Partie zu simulieren. Um das unterstützte Rechnen wieder zu beenden, klicken Sie einfach erneut auf die Schaltfläche mit der Zange. Danach haben Sie wieder die Stellung, bei der Sie das unterstützte Rechnen eingeschaltet hatten, vor sich und Sie befinden sich wieder im normalen Nachspieltraining-Modus.

Ein Klick auf die Schaltfläche mit dem Diskettensymbol fügt Ihre bisher gemachten Zugvorschläge, einschließlich der in den Analysemodi (manuelle Analyse, unterstütztes Rechnen) getätigten Züge, als Varianten in die Partienotation ein.

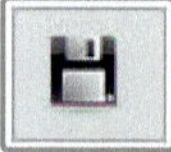

 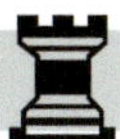

Gespeichert wird dadurch aber noch nicht, insofern könnte das Diskettensymbol im Nachspieltraining-Fenster eventuell zu Missverständnissen führen. Ob Sie die hinzugefügten Varianten auf dem üblichen Weg dauerhaft, eventuell als neue Partie, speichern wollen, können Sie sogleich oder später selbst entscheiden (zum Speichern von Partien siehe 3.1, »Eine neue Partie eingeben und in einer Datenbank speichern«, ab Seite 114 und auch den ersten Kasten in 2.6, »Datenbanken an die Favoritenliste anheften«, auf Seite 48.

4.19 Die Datenbank »Best Games For Replay Training« installieren

Manchmal ist die Datenbank ***Best Games For Replay Training*** nach der Installation von ChessBase noch nicht zu finden. In diesem Fall können Sie die Trainingsdatenbank in ChessBase 17 folgendermaßen verfügbar zu machen:

1 Öffnen Sie im Windows-Explorer den Ordner ***C:\Program Files\Common Files\ChessBase\InstallUserDocs\CBase17*** ❶ (ersetzen Sie im Pfad den Laufwerksbuchstaben, falls Ihr Stammlaufwerk nicht ***C:*** ist).

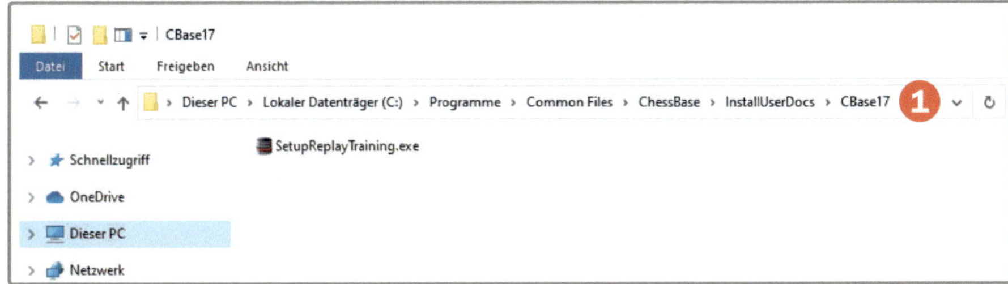

2 Führen Sie auf die darin befindliche EXE-Datei ***SetupReplayTraining.exe*** einen Doppelklick aus.

3 Es erscheint ein Installationsassistent. Wenn Sie am Zielverzeichnis ❷ nichts ändern, wird die ***Best Games For Replay Training***-Datenbank wie vorgesehen in den Trainingsordner (***ChessBase\Training***) installiert.

Über die Schaltfläche ***Durchsuchen*** 3 können Sie gegebenenfalls einen anderen Speicherort festlegen.

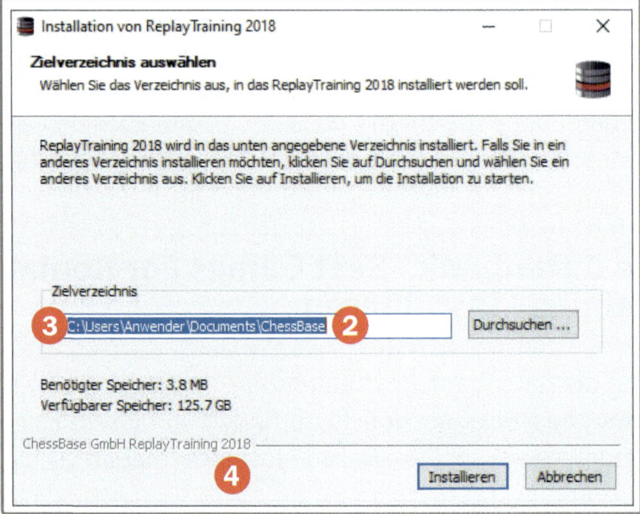

4 Klicken Sie auf die Schaltfläche ***Installieren*** 4 (Abbildung oben), um die Installation zu starten. Nach wenigen Sekunden sollten Sie in Ihrem Trainingsordner die ***Best Games For Replay Training***-Datenbank und zusätzlich in der Ansicht ***Meine Datenbanken*** ein Symbol der Datenbank finden.

Alternativ zu den Schritten 1 und 2 können Sie auch die komplette Adresse einschließlich des Namens der Installationsdatei ***SetupReplayTraining.exe*** eingeben – also ***C:\Program Files\Common Files\ChessBase\InstallUserDocs\CBase17\SetupReplayTraining.exe***, wenn Ihr Stammlaufwerk ***C:*** ist – und anschließend die Eingabetaste drücken.

Die so hinzugefügte Trainingsdatenbank sollte bereits im neuen 2CBH-Format vorliegen. Falls das nicht der Fall ist, wandeln Sie sie am besten gleich um (siehe dazu 2.25, »Alte Datenbanken ins neue Format konvertieren«), ab Seite 105.

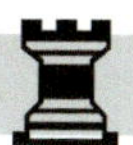

4.20 Ein Dossier über einen Spieler erstellen

ChessBase kann Ihnen auch dabei helfen, sich auf jemanden vorzubereiten. Führen Sie zum Beispiel folgende Schritte durch, um mithilfe der Referenzdatenbank ein umfangreiches Dossier über Ihren nächsten Gegner zu erstellen:

1 Öffnen Sie Ihre Referenzdatenbank. Klicken Sie zum Beispiel doppelt auf das Datenbanksymbol der Mega Database, falls Sie diese als Referenzdatenbank festgelegt haben (siehe 2.15, »Eine Referenzdatenbank festlegen«, ab Seite 72).

2 Klicken Sie im Fenster der Referenzdatenbank auf den Reiter ***Spieler*** ❶, um diese Registerkarte in den Vordergrund zu holen.

3 Geben Sie in das Suchfeld links unten ❷ den Namen des Spielers ein, über den Sie ein Dossier erstellen wollen, am besten in der Form ***Nachname,Vorname***.

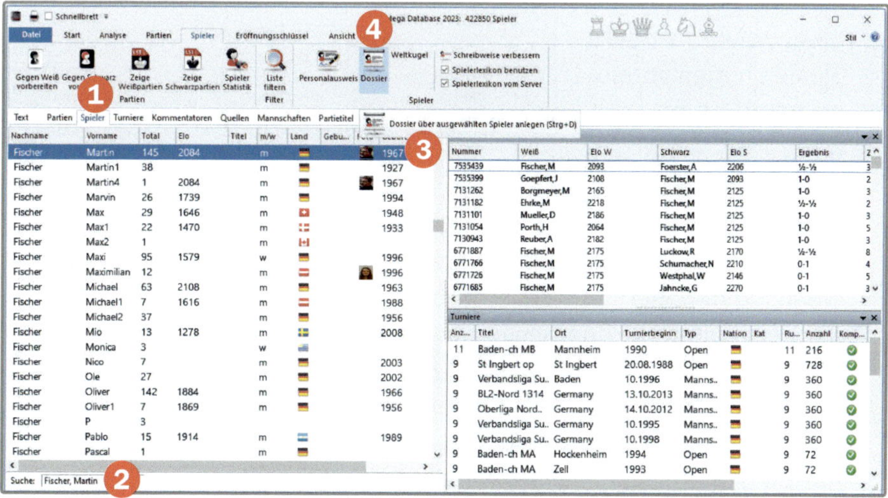

4 Daraufhin erscheint der gesuchte Spieler oben in der Liste, vorausgesetzt natürlich, dass er in Ihrer Referenzdatenbank vertreten ist. Markieren Sie in der Liste den Spielereintrag ❸.

5 Klicken Sie anschließend auf der Registerkarte ***Spieler*** auf die Symbolschaltfläche ***Dossier*** ❹. Alternativ können Sie diesen Befehl auch im Kontextmenü des Spielereintrags auswählen oder ***Strg+D*** drücken.

6 Es erscheint das folgende Dialogfeld. In diesem können Sie weitere Angaben dazu machen, wie das Dossier aussehen soll:

- Mit den Optionsfeldern im Abschnitt ***Repertoire*** legen Sie fest, wie detailliert das Repertoire des Spielers vorgestellt werden soll.
- Wenn nur Partien ab einem bestimmten Jahr für das Dossier herangezogen werden sollen, geben Sie im Feld ***Von Jahr*** das Jahr an.
- Im Feld ***Länge Vornamen*** können Sie gegebenenfalls festlegen, wie viele Zeichen mit dem gesuchten Vornamen übereinstimmen sollen. Ändern Sie den hohen voreingestellten Wert nur, wenn Sie erwarten, dass Ihre Referenzdatenbank unterschiedliche Angaben zum Vornamen des gesuchten Spielers enthält, also zum Beispiel ***Carlsen,Magnus*** und ***Carlsen,M***. Wenn Sie den Wert zum Beispiel auf ***1*** setzen, werden alle Partien mit dem gesuchten Nachnamen berücksichtigt, also auch solche, bei denen sich der Vorname vom gesuchten unterscheidet und die Sie deshalb vermutlich gar nicht im Dossier haben wollen. Unterschiedliche Vornamen für ein und denselben Spieler kommen gewöhnlich nur in schlecht editierten Datenbanken vor, bei der Mega Database brauchen Sie sich diesbezüglich keine Gedanken zu machen.

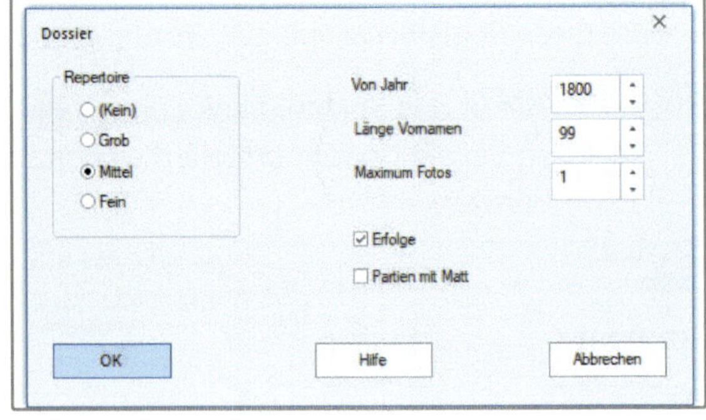

- Im Feld ***Maximum Fotos*** können Sie angeben, wie viele Fotos, falls im Spielerlexikon vorhanden, maximal in das Dossier integriert werden sollen.

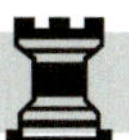

- Aktivieren Sie das Kontrollkästchen bei ***Erfolge*** beziehungsweise lassen Sie es aktiviert, wenn im Dossier erfolgreich gespielte Turniere und Wettkämpfe angezeigt werden sollen.
- Wenn Sie das Kontrollkästchen bei ***Partien mit Matt*** setzen, weist das Dossier alle Partien aus, in denen es zu einer Mattstellung kommt.

7 Schließen Sie das Dialogfeld ***Dossier*** per Klick auf die ***OK***-Schaltfläche, nachdem Sie alle Angaben gemacht haben.

ChessBase erstellt nun ein Dossier des ausgewählten Spielers und zeigt es in einem neuen Fenster an.

Statt wie in der obigen Anleitung in Schritt 5 das Erstellen eines Dossiers können Sie auch andere Optionen wählen, die Ihnen dabei helfen, sich auf Ihren Gegner vorzubereiten. Diese finden Sie in der Gruppe ***Partien*** auf derselben Registerkarte (und natürlich auch im Kontextmenü des Spieler-Listeneintrags).

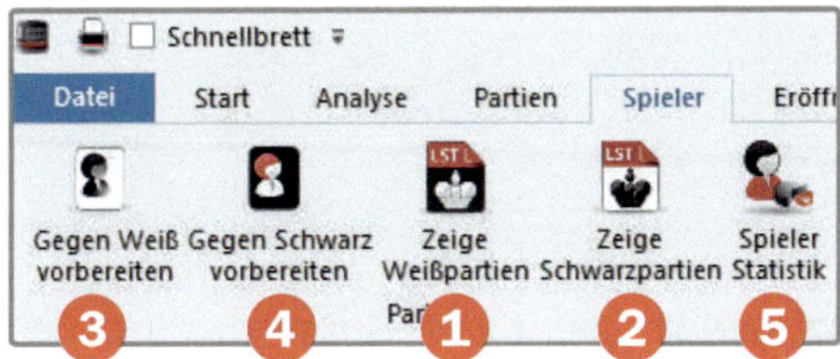

Per Klick auf die Schaltfläche ***Zeige Weißpartien*** ❶ beziehungsweise ***Zeige Schwarzpartien*** ❷ zeigen Sie im Bereich ***Partien*** alle Partien an, die der ausgewählte Spieler mit Weiß beziehungsweise mit Schwarz gespielt hat. Diese Optionen sind sehr praktisch, wenn man sich vorab einen Eindruck verschaffen möchte, ohne das Anwendungsfenster zu wechseln.

Die Schaltfläche ***Gegen Weiß vorbereiten*** ❸ beziehungsweise ***Gegen Schwarz vorbereiten*** ❹ listet dagegen alle Weiß- beziehungsweise Schwarzpartien in einem separaten Brettfenster auf und führt sie zu einem

Variantenbaum zusammen, sodass Sie sich schnell einen Überblick über die Eröffnungsvorlieben Ihres Gegners verschaffen können.

Ein Klick auf die Schaltfläche ***Spieler Statistik*** ❺ öffnet ein Dialogfeld mit sehr aufschlussreichen und übersichtlich angeordneten Informationen über den in der Liste ausgewählten Spieler.

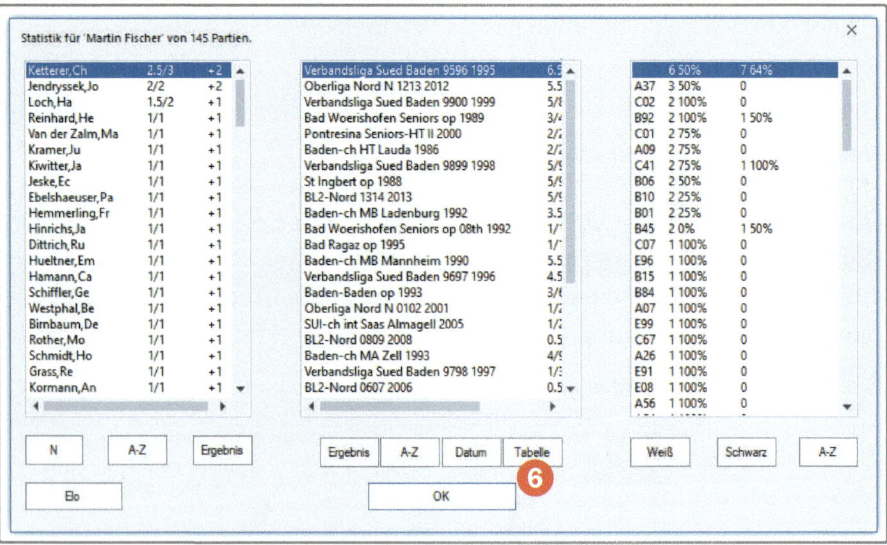

Die Liste im linken Bereich zeigt die Gegner seiner Partien, die Liste im mittleren Bereich die gespielten Turniere und die Liste im rechten Bereich die gespielten Eröffnungen. Die Schaltflächen ***A-Z*** ordnen die jeweilige Liste alphabetisch, die ***Ergebnis***-Schaltflächen nach dem Ergebnis. Über die Schaltfläche ***Tabelle*** ❻ können Sie eine abschließende Tabelle des ausgewählten Turniers anzeigen.

5 Spezielle Funktionen

In diesem Teil stellen wir Ihnen Funktionen und Features vor, die in unseren Augen »etwas Besonderes« darstellen. Dazu gehören auch solche, die erfahrungsgemäß eher selten verwendet werden, aber nichtsdestoweniger sehr effizient sind.

Anand - Carlsen, Chennai 2013

Magnus Carlsen gewann 2013 in diesem Turnier den Weltmeistertitel von Viswanathan Anand. In der 9. Partie unterlief Weltmeister Anand ein schwerer Fehler, durch den Carlsen diese Partie für sich entscheiden konnte. Damit genügte Carlsen ein Remis in einem der nächsten drei Partien, um Weltmeister zu werden. Hier ist Carlsen (Schwarz) am Zug und gleich darauf folgte Anands schwerer Fehler.

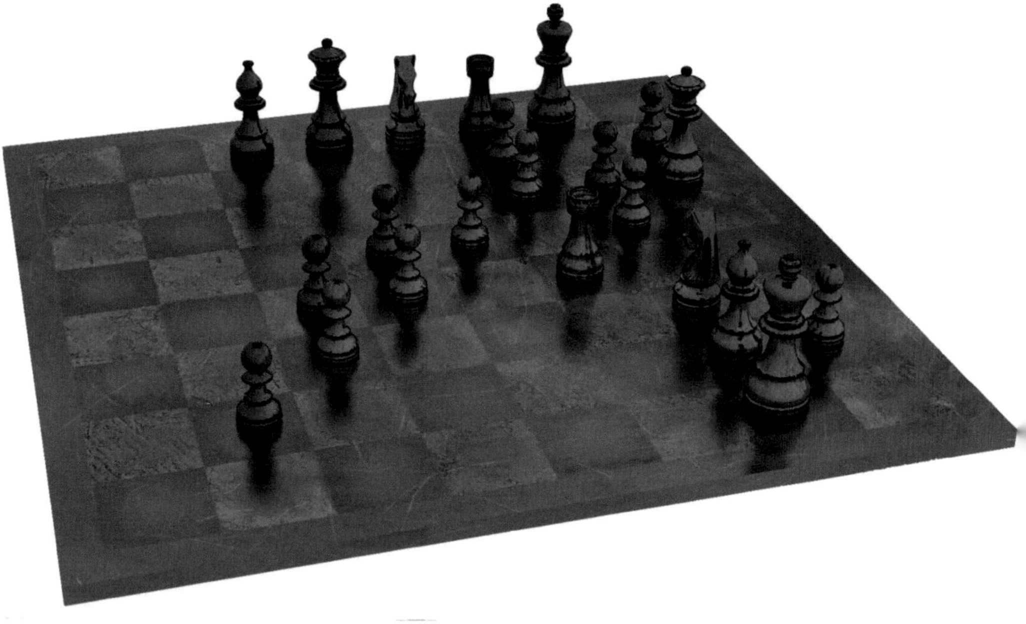

5.1 Nullzug

Sie können bei der Zugeingabe für Weiß oder Schwarz gegebenenfalls einen oder mehrere Züge hintereinander ziehen, ohne einen Gegenzug zu machen. Das kann zum Beispiel nützlich sein, wenn Sie die gleiche Stellung mit einem Zug mehr beziehungsweise weniger analysieren oder die aktuelle Stellung mit einer leicht veränderten vergleichen wollen.

Um einen sogenannten Nullzug einzugeben, klicken Sie im Brettfenster auf der Registerkarte ***Einfügen*** auf die Symbolschaltfläche ***Nullzug*** ①. Alternativ drücken Sie ***Strg***+***Alt***+***0***.

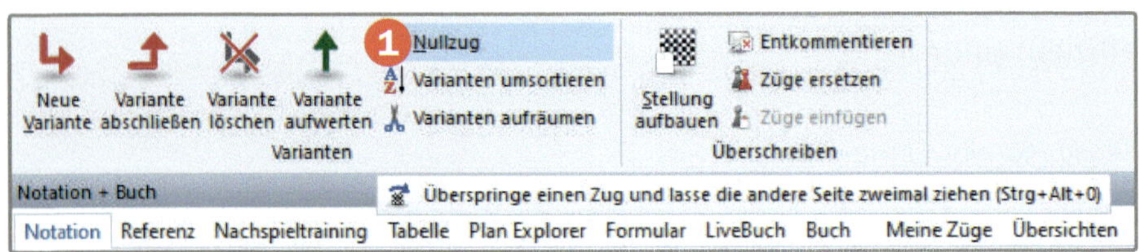

Wenn Sie beispielsweise gerade für Weiß einen regulären Zug ausgeführt haben und gleich danach einen weiteren Zug für Weiß eingeben wollen – ohne schwarzen Gegenzug –, dann verwenden Sie für Schwarz einen Nullzug.

Möchten Sie für Weiß gleich mehrere »Freizüge« eingeben, dann klicken Sie nach dem regulären Zug auf ***Nullzug*** (oder Sie drücken ***Strg***+***Alt***+***0***), führen den gewünschten Zug aus, klicken erneut auf ***Nullzug***, führen den nächste Zug für Weiß aus und so weiter. ChessBase fügt für jeden Nullzug zwei Bindestriche in die Notation ein ② (Abbildung auf der nächsten Seite).

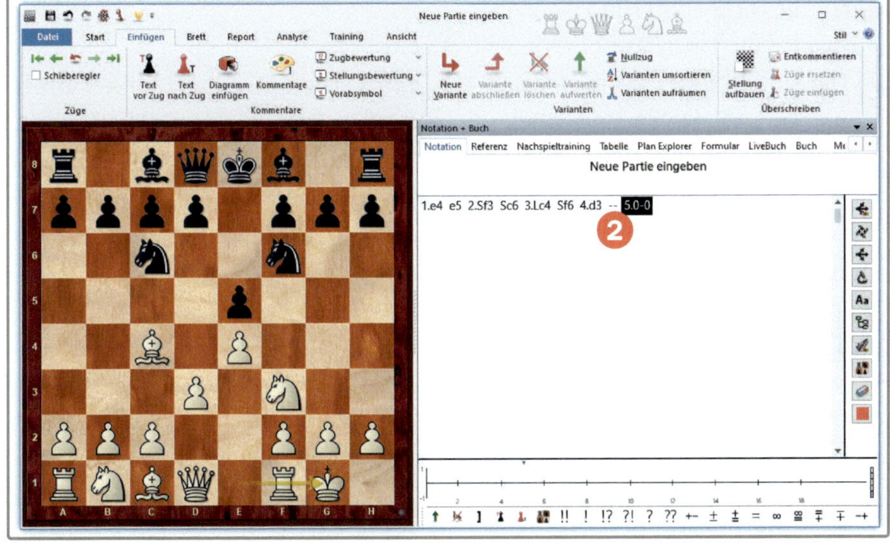

*Weiß hat hier hintereinander die Züge **4.d2-d3** und **5.0-0** ausgeführt.*

5.2 Partien verschmelzen

Sie können zwei oder mehrere Partien zu einem einzelnen Variantenbaum verschmelzen, indem Sie sie in einer Partienliste zusammen auswählen und dann die Eingabetaste drücken.

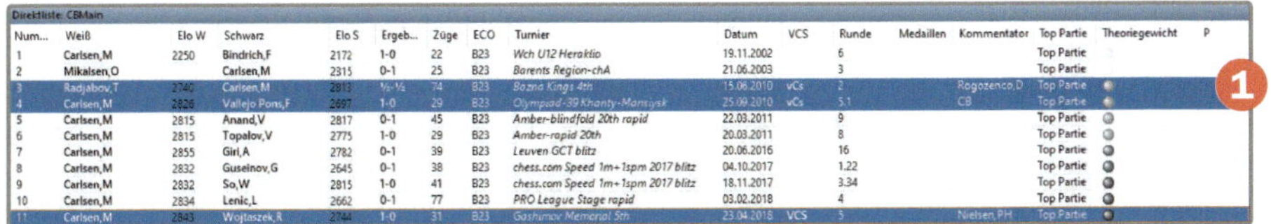

*Drücken von **Enter** verbindet die markierten Partien zu einer einzigen neuen Partie.*

Hierzu die folgenden Hinweise:

- Die miteinander verbundenen Partien werden in einem neuen Brettfenster angezeigt und noch nicht gespeichert. Beim Schließen des Brettfensters werden Sie aber automatisch danach gefragt. Klicken Sie auf ***Ja***, wenn Sie den Variantenbaum dauerhaft als neue Partie speichern wollen, oder auf ***Nein***, um ihn zu verwerfen, wenn er für Sie nur temporär von Interesse war.

- Die erste der in der Partienliste ausgewählten Partien wird für den zu erstellenden Variantenbaum immer als Stammpartie gesetzt. Von dieser Partie werden auch die Partiedaten übernommen. In der vorherigen Abbildung ist das zum Beispiel die Partie mit der Nummer ***3*** (Weiß: Radjabov, Schwarz: Carlsen) ❶ (Abbildung vorherige Seite) Beachten Sie jedoch, dass mit »die erste Partie« immer die Partie gemeint ist, die in der Partienliste am weitesten oben steht. Wenn Sie die Partien nicht nach Nummern (erste Spalte), sondern nach einem anderen Kriterium sortieren (zum Beispiel nach Datum oder nach der Elo-Zahl der Weiß- oder Schwarz-Spieler), kann das auch eine andere Partie sein.

- Wenn sich Zugfolgen/Varianten der ausgewählten Partien überschneiden, werden diese für den entstehenden Variantenbaum sinnvollerweise nur einmal übernommen; das gilt für Hauptvarianten wie für Nebenvarianten. Beginnen beispielsweise alle markierten Partien mit den Zügen ***1. e4 c5 2. Nf3 Nc6 3. Lb5***, dann ergibt sich daraus nur eine Variante, nicht etwa dreimal die gleiche. Ein bisschen problematisch beziehungsweise unübersichtlich kann es aber werden, wenn ein sich so überschneidender Zug in mehreren der ausgewählten Partien kommentiert ist. In diesem Fall werden nämlich alle Kommentare zu einem einzigen zusammengefasst, indem sie ohne Trennzeichen aneinandergehängt werden. Ist der Zug ***3. Lb5*** beispielsweise in einer der ausgewählten Partien mit dem Kommentar ***Weiß ist bereit, sein Läuferpaar herzugeben*** und in einer anderen mit dem Kommentar ***Weiß verzichtet gegebenenfalls auf das Läuferpaar*** versehen, dann ergibt sich im entstehenden Variantenbaum für diesen Zug der folgende Kommentar:

Weiß ist bereit, sein Läuferpaar herzugeben Weiß verzichtet gegebenenfalls auf das Läuferpaar. Passen Sie solche zusammengesetzten Kommentare eventuell an, wenn Sie den Variantenbaum dauerhaft als neue Partie speichern wollen.

5.3 Einfügen von einzelnen Varianten per Drag-and-drop

Wenn Sie einer Partie eine Variante hinzufügen möchten, die in einer anderen Partie schon vorhanden ist, können Sie sich das manuelle Eingeben der Züge sparen. Ziehen Sie die gewünschte Variante einfach mit der Maus aus der Notation der einen Partie in die der anderen Partie. Um zu zeigen, wie das genau funktioniert und welche Ergebnisse zu erwarten sind, hierzu ein paar kleine Beispiele:

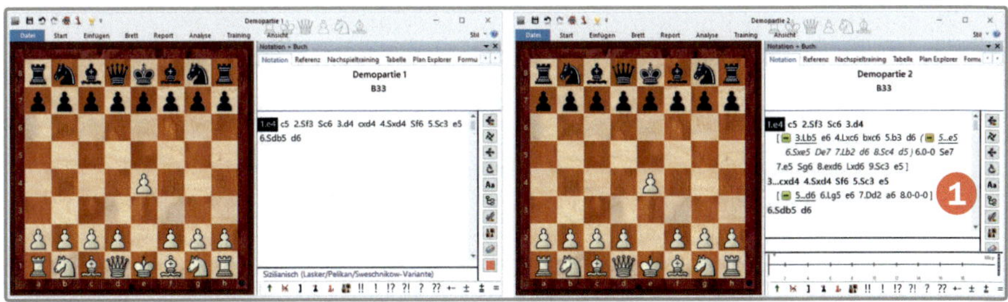

Gehen Sie folgendermaßen vor, wenn Sie der ***Demopartie 1*** (linkes Brettfenster der obigen Abbildung) die mit dem Zug ***5... d6*** beginnende Variante der ***Demopartie 2*** (rechtes Brettfenster) ❶ (Abbildung oben) hinzufügen wollen:

1 Ordnen Sie die beiden Brettfenster mit den Partien nebeneinander an, wie es in der Abbildung zu sehen ist. Die beiden Brettfenster müssen nicht unbedingt wie in der Abbildung im rechten Winkel nebeneinanderstehen, sie können sich durchaus überlappen. Wichtig ist nur, dass die Notation von beiden Partien zu sehen ist.

2 Klicken Sie nun im Brettfenster der ***Demopartie 2*** auf den Zug ***5... d6*** – also auf den ersten Zug der Variante, die der ***Demopartie 1*** hinzugefügt werden soll –, lassen Sie die Maustaste aber nicht los.

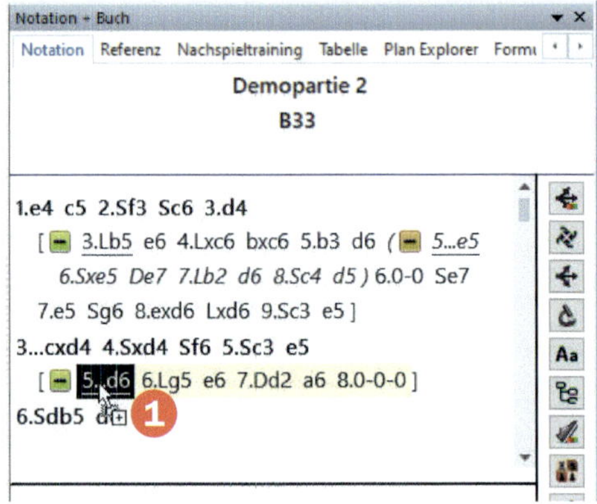

3 Warten Sie, bis bei dem Zug ein Pluszeichen erscheint ❶, halten Sie die Maustaste aber weiterhin gedrückt.

4 Ziehen nun den Zug ***5... d6*** bei gedrückt gehaltener Maustaste in die Notationsfläche der ***Demopartie 1***. Lassen Sie die Maustaste dort los. Sie müssen die Maustaste nicht unbedingt direkt über der Notation loslassen, sondern können dies auch an jeder beliebigen freien Stelle in diesem Bereich tun.

Daraufhin wird die »gezogene« Variante der ***Demopartie 1*** hinzugefügt ❷ und es ergibt sich das folgende Bild.

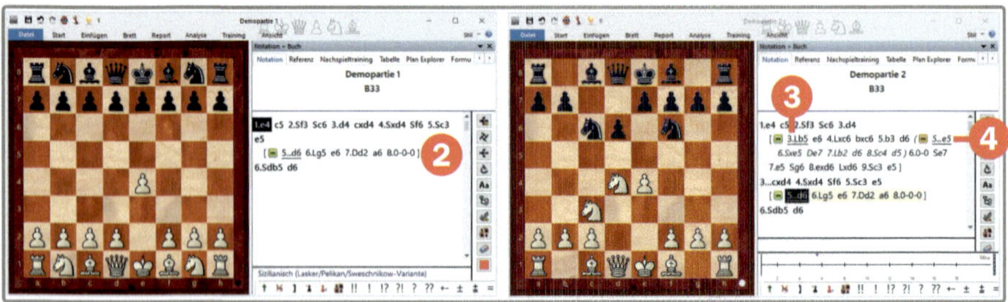

Wie Sie sehen, ändert sich an der Notation von ***Demopartie 2*** nichts. Die mit ***5... d6*** beginnende Variante ist nun in beiden Partien vorhanden.

Beim Hinzufügen von Varianten, die wiederum Untervarianten besitzen, wird immer der ganze Teilbaum, also die übergeordnete mit allen untergeordneten Varianten, hinzugefügt.

Wenn Sie also der ***Demopartie 1*** in der beschriebenen Weise auch die mit ***3. Bb5*** beginnende Variante der ***Demopartie 2*** ❸ (Abbildung vorige Seite) hinzufügen, indem Sie diesen Zug »anfassen« und in die Notationsfläche von ***Demopartie 1*** hinüberziehen, dann ergibt sich für diese Partie die in der folgenden Abbildung gezeigte Notation. Die mit ***5... e5*** beginnende Untervariante ❹) wird für die Zielpartie mit übernommen ❺.

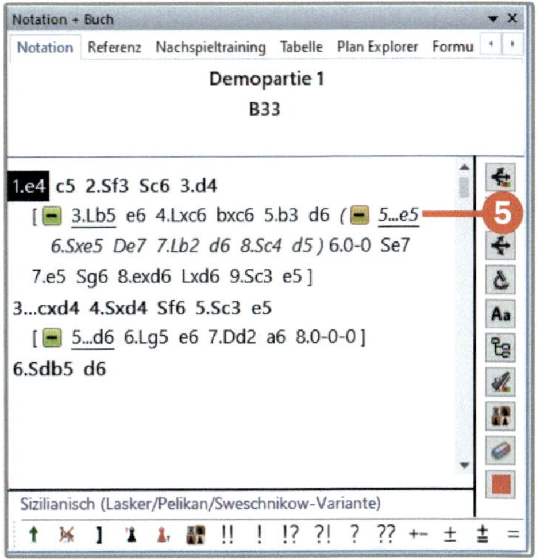

Wenn Sie in der Zielpartie nur die übergeordnete Variante haben wollen, steht es Ihnen ja frei, die Untervariante dort nachträglich zu löschen. Möchten Sie dagegen nur eine untergeordnete Variante übernehmen, im Beispiel also die mit ***5... e5*** beginnende Variante, dann ziehen Sie diesen Zug in den Notationsbereich von ***Demopartie 1***. Die Variante, die in diesem Fall in der Zielpartie übernommen wird, lautet dann ***3. Bb5 e6 4. Bxc6 bxc6 5. b3 e5 6. Nxe5 Qe7 7. Bb2 d6 8. Nc4 d5*** – statt mit ***d6*** geht es im fünften Zug mit ***e5*** weiter ❻.

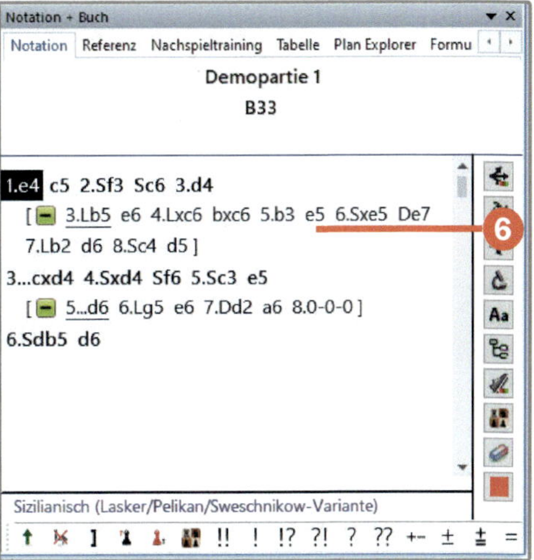

Ein Sonderfall verdient noch Erwähnung: Bei Bedarf können Sie auch die Hauptvariante einer Partie per Drag-and-drop übernehmen. In diesem Fall wird der komplette Variantenbaum der Quellpartie in die Zielpartie integriert. Auch hierzu ein Beispiel:

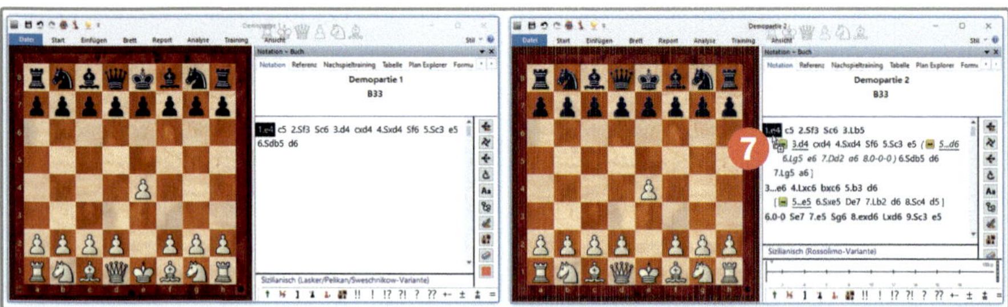

Um in der obigen Abbildung die Hauptvariante der ***Demopartie 2*** (***1. e4 c5 2. Nf3 Nc6 3. Lb5*** usw.) in die ***Demopartie 1*** zu integrieren, ziehen Sie den ersten Zug dieser Variante 7 wie in der obigen Schritt-für-Schritt-Anleitung ab Seite 211 beschrieben in die Notationsfläche der ***Demopartie 1*** (denken Sie daran, mit dem Ziehen zu warten, bis das Pluszeichen erscheint –siehe Schritt 3 der Anleitung). Danach ergibt sich das folgende Bild:

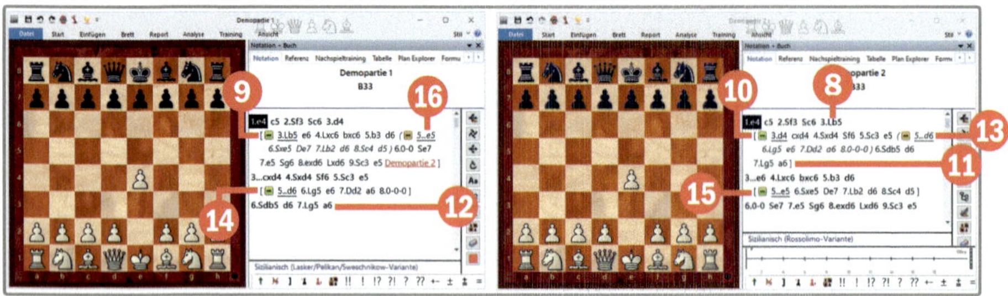

Während in der Quellpartie (***Demopartie 2***, rechtes Brettfenster), wie erwartet, alles beim Alten geblieben ist, wurden deren Varianten auf unterschiedliche Weise zusätzlich in die Zielpartie (***Demopartie 1***, linkes Brettfenster) integriert. Sehen wir uns zum besseren Verständnis Variante für Variante an, wie das geschehen ist:

- Die in der Notation von ***Demopartie 2*** fett hervorgehobene, mit ***1 e4*** beginnende Hauptvariante ❽ (Abbildung vorherige Seite) wurde in ***Demopartie 1*** als Nebenvariante eingefügt ❾.

- Bezüglich der ersten, mit dem Zug ***3. d4*** beginnenden Nebenvariante von ***Demopartie 2*** ❿ verhält es sich etwas komplizierter, denn deren Anfangszüge waren bereits vor der Drag-and-drop-Aktion bis zu den Zügen ***6. Ndb5 d6*** identisch mit denen der Hauptvariante von ***Demopartie1***. Wenn eine Variante in der Zielpartie bereits vorhanden ist, wird sie natürlich nicht noch einmal eingefügt. Was aber passiert, ist, dass Züge ergänzt werden, wenn die Variante der Quellpartie länger ist. Dementsprechend wurden am Ende der Hauptvariante von ***Demopartie1*** die Züge ***7. Lg5 a6*** hinzugefügt ⓫ ⓬.

- Da immer der ganze Teilbaum kopiert wird, wird auch die mit ***5... d6*** eingeleitete Untervariante übernommen ⓭ ⓮. Da die Variante mit ***3. d4*** in der Zielpartie die Hauptvariante bildet, liegt sie unmittelbar darunter, also auf der zweiten Ebene (in der Quellpartie befindet sich diese Variante dagegen auf der dritten Ebene, da die Variante mit ***3. d4*** hier bereits als Nebenvariante eingerichtet ist).

- Schließlich wird die mit ***5... e5*** beginnende Variante ⓯ ebenfalls für die Zielpartie übernommen ⓰. Hier verhält es sich genau umgekehrt. Während sich diese Variante in der Quellpartie direkt unterhalb der Hauptvariante auf der zweiten Ebene befindet, liegt sie in der Zielpartie auf der dritten Ebene, da hier die übergeordnete Variante ***3. Bb5 e6 4. Bxc6 bxc6 ...***, anders als in der Quellpartie, nicht die Hauptvariante bildet.

5.4 Eröffnungsübersichten generieren

Übersichten – so lautet der Titel einer Registerkarte im Notationsbereich des Brettfensters – sind ein Feature, das Ihnen bei Ihrer Eröffnungsvorbereitung eine große und vor allem schnelle Hilfe sein kann. Sie können damit nämlich zu jedem beliebigen Zug Eröffnungsübersichten nach individuellen

Vorgaben entweder aus der Referenzdatenbank oder aus der Onlinedatenbank erstellen lassen. Gehen Sie dabei wie im Folgenden beschrieben vor.

Geben Sie zunächst im Brettfenster die Stellung ein, ab der Sie eine Eröffnungsübersicht erstellen wollen, oder markieren Sie den entsprechenden Zug in einer vorhandenen Partie. Klicken Sie dann im Notationsbereich auf den Registerreiter ***Übersichten*** 1.

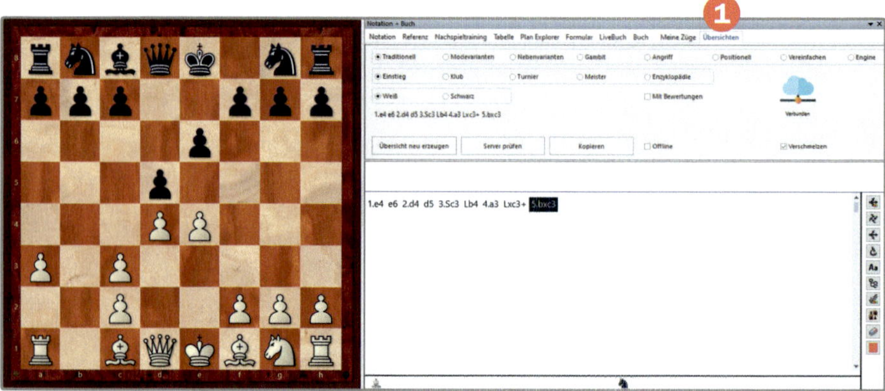

Nun brauchen Sie nur noch die für Sie passenden Einstellungen festzulegen. Mit den Optionsfeldern in der ersten Zeile unterhalb der Registerreiter bestimmen Sie den Stil Ihrer Eröffnungswahl. Es stehen die folgenden Optionen zur Auswahl:

- ***Traditionell*** berücksichtigt alle halbwegs relevanten Züge. Dies entspricht am meisten den klassischen Eröffnungsbüchern.
- Bei den ***Modevarianten*** werden Züge ausgewählt, die in der modernen Spielpraxis dominieren. Es bestehen oft erhebliche Abweichungen zu traditionellen Hauptvarianten und die resultierenden Übersichten sind womöglich die theoretisch fundiertesten und interessantesten.

- Beim Stil ***Nebenvarianten*** liegt der Fokus auf gut spielbaren Nebensystemen, in denen man mit wenig Vorbereitungsaufwand zu passablen Stellungen gelangen kann. Die resultierenden Übersichten helfen Ihnen eventuell dabei, die Eröffnungsvorbereitung Ihrer Gegner zu umgehen.

- Sehr speziell ist der ***Gambit***-Stil, der jedes auch nur halbwegs spielbare Opfer berücksichtigt. Von den bekannten Gambits der Schachtheorie wird praktisch jedes in den resultierenden Übersichten sicher reproduziert.

- Der Stil ***Angriff*** sucht in aktuellen Meisterpartien nach möglichst scharfen Fortsetzungen, was zu Übersichten mit teilweise sehr aggressiven Nebensystemen führt.

- Der Stil ***Positionell*** ist das genaue Gegenteil zum Angriffsstil. ChessBase erzeugt eine Übersicht ohne taktische Zuspitzungen.

- Wählen Sie ***Vereinfachen***, um eine Eröffnungsübersicht mit Varianten zu erzeugen, in denen möglichst viel Material möglichst schnell getauscht wird.

- Mit dem Stil ***Engine*** erzeugt ChessBase eine Übersicht mit Varianten, die typischerweise von Schachengines bevorzugt werden.

In der zweiten Reihe bestimmen Sie den Umfang der zu erstellenden Eröffnungsübersicht. Sie können wählen zwischen ***Einstieg***, ***Klub***, ***Turnier***, ***Meister*** und ***Enzyklopädie*** – der zu erwartende Umfang steigt in dieser Reihenfolge an. Mit ***Enzyklopädie*** erstellen Sie die umfangreichste, also die ausführlichste, mit ***Einstieg*** die am wenigsten umfangreichste, dafür aber die übersichtlichste Eröffnungsübersicht.

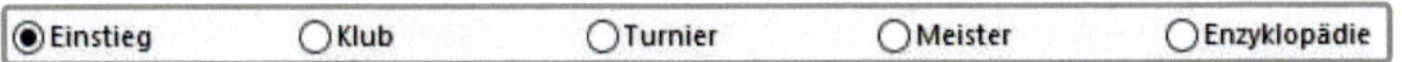

Aktivieren Sie das Optionsfeld ***Schwarz***, wenn Sie die Eröffnungsübersicht aus schwarzer Sicht erzeugen wollen; voreingestellt ist ***Weiß***.

Wenn Sie das Kontrollkästchen bei ***Mit Bewertungen*** setzen, dann bewertet ChessBase die einzelnen Varianten mit Stellungsbewertungssymbolen (zum Beispiel = für eine ausgeglichene Stellung oder ± für deutlichen weißen Vorteil), was durchaus sinnvoll ist.

◉ Weiß ○ Schwarz ☑ Mit Bewertungen

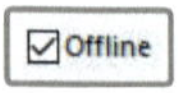

☑ Offline Aktivieren Sie das Kontrollkästchen ***Offline***, um die Eröffnungsübersicht auf Basis Ihrer Referenzdatenbank zu erstellen. Wenn das Kontrollkästchen leer bleibt, erzeugt ChessBase die Eröffnungsübersicht mit der Onlinedatenbank (zur Onlinedatenbank siehe 6.4, »Die Onlinedatenbank nutzen«, ab Seite 234).

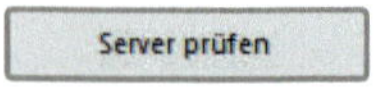

[Server prüfen] Möglicherweise hat zu dem gewählten Zug mit den gewählten Einstellungen in der Vergangenheit schon jemand eine Eröffnungsübersicht erzeugt und diese ist auf dem ChessBase-Server gespeichert. In diesem Fall wird die Eröffnungsübersicht direkt vom Server abgeholt, sie ist dann sofort fertig. Klicken Sie gegebenenfalls auf die Schaltfläche ***Server prüfen***, um zu erfahren, ob eine Eröffnungsübersicht mit den von Ihnen gewählten Einstellungen bereits existiert.

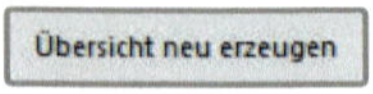

[Übersicht neu erzeugen] Wenn unten im Übersichten-Fenster, dort, wo die Notation angezeigt wird, eine Meldung wie ***Nicht auf dem Server, bitte ‚Erzeugen' klicken*** erscheint, gibt es noch keine entsprechende fertige Eröffnungsübersicht auf dem ChessBase-Server. Klicken Sie in diesem Fall auf die Schaltfläche ***Übersicht neu erzeugen***, um eine Eröffnungsübersicht mit den von Ihnen gewählten Einstellungen erzeugen zu lassen. Danach brauchen Sie nur noch etwas zu warten, bis die Übersicht fertiggestellt ist.

An dem Symbol, das auf der rechten Seite des ***Übersichten***-Fensters erscheint, können Sie erkennen, in welchem Stadium sich das Erstellen der Eröffnungsübersicht befindet. Wenn Sie das folgende Symbol sehen, ist die nach Ihren Vorgaben angeforderte Eröffnungsübersicht fertiggestellt.

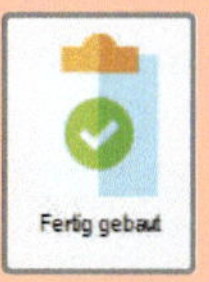

Wenn die Eröffnungsübersicht fertig ist, sehen Sie sie zunächst nur im Notationsbereich der ***Übersichten***-Registerkarte; auf der Registerkarte ***Notation*** ändert sich noch nichts. Per Klick auf die Schaltfläche ***Kopieren*** können Sie die erzeugte Übersicht in die Notation der Partie übernehmen.

Entscheiden Sie schließlich, ob die Eröffnungsübersicht für Sie nur temporär von Interesse ist oder ob Sie sie dauerhaft speichern wollen. Wenn Sie eine vorhandene Partie ersetzen oder die Partie mit der Eröffnungsübersicht neu speichern, wird in jedem Fall die Übersicht mitgespeichert. Das heißt, wenn Sie die gespeicherte Partie das nächste Mal öffnen, finden Sie die Registerkarte ***Übersichten*** mit der generierten Eröffnungsübersicht genauso vor, wie Sie sie zuletzt verlassen haben.

5.5 Plan Explorer

Der Plan Explorer kann Ihnen dabei helfen, eine Eröffnung besser zu verstehen. Dabei liegt der Fokus nicht auf den konkreten Eröffnungszügen, sondern auf den Motiven, also den Plänen, die dahinterstehen. Konkret informiert Sie der Plan Explorer, wie sich die einzelnen Figuren und Bauern in der aktuellen Stellung typischerweise weiterentwickeln. Ausgewertet werden dazu die Partien Ihrer Referenzdatenbank.

Klicken Sie also auf den Registerreiter ***Plan Explorer*** ❶, wenn Sie auf dem Brett eine Stellung vor sich haben, die Sie genauer interessiert. Die Stellung in der folgenden Abbildung ist nach den Zügen ***1.d4 Sf6 2.Lg5 e6 3.e4 h6***

4.Lxf6 Dxf6 entstanden. Es handelt sich um eine sehr häufig gespielte Variante der Trompovsky-Eröffnung.

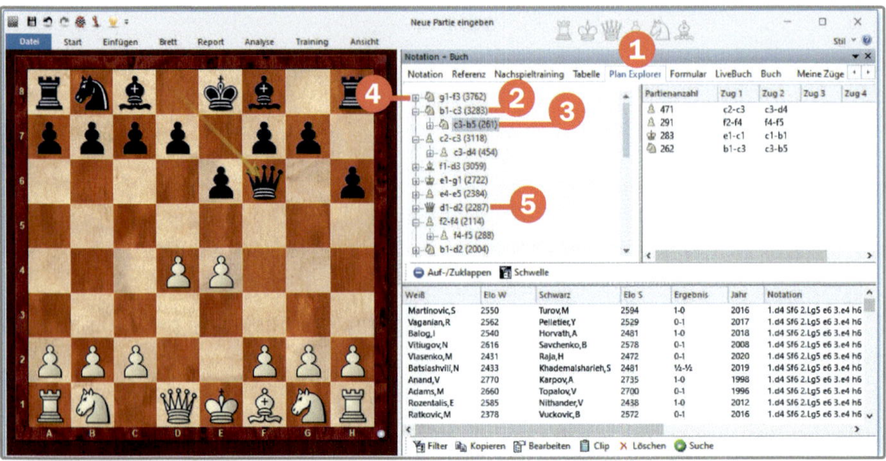

Im Plan Explorer sehen Sie nun beispielsweise, dass, ausgehend von dieser Stellung, in 3283 Partien der Springer b1 nach c3 entwickelt wurde ② (Abbildung oben) und dass in 261 dieser Partien der Springer außerdem von c3 nach b5 gezogen wurde ③ – die Anzahl der Partien, in denen die entsprechenden Züge vorkommen, wird jeweils durch den Zahlenwert innerhalb der Klammer angezeigt. Ebenso wurde in 3762 Partien der Springer von g1 nach f3 ④ und zum Beispiel in 2287 Partien die Dame von d1 nach d2 ⑤ gezogen und so weiter. In welchem Zug genau das passiert ist, spielt bei der Betrachtung keine Rolle; es geht allein um den Entwicklungsaufbau beziehungsweise um die Pläne, die damit verbunden sind, nicht um konkrete Zugfolgen.

Direkt unterhalb der Zugliste befinden sich die beiden Schaltflächen ***Auf-/Zuklappen*** und ***Schwelle***. Per Klick auf ***Auf-/Zuklappen*** können Sie die Folgezüge, wie in der obigen Abbildung zum Beispiel den Springerzug von c3 nach b5 ③ (Abbildung oben), ein- und ausblenden. Ein Klick auf ***Schwelle*** öffnet ein Dialogfeld, in dem Sie gegebenenfalls neu festlegen können, mit welcher Häufigkeit eine Figurenentwicklung in den Partien Ihrer Referenz-

datenbank vorkommen muss, damit sie in der Liste berücksichtigt wird. Der in der folgenden Abbildung eingestellte Wert 6 6 bedeutet zum Beispiel, dass ein Zug in mindestens 6 % der Partien vorkommen muss, damit er gelistet wird. Je kleiner der Wert, desto umfangreicher ist also die Zugliste. Auf der anderen Seite schränken Sie mit einem höheren Schwellenwert die Anzeige auf die wirklich wichtigen Züge ein.

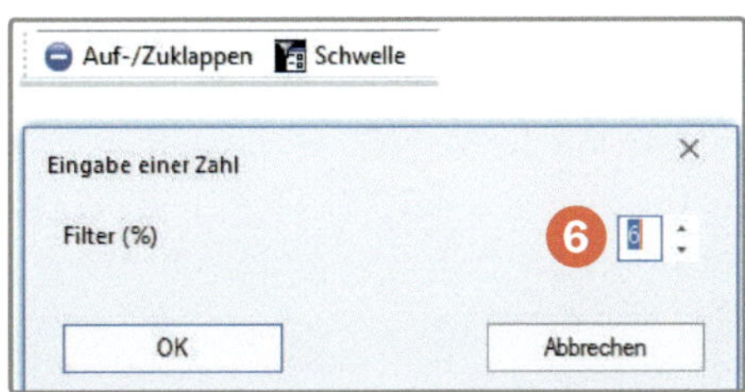

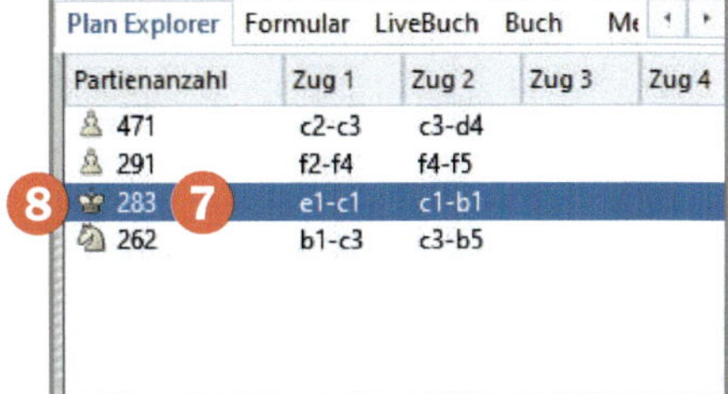

Der Fensterbereich rechts neben der Listenanzeige mit den möglichen Fortsetzungen zeigt, welche Manöver auf der Grundlage der berücksichtigten Partien sich als besonders erfolgversprechend erwiesen haben. Hier erscheinen immer die Folgezüge, und die Zahlen in der ersten Spalte 7 (Abbildung oben rechts) geben die Anzahl der Partien wieder, in denen das komplette Manöver vorkommt, also zum Beispiel in der folgenden Abbildung für den König 8 (markierte Zeile) die lange Rochade (***e1-c1*** in der Spalte ***Zug 1***) sowie im Weiteren der Königszug von c1 nach b1.

Wenn Sie im Plan Explorer im linken Bereich einen Zug oder im rechten Bereich ein Manöver selektieren, erscheinen in der unteren Partienliste genau die Partien der Referenzdatenbank, in denen der ausgewählte Zug beziehungsweise das ausgewählte Manöver vorkommt. Wie in jeder Partienliste können Sie die Spalten sortieren (zum Beispiel nach Ergebnis, um sich einen schnellen Überblick über die Erfolgsaussichten eines Manövers zu verschaffen) und einzelne Partien per Doppelklick öffnen. Somit finden Sie hier genügend Anschauungsmaterial, um sich mit den typischen Plänen schnell vertraut zu machen. Schauen Sie sich an, wie starke Spieler diese in ihren Partien umgesetzt haben.

Eine gute Ergänzung zum Plan Explorer ist der Eröffnungsreport, der ebenfalls Informationen zu konkreten Zügen und bereits ausprobierten Entwicklungsplänen liefert. Klicken Sie im Brettfenster in der ersten Gruppe der Registerkarte ***Report*** auf die Schaltfläche ***Eröffnungsreport***, um ausgehend von der aktuellen Brettstellung einen Eröffnungsreport zu generieren.

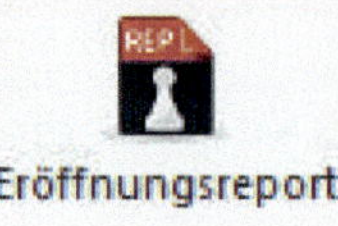

Sie erhalten einen HTML-Bericht, in dem die in der Brettstellung gespielten Züge aufgelistet und die weiteren Entwicklungsmöglichkeiten skizziert werden. Außerdem liefert der Eröffnungsreport auch sehr spezielle Informationen; Sie erfahren zum Beispiel, ob Weißsiege, Schwarzsiege und Remispartien kürzer oder länger sind als üblich, oder mit welcher Häufigkeit die Partien ein Endspielstadium erreichen.

5.6 Mit der Zentibauernanalyse einem Betrugsverdacht nachgehen

Hinweis: Die Abbildungen für diesen Tipp haben wir ausnahmsweise von der Vorauflage übernommen. Sie basieren also auf ChessBase 16, Sie werden sich aber anhand dieser Abbildungen auch in ChessBase 17 ohne Weiteres zurechtfinden – lediglich das Symbol auf der Schaltfläche ***Zentibauernanalyse*** (Schritt 4 der folgenden Anleitung) sieht in ChessBase 17 etwas anders aus; es ist daher in Schritt 4 zusätzlich abgebildet. Funktionell hat sich bei der Zentibauernanalyse in ChessBase 17 gegenüber ChessBase 16 nichts geändert.

Die Zentibauernanalyse, die auch Zentibauernverlust-Analyse genannt wird, kann Ihnen dabei helfen, festzustellen, ob Ihr Online-Schachgegner Sie betrogen, also während der Partie eine Schachengine verwendet hat.

Zenti (lat. centum = hundert) ist ein Präfix für den Wert 0,01, also für ein Hundertstel, und eine hundertstel Bauerneinheit ist der übliche Bewertungsmaßstab im Engineschach. Daher rührt der Name Zentibauernanalyse beziehungsweise Zentibauernverlust-Analyse. Ein Zentibauernverlust ergibt sich bei jedem Zug, der schlechter als der von der Engine bevorzugte Zug ist. Ein schlechter beziehungsweise nicht optimaler Zug entspricht dem Verlust von soundso viel Zentibauern (1/100 Bauern). Der genaue Wert ergibt sich aus dem Abstand des gespielten Zuges zum besten Enginezug.

Die Ergebnisse der Zentibauernanalyse sind natürlich umso zuverlässiger, je mehr Partien Sie auswerten lassen. Schließlich kann jeder Spieler in einer Partie einmal »über sich hinauswachsen«, daher kann man aus einer einzigen Partie in der Regel noch keinen Betrug ableiten (außer Ihr Gegner spielt ausschließlich Computerzüge, also Züge, die typisch für Engines sind). Lassen Sie von der Zentibauernanalyse also idealerweise mehrere Partien des zu überprüfenden Spielers auswerten. Das können Partien sein, die Sie selbst gegen ihn gespielt haben, aber auch Partien, die er gegen andere Gegner gespielt hat. Wenn ein Spieler in einer Partie mit Ihnen unerlaubte Hilfsmittel benutzt hat, wird es das vermutlich auch bei anderen Gegnern tun. Gehen Sie zum Beispiel folgendermaßen vor:

1. Speichern Sie die Partien des Spielers, die Sie für die Überprüfung heranziehen wollen, zusammen in einer Datenbank. Sie können dafür auch Ihre Clipdatenbank verwenden.

2. Öffnen Sie diese Datenbank. Klicken Sie also beispielsweise im Datenbankfenster doppelt auf das Datenbanksymbol. Es ist notwendig, die Datenbank zu öffnen, da die Zentibauernanalyse für die Direktliste des Datenbankfensters nicht zur Verfügung steht. Eine entsprechende Option findet sich dort weder in der Funktionsleiste noch im Kontextmenü des Direktfensters.

3 Selektieren Sie in der Partienliste die Partien, die Sie von der Zentibauernanalyse analysieren lassen wollen (wenn Sie die zu überprüfenden Partien Ihrer Clipdatenbank hinzugefügt haben und sich keine anderen Partien in der Datenbank befinden, können Sie mit ***Strg+A*** alle Partien auf einmal auswählen).

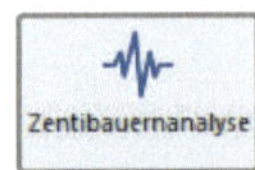

4 Klicken Sie auf der Registerkarte ***Analyse*** des Partienlistenfensters auf die Symbolschaltfläche ***Zentibauernanalyse*** ❶.

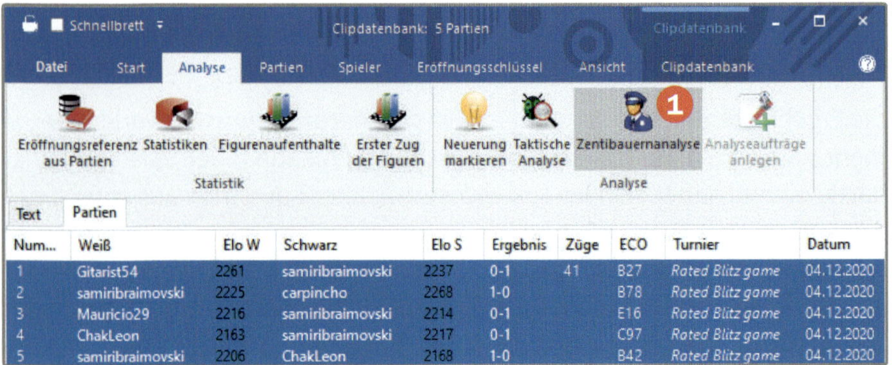

5 Es erscheint das Dialogfeld, das Sie in der Abbildung sehen. Geben Sie in diesem die Zeit in Sekunden an, die die Zentibauernanalyse im Durchschnitt für einen Zug verwenden soll ❷. Der empfohlene Wertebereich ❸ richtet sich nach Ihrer Hardware.

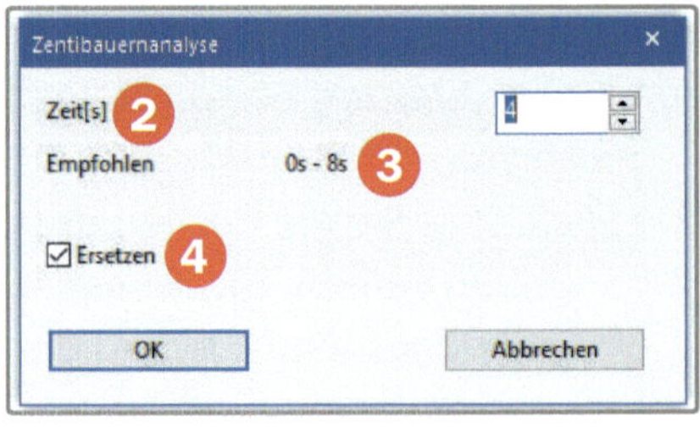

Je höher der Zeitwert, desto genauer ist die Analyse und desto länger dauert sie. Im Allgemeinen dürfte mit einem modernen schnellen Rechner ein Wert von null (entspricht 400 Millisekunden) bis vier Sekunden ausreichen, um eine aussagekräftige Zentibauernanalyse zu bekommen. Wählen Sie zum Beispiel einen Wert, der sich etwa in der Mitte des

empfohlenen Zeitwertbereichs befindet; bei null bis acht Sekunden, wie im Bild, zum Beispiel vier Sekunden.

6 Wenn Sie im Dialogfeld ***Zentibauernanalyse*** das Kontrollkästchen bei ***Ersetzen*** 4 (Abbildung vorige Seite) aktiviert lassen beziehungsweise es aktivieren, versieht die Zentibauernanalyse die Partien mit Kommentaren, wenn Sie im Anschluss das ***Ratings***-Dialogfeld, das nach dem Ende der Analyse erscheint, mit ***OK*** schließen.

7 Nachdem Sie die Angaben im Dialogfeld ***Zentibauernanalyse*** mit ***OK*** bestätigt haben, startet die Analyse. Jetzt müssen Sie nur noch warten, bis sie fertig ist. Wenn es so weit ist, erscheinen zwei Dialogfelder, die die Ergebnisse der Analyse enthalten.

8 Das Dialogfeld ***Ratings*** zeigt eine Grafik, in der die vertikale Achse 5 die Fehlerwerte und die horizontale Achse 6 die Elo-Zahlen ausweist. Je höher der Fehlerwert, desto »schlechter« hat jemand gespielt. Aktivieren Sie das Kontrollkästchen bei ***Namen*** 7, um die Namen der Spieler einzublenden. Die rote Linie 8 kann Ihnen für Ihre Beurteilung als grobe Orientierungshilfe dienen. Sie zeigt, mit welchem Fehlerwert bei welcher Elo-Zahl in langen Partien durchschnittlich zu rechnen ist. Bei Blitzpartien sind die Fehlerwerte natürlich entsprechend höher anzusetzen.

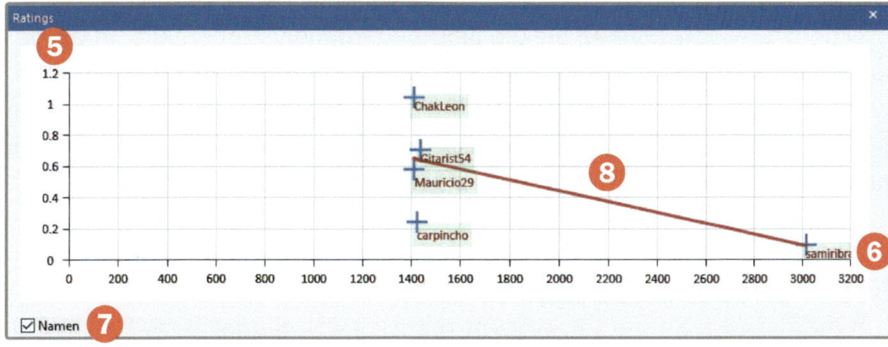

Anhand von fünf mit der Zentibauernanalyse ausgewerteten Blitzpartien lässt der durchschnittliche Fehlerwert des Spielers, dessen Name ganz rechts steht – und um den es bei der Auswertung ging –, darauf schließen, dass er unerlaubte Hilfsmittel benutzt.

9 Das mit ***Technische Meldungen*** betitelte Dialogfeld zeigt die Werte aller beteiligten Spieler für jede Partie. In der ersten Partie hat es zum Beispiel der Spieler mit dem Namen Gitarist54 (der Weiß-Spieler wird immer zuerst genannt) auf einen Zentibauernverlust (ZVB) von 70 gebracht (durchschnittlicher Fehlerwert 0,7 mal 100). Sein Gegner samiribraimovski glänzt dagegen mit einem ZVB von 3, was man nicht nur bei Blitzpartien als weltmeisterlich bezeichnen könnte. Dass seine ZVBs in den anderen Partien ähnlich liegen, erhärtet den Betrugsverdacht.

Zum Vergleich: Starke Großmeister erreichen in langen Partien ZVBs zwischen 15 und 25. Vereinsspieler bewegen sich normalerweise zwischen 30 und 60. Allerdings können die Werte stark schwanken. Auch Vereinsspieler schaffen in einer Partie durchaus einmal einen Wert um die 10 und besonders in ruhigen Remispartien liegen die Fehlerwerte tendenziell niedriger. Ein niedriger Fehlerwert in einer einzigen Partie ist daher noch kein Cheatingbeweis. Aussagekräftige Werte ergeben sich, wie gesagt, nur, wenn man von der Zentibauernanalyse mehrere Partien überprüfen lässt.

Die Zentibauernanalyse kann aber nicht nur zur Überprüfung von Gegnern auf unerlaubte Computerhilfe interessant sein. Letzten Endes können Sie mit der Zentibauernanalyse auch die Qualität Ihres eigenen Spiels überprüfen. Diesbezüglich kann auch eine kurze Analyse einer einzigen Partie im Brettfenster – dort können Sie die Zentibauernanalyse ebenfalls für die geladene Partie starten – durchaus aufschlussreich sein (die Zentibauernanalyse fügt in diesem Fall Kommentare in die Notation ein, die Sie aber beim Schließen des Brettfensters verwerfen können, indem Sie die Frage nach dem Speichern einfach mit ***Nein*** beantworten).

5.7 ChessBase deaktivieren

ChessBase wird mit einer Seriennummer ausgeliefert. Um das Programm nutzen zu können, müssen Sie es nach der Installation durch Eingabe dieser Seriennummer aktivieren.

Der Aktivierungsdialog wird unmittelbar nach der Installation automatisch eingeblendet, im Übrigen können Sie ChessBase jederzeit nachträglich über das ***Datei***-Menü aktivieren (***Datei/Aktivierung/Aktivieren***).

Sie können ChessBase mit derselben Seriennummer auf drei verschiedenen Computern gleichzeitig aktivieren und nutzen. Wenn dieses Kontingent erreicht ist, schlägt jeder Versuch einer weiteren Aktivierung fehl, mit dem Hinweis, dass die Seriennummer bereits in Verwendung ist.

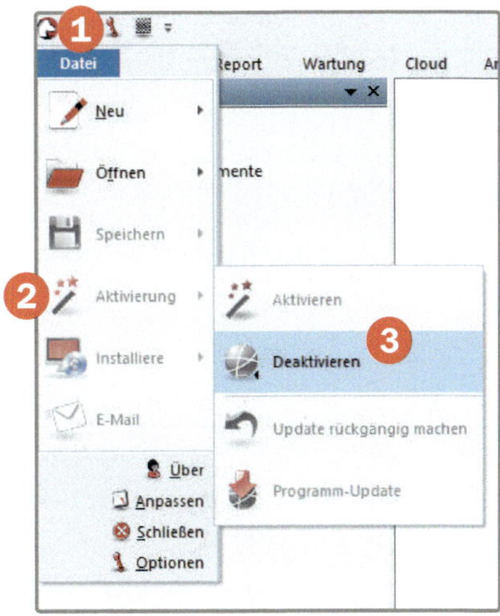

Sie sollten daher ChessBase-Installationen, die Sie nicht mehr benötigen, unbedingt deaktivieren, um immer das volle Aktivierungskontingent zur Verfügung zu haben – beispielsweise wenn Sie sich einen neuen Computer kaufen und ChessBase zukünftig auf diesem nutzen wollen. Um ChessBase auf Ihrem alten Computer, auf dem Sie es nicht mehr nutzen wollen, zu deaktivieren, klicken Sie links oben im Datenbankfenster auf ***Datei*** ❶ und anschließend auf ***Aktivierung*** ❷ und im Untermenü auf ***Deaktivieren*** ❸. Danach ist die bis dahin auf dem alten Rechner verwendete Seriennummer für andere ChessBase-Installationen frei.

Sollten Sie ChessBase auf einem Computer, auf dem Sie es deaktiviert haben, später einmal wieder nutzen wollen, können Sie es natürlich jederzeit mit der gleichen Seriennummer wieder aktivieren, vorausgesetzt die Seriennummer ist nicht bereits auf drei anderen Rechnern aktiv.

Deep Blue – Kasparov, Philadelphia 1996, Spiel 1

Diese berühmte Partie kennzeichnete einen Umschwung der Mächteverhältnisse in der zu dieser Zeit noch umkämpften Schachrivalität zwischen Mensch und Maschine. Das erste Mal verlor ein amtierender Weltmeister unter Turnierbedigungen gegen ein Computerprogramm.
Auch wenn Kasparov das Match am Ende 4 zu 2 gewinnen sollte, war es ausschlaggebend für einen Paradigmenwechsel in der Schach-Community, der Schachcomputern zu mehr Respekt und Anerkennung verhalf.
Das Revanche-Match nur ein Jahr darauf entschied Deep Blue für sich.

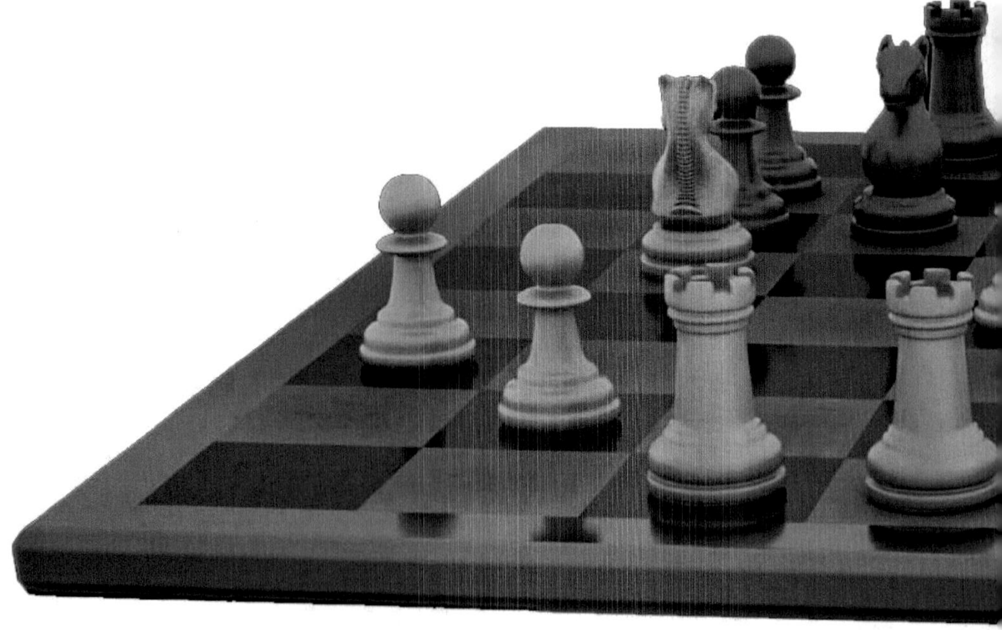

6 Online-Funktionen und -Features

ChessBase bietet zahlreiche Online-Funktionen und Webangebote, die Sie aus dem Programm heraus sofort nutzen können. Wir werden im Folgenden auf die grundlegenden sowie auf die interessantesten eingehen.

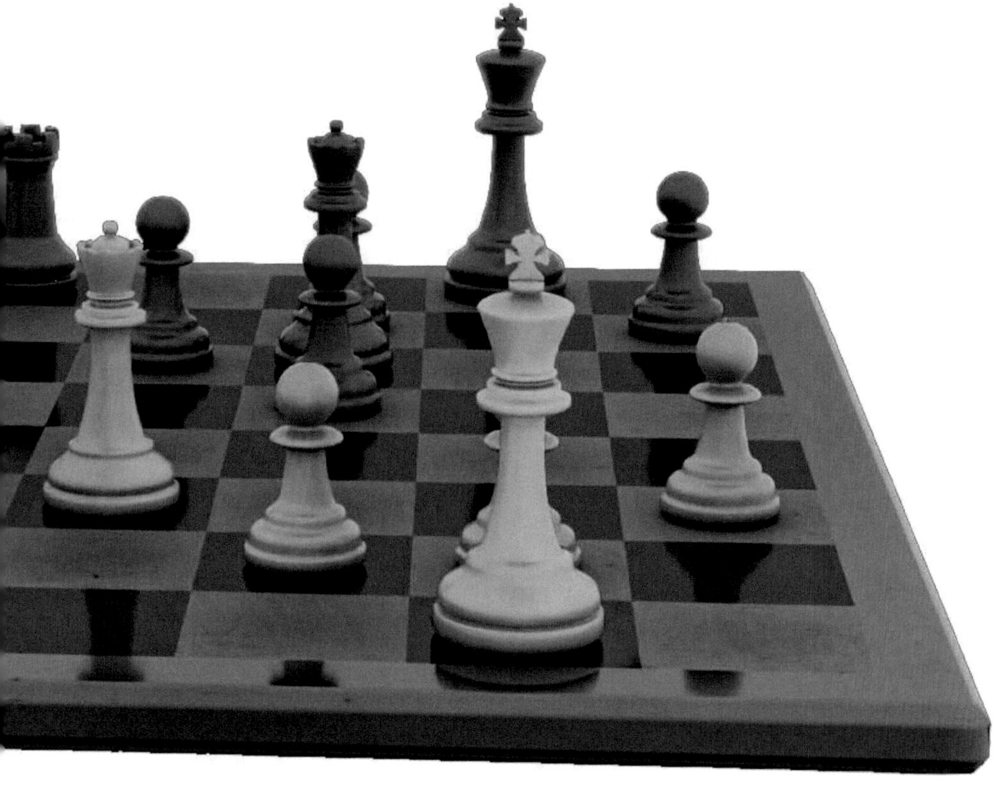

6.1 Sich bei ChessBase anmelden

Die Anmeldung mit einem ChessBase Account bringt etliche Vorteile. Sie haben so Zugriff auf zahlreiche Online-Angebote, zum Beispiel auf die Datenbank-Cloud und die Engine-Cloud, Sie können den Datenbank-Update-Service in Anspruch nehmen (siehe hierzu 6.5, »Update-Service für die Mega Database«) oder zum Beispiel Fritz-Online als Sparringspartner engagieren.

Um sich am ChessBase-Server anzumelden, klicken Sie im Datenbankfenster in der Gruppe ***ChessBase Account*** der Registerkarte ***Start*** auf die erste Symbolschaltfläche ❶.

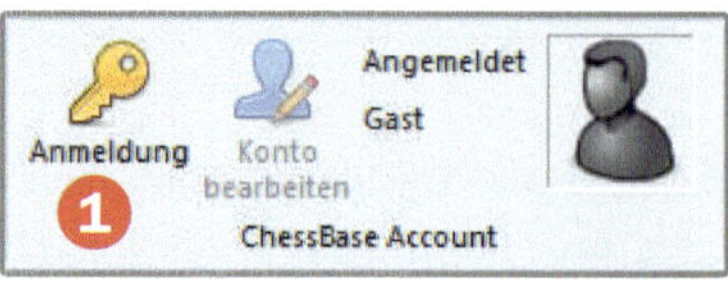

Daraufhin erscheint das folgende Dialogfeld. Geben Sie hier im Feld ***Name*** ❷ Ihren ChessBase-Benutzernamen und im Feld darunter ❸ das zugehörige Kennwort ein. Klicken Sie anschließend auf ***OK***. Danach sind Sie angemeldet.

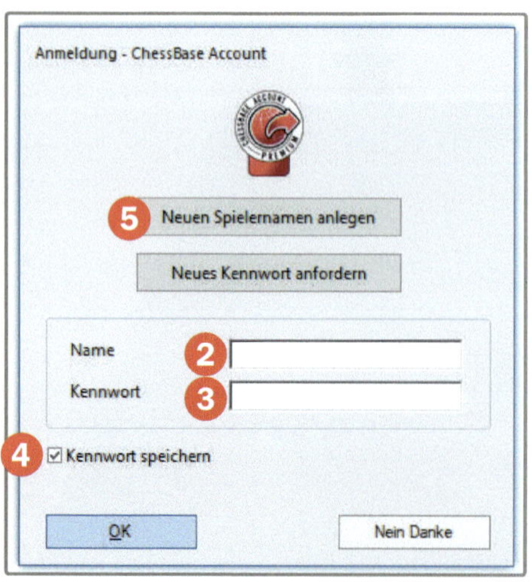

Wenn Sie die Option ***Kennwort speichern*** aktivieren ❹, brauchen Sie das Kennwort beim nächsten Mal nicht mehr einzugeben (beachten Sie jedoch, dass Sie das Häkchen gegebenenfalls bei jeder Anmeldung setzen müssen, andernfalls »vergisst« ChessBase das Kennwort wieder).

Falls Sie noch keinen ChessBase Account besitzen, führt Sie ein Klick auf die Schaltfläche ***Neuen Spielernamen anlegen*** ❺ (Abbildung vorherige Seite) direkt zur Internetseite ***https://account.chessbase.com/de/create-account***, wo Sie sich einen ChessBase Account besorgen können. Klicken Sie hierzu auf ***REGISTRIEREN*** ❻, falls das Registrierungsformular auf der Webseite nicht sofort angezeigt wird. Ein einfacher ChessBase Account ist kostenfrei und er bietet bereits zahlreiche, ebenfalls kostenfreie, Angebote (Informationen zum Premium-Account erhalten Sie in 6.3, »Noch mehr Vorteile mit einem ChessBase-Premium-Account«).

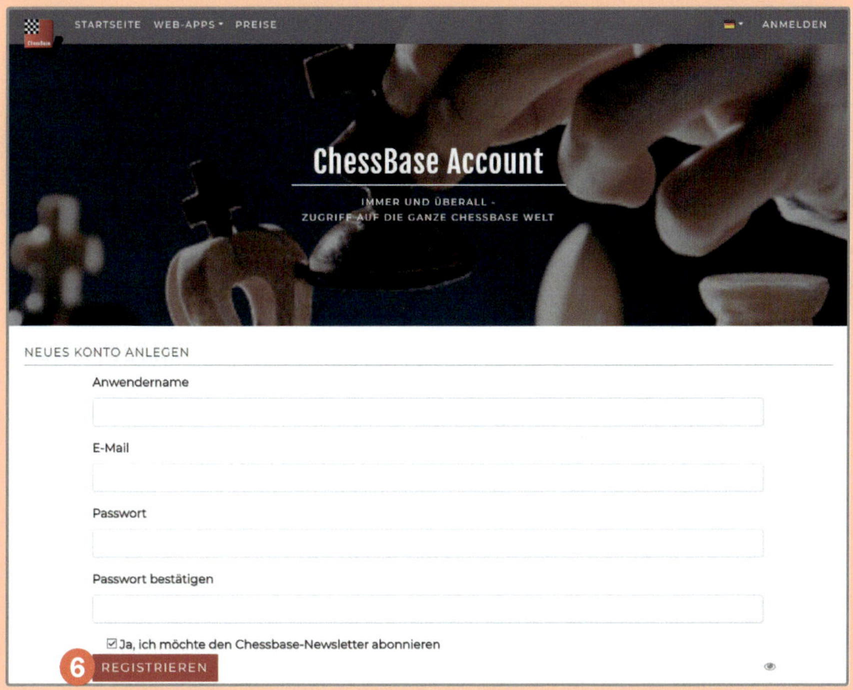

STARTSEITE WEB-APPS PREISE ANMELDEN
ChessBase Account
IMMER UND ÜBERALL -
ZUGRIFF AUF DIE GANZE CHESSBASE WELT
NEUES KONTO ANLEGEN
Anwendername
E-Mail
Passwort
Passwort bestätigen
☑ Ja, ich möchte den Chessbase-Newsletter abonnieren
6 REGISTRIEREN

Nachdem Sie angemeldet sind, sehen die Optionen in der Gruppe ***ChessBase Account*** wie in nebenstehenden Abbildung aus. Wenn Sie sich später wieder abmelden wollen, klicken Sie nur einmal auf ***Abmelden*** ❼.

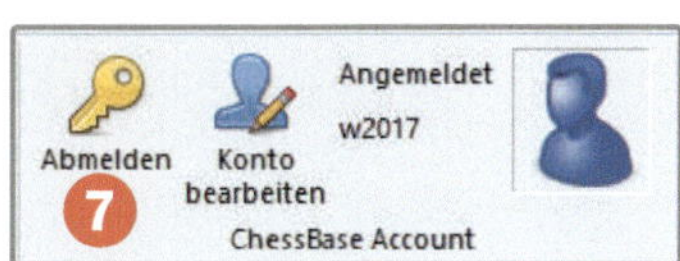

6.2 Sich bei Playchess anmelden

Wenn Sie sich bereits wie in 6.1, »Sich bei ChessBase anmelden«, beschrieben bei ChessBase angemeldet haben, dann genügt ein Klick auf die Schaltfläche ***Playchess.com***, um direkt zum Playchess-Server zu gelangen (die Schaltfläche befindet sich links unten im Datenbankfenster). In diesem Fall nutzen Sie Playchess immer mit Ihrem ChessBase Account (die Alternative besteht in einem Gastkonto; dazu erfahren Sie gleich mehr).

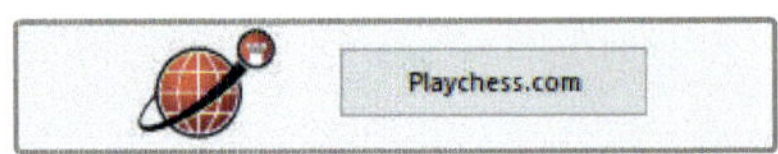

Wenn Sie dagegen aktuell nicht bei ChessBase angemeldet sind, dann erscheint das folgende Dialogfeld, wenn Sie auf die Schaltfläche ***playchess.com*** klicken. Hier haben Sie ebenfalls die Möglichkeit, sich anzumelden. Geben Sie dazu den Namen und das Kennwort Ihres ChessBase Accounts in die beiden oberen Felder ein ❶ ❷ und klicken Sie anschließend auf die dann aktivierte Schaltfläche ***Anmeldung*** ❸. Sie werden danach gleich zu Playchess weitergeleitet.

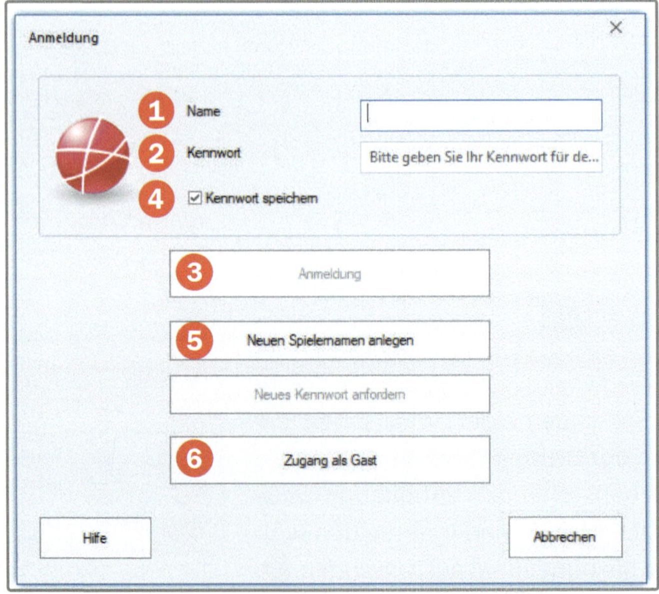

Die Bedeutungen der Optionen ***Kennwort speichern*** ❹ sowie ***Neuen Spielernamen anlegen*** ❺ sind die gleichen wie sie in 6.1, »Sich bei ChessBase anmelden«, für das Dialogfeld ***Anmeldung – ChessBase Account*** beschrieben sind.

Sie können Playchess aber auch ohne Ihr ChessBase-Konto – gewissermaßen anonym – nutzen, beispielsweise um schnell mal ein paar Partien Schach zu spielen, ohne dass diese in Ihrem ChessBase-Profil gespeichert werden. Klicken Sie in diesem Fall auf die Schaltfläche ***Zugang als Gast*** ❻.

Beachten Sie, dass Sie keinen Zugriff auf das Datenbankfenster haben, während Sie Playchess – entweder mit Ihrem ChessBase Account oder mit einem Gastkonto – nutzen. Das Playchess-Fenster »verdrängt« gewissermaßen das Datenbankfenster.

Um eine Playchess-Sitzung zu beenden, klicken Sie entweder auf den kleinen Schließen-Button in der rechten oberen Ecke oder Sie klicken in der linken oberen Ecke auf ***Datei*** und dann im aufklappenden Menü auf ***Schließen***. Nach Bestätigen des Abmeldedialogs mit ***OK*** erscheint wieder das Datenbankfenster.

Übrigens melden Sie sich damit lediglich vom Playchess-Server ab. Falls Sie ChessBase vor der Verbindung mit Playchess mit Ihrem Account genutzt hatten, bleiben Sie in ChessBase natürlich angemeldet.

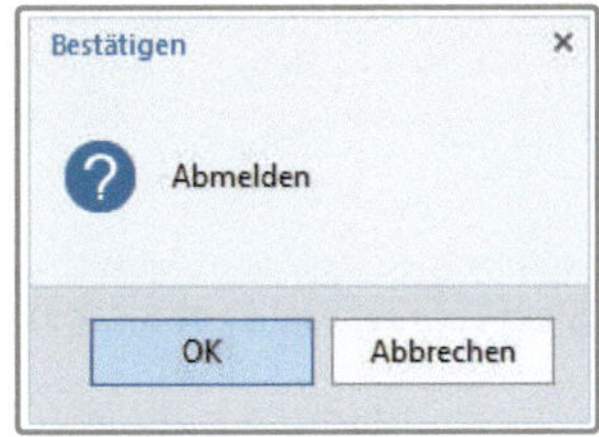

Ein Klick auf ***OK*** meldet Sie von Playchess ab, bei ChessBase bleiben Sie jedoch angemeldet.

6.3 Noch mehr Vorteile mit einem ChessBase-Premium-Account

Ein ChessBase Account ist grundsätzlich kostenlos und dieser eröffnet Ihnen bereits den Zugang zu vielen nützlichen und interessanten Web-Angeboten von ChessBase. Das Nonplusultra ist jedoch ein Premium Account. Dieser bietet den perfekten unbegrenzten Zugang zu allen ChessBase-Web-Apps.

Als ChessBase-Anwender können Sie sich das Ganze in Ruhe anschauen, denn Sie können die kompletten Angebote erst einmal kostenfrei nutzen. Jede ChessBase-Seriennummer beinhaltet nämlich gleichzeitig eine dreimonatige Premium-Mitgliedschaft für den ChessBase-Account.

Um das Angebot zu nutzen, besuchen Sie die Webseite ***https://account.chessbase.com/me/me***, wenn Sie bei ChessBase registriert und angemeldet sind (wie Sie sich bei ChessBase registrieren und anmelden, lesen Sie in 6.1, »Sich bei ChessBase anmelden«, ab Seite 230). Geben Sie auf der Seite Name und Kennwort Ihres ChessBase-Accounts ein, und klicken Sie auf ***ANMELDEN***. Klicken Sie danach auf der Folgeseite etwas weiter unten, im Abschnitt ***MEIN CHESSBASE ACCOUNT*** beziehungsweise ***MY CHESSBASE ACCOUNT***, falls auf der Webseite die englische Sprache eingestellt ist, auf ***SERIENNUMMER EINGEBEN*** beziehungsweise ***ENTER SERIAL NUMBER*** und geben Sie anschließend Ihre Seriennummer ein. Mit ***SAVE*** beziehungsweise ***SPEICHERN*** aktivieren Sie einen kostenfreien dreimonatigen Premium-Zugang.

Einen Überblick über die Vorteile eines Premium Accounts erhalten Sie auf der Webseite ***https://account.chessbase.com/de/matrix***.

6.4 Die Onlinedatenbank nutzen

Über Ihr ChessBase-Programm haben Sie jederzeit Zugriff auf eine umfangreiche Onlinedatenbank. Die einzige Voraussetzung ist eine bestehende

Internetverbindung. Die Onlinedatenbank wird von ChessBase ständig aktualisiert und es stehen zeitnah Partien aus aktuellen Turnieren bereit.

Sie können die Onlinedatenbank praktisch so verwenden wie eigene Datenbanken, also zum Beispiel Partien lokal speichern usw. Angenommen, Sie interessieren sich für Partien mit einer bestimmten Stellung, sagen wir eine Stellung, die sich nach der Zugfolge ***1. e4 c5 2. d4 cxd4 3. c3 dxc3 4. Sxc3*** ergibt. In diesem Fall gehen Sie nicht viel anders vor, als wenn Sie die Partien in Ihrer Mega Base suchen würden:

1 Geben Sie die Züge ***1. e4 c5 2. d4 cxd4 3. c3 dxc3 4. Sxc3*** in ein Brettfenster ein.

2 Klicken Sie mit der rechten Maustaste auf das Schachbrett und wählen Sie ***Online*** im Kontextmenü. Alternativ klicken Sie auf der Registerkarte ***Start*** auf die Schaltfläche ***Online*** ❶.

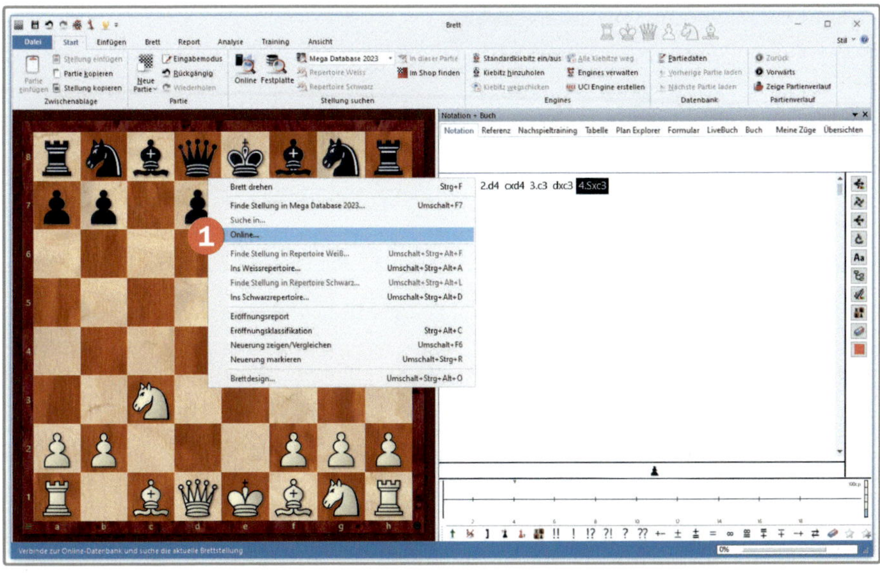

3 Die Partien erscheinen sofort im Brettfenster in einem mit ***Onlinedatenbank*** betitelten Bereich ②. Hier können Sie mit der Partienliste so verfahren, wie Sie es von anderen Partienlisten gewohnt sind. Um eine Partie im Brettfenster anzuzeigen, klicken Sie sie einfach in der Partienliste an. Genauso gut können Sie eine oder mehrere Partien von der Onlinedatenbank in Ihre eigenen Datenbanken kopieren, und mit ***F5*** fügen Sie Partien Ihrer Clipdatenbank hinzu (siehe 2.8, »Partien in eine andere Datenbank kopieren«, ab Seite 51 und 2.12, »Die Clipdatenbank verwenden«, ab Seite 65).

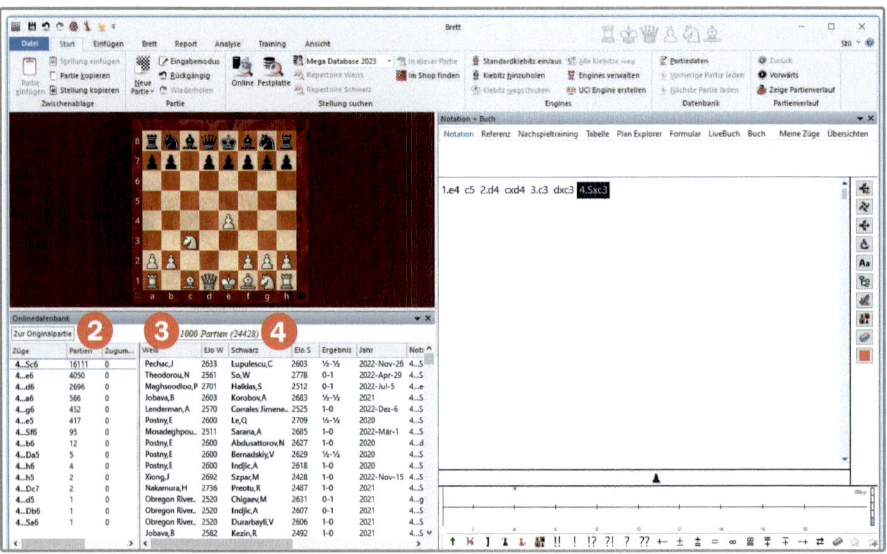

Partienlisten, die die Onlinedatenbank auf Anfrage liefert, beschränken sich jedoch immer auf 1000 Partien ③ (Abbildung oben; in den Klammern steht die Gesamtzahl der vorhandenen Partien, welche die Suchkriterien erfüllen ④). Ein Manko ist das aber nicht, da die besten Partien (Spieler mit hohen Elo-Zahlen) zuerst angezeigt werden. Dagegen ist die Beschränkung auf 1000 Partien für Anwender mit einer langsamen Internetverbindung sinnvoll, da damit lange Wartezeiten bis zur Anzeige der Partienliste vermieden werden.

Eine weitere Möglichkeit, die Onlinedatenbank abzufragen, besteht im Datenbankfenster. Wenn Sie im Datenbankfenster auf die Schaltfläche ***Online*** (Registerkarte ***Start***) klicken, erscheint das folgende Dialogfeld, in dem Sie eine einfache Textsuche durchführen können. Geben Sie in das Feld zum Beispiel den Namen des Spielers ein, von dem Sie Partien erhalten möchten.

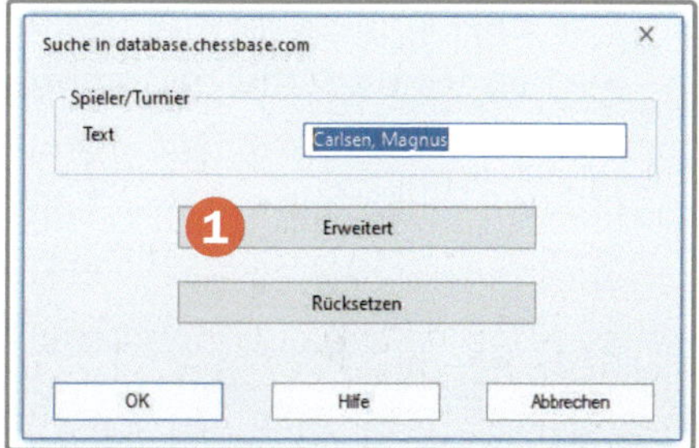

Über die Schaltfläche ***Erweitert*** 1 öffnen Sie eine Suchmaske mit etwas mehr Optionen. In dieser können Sie zum Beispiel die Mindestelozahlen der Spieler oder das Jahr über Auswahlfelder festlegen. Die Suchmaske ist jedoch nicht so umfangreich wie die der standardmäßigen erweiterten Datenbanksuche mit ihren Registerkarten.

Klicken Sie schließlich auf ***OK***, um die Onlinesuche mit den festgelegten Kriterien zu starten. Die Partienliste mit den gefundenen Partien erscheint in einem eigenen Fenster.

6.5 Update-Service für die Mega Database

Die Mega Database umfasst inzwischen mehr als neun Millionen Partien und jede Woche kommen mehrere tausend Partien hinzu. Wenn Sie eine Mega Database kaufen (im ChessBase-Premium-Paket ist sie mit enthalten), erwerben Sie zusätzlich eine spezielle Seriennummer für diese Datenbank. Mit dieser Seriennummer können Sie neue Partien in Ihre Mega Database automatisch einpflegen lassen, damit diese immer auf dem neuesten Stand bleibt.

Die Mega Database wird auch etwas kürzer ***Megabase*** genannt. Beide Bezeichnungen meinen ein und dieselbe Datenbank.

Führen Sie folgende Schritte durch, um von dem Partien-Update Gebrauch zu machen:

1 Zunächst sollten Sie Ihre Megabase als Referenzdatenbank einrichten. Klicken Sie dazu mit der rechten Maustaste auf das Datenbanksymbol und wählen Sie ***Eigenschaften*** im Kontextmenü. Setzen Sie im erscheinenden Dialogfeld ein Häkchen bei ***Referenzdatenbank*** ①.

Was es genau mit einer Referenzdatenbank auf sich hat, erfahren Sie in 2.15, »Eine Referenzdatenbank festlegen«, ab Seite 72.

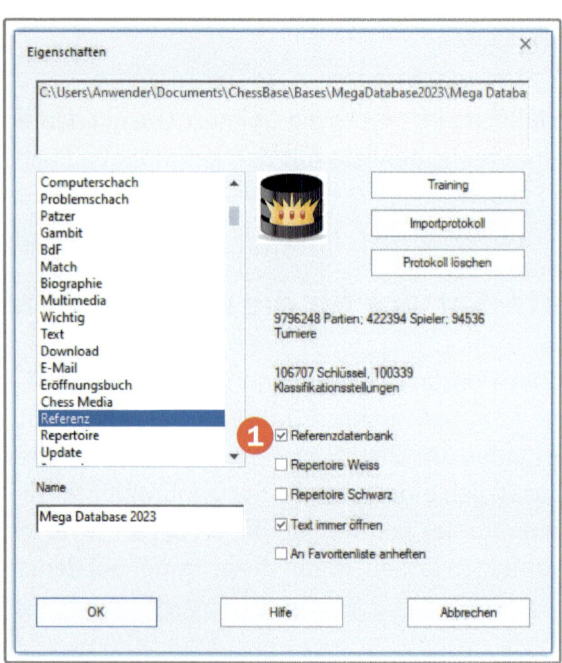

2 Melden Sie sie sich wie in 6.1, »Sich bei ChessBase anmelden«, beschrieben mit Ihrem ChessBase-Account an.

3 Klicken Sie links unten im ChessBase-Datenbankfenster, unterhalb des Datenbankexplorers, auf die Schaltfläche ***Neue Partien***.

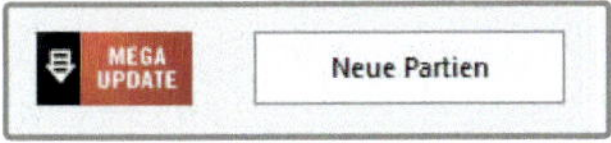

4 Es öffnet sich ein neues Fenster. Wählen Sie im linken oberen Bereich das Update entsprechend Ihrer Megabase aus, für die Mega Database 2023 zum Beispiel ***Update Megabase 2023*** ❷.

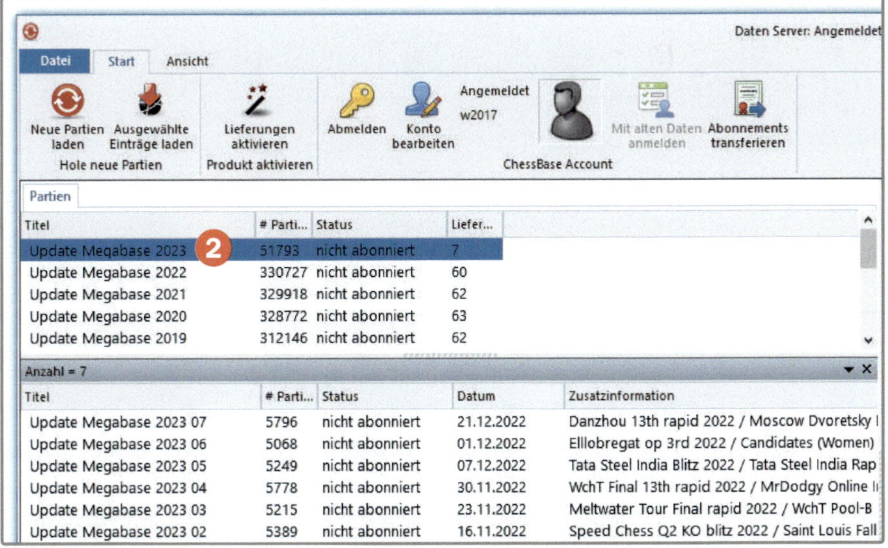

5 Klicken Sie in der oberen Funktionsleiste auf die Symbolschaltfläche ***Lieferungen aktivieren***.

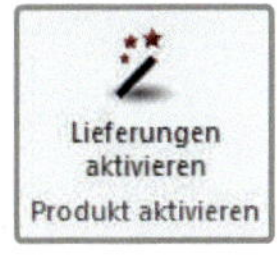

6 Daraufhin erscheint das Dialogfeld ***Abonnement aktivieren***. Geben Sie in diesem unter ***Aktivierungsschlüssel*** Ihre Megabase-Seriennummer ❸ (Abbildung nächste Seite) und im Feld darunter ❹ die vier angezeigten Buchstaben ein. Klicken Sie anschließend auf ***OK***.

Ein Klick auf die Schaltfläche ***Schlüssel kaufen*** ❺ führt Sie in den ChessBase Shop, wo Sie eine Megabase-Seriennummer erwerben können, falls Sie noch keine besitzen.

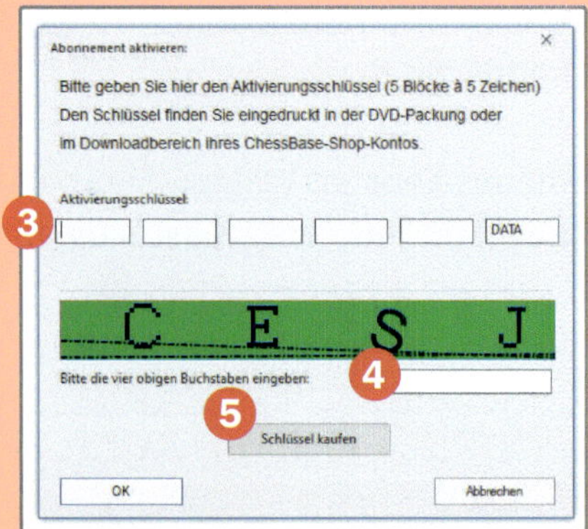

Wenn Sie Ihre Mega Database auf DVD gekauft haben, finden Sie den Aktivierungscode für den Update-Service innerhalb der Verpackung. Wenn Sie die Datenbank als Download im ChessBase Shop gekauft haben, finden Sie die Seriennummer in Ihrem Shop Account unter ***MEINE DOWNLOADS*** ❻ in den Kategorien ***Alle*** und ***Datenbanken*** ❼. Die direkte URL zu ***MEINE DOWNLOADS*** ist ***https://shop.chessbase.com/userspace/de/downloads***.

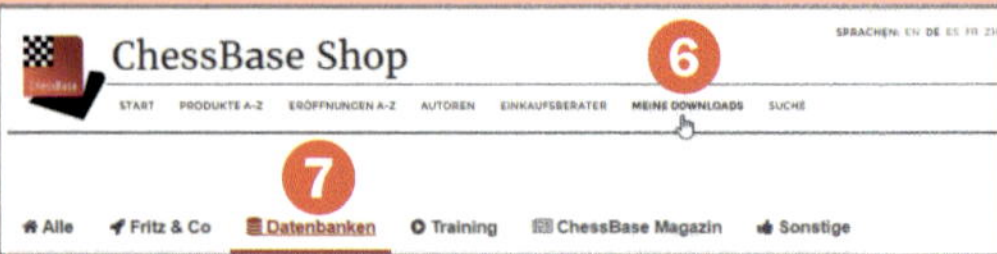

Klicken Sie einmal in den Abschnitt ***Mega Database*** und danach auf das deutsche ***Mega Datenbank*** ❽, um die Seriennummer anzuzeigen ❾. Per Klick auf das nebenstehende Symbol können Sie die Seriennummer kopieren.

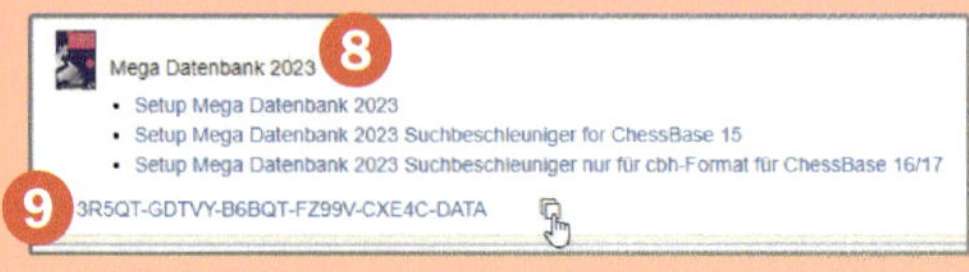

7 Nach der Aktivierung Ihres Abonnements genügt ein Klick auf die Schaltfläche ***Neue Partien laden***, um Ihrer Megabase alle neuen Partien hinzuzufügen. Mehr brauchen Sie jetzt nicht mehr zu tun, den Rest erledigt ChessBase von alleine. Berücksichtigen Sie jedoch, dass dies einige Zeit in Anspruch nehmen kann.

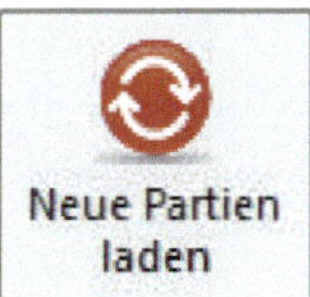

Statt eines kompletten Megabase-Updates können Sie aber auch nur die Partien bestimmter Turniere in die Datenbank einpflegen lassen. Und es gibt sogar noch weitere Optionen: Obwohl die neuen Partien eigentlich für die Megabase gedacht sind, können Sie sie auch in eine andere Datenbank integrieren oder für die neuen Partien gar eine eigene neue Datenbank erstellen lassen. Führen Sie Schritt 7 nicht durch, sondern machen Sie stattdessen folgendermaßen weiter, falls Sie sich für eine dieser Optionen entscheiden:

8 Markieren Sie die Updatepakete, die Sie beziehen wollen. Natürlich steht es Ihnen auch hier frei, per ***Strg+A*** alle Einträge, das heißt alle zur Verfügung stehenden Updatepakete, auszuwählen (ein Grund, dies zu tun, wäre, wenn Sie zwar alle Partien beziehen, diese jedoch nicht wie in Schritt 7 mit ***Neue Partien laden*** in der Mega Database, sondern in einer anderen Datenbank Ihrer Wahl hinzufügen möchten).

In der folgenden Abbildung stehen zum Beispiel sieben Updatepakete zum Download bereit – die Anzahl sehen Sie in der Titelzeile dieses Fensterbereichs ⑩ (Abbildung nächste Seite). Ein Updatepaket umfasst jeweils mehrere Turniere. Welche das sind und welche bekannten Spieler daran teilgenommen haben, sehen Sie im rechten Fensterbereich, wenn Sie die entsprechende Updatepaket-Zeile selektieren.

Die Spalte ***Status*** ⑪ informiert Sie darüber, ob Sie ein Updatepaket in der Vergangenheit schon einmal heruntergeladen haben. Falls ja, enthält der Eintrag den Text ***heruntergeladen***, andernfalls ***nicht heruntergeladen***. Unabhängig davon, können Sie ein Paket so oft herunterladen, wie Sie wollen – zum Beispiel, um die gleichen Partien in verschiedenen

Datenbanken hinzuzufügen. Beachten Sie aber, dass ChessBase nicht kontrolliert, wenn Sie ein Updatepaket für ein und dieselbe Datenbank wiederholt laden. In diesem Fall fügt der Update-Service die Partien einfach noch einmal hinzu (wie Sie doppelte Partien nachträglich aus einer Datenbank entfernen, erfahren Sie in 2.11, »Doppelte Partien erkennen und löschen«).

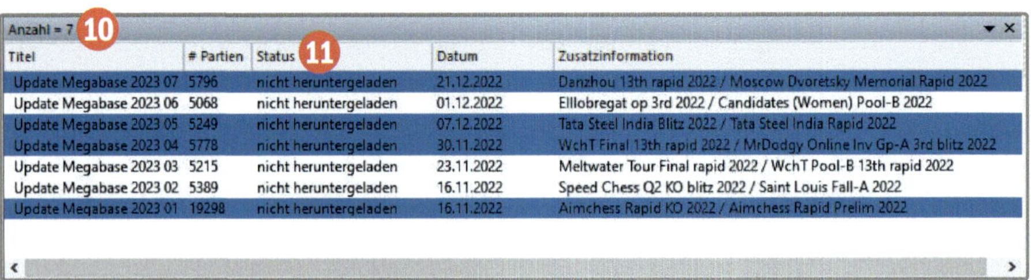
Anzahl = 7 10

Titel	# Partien	Status 11	Datum	Zusatzinformation
Update Megabase 2023 07	5796	nicht heruntergeladen	21.12.2022	Danzhou 13th rapid 2022 / Moscow Dvoretsky Memorial Rapid 2022
Update Megabase 2023 06	5068	nicht heruntergeladen	01.12.2022	Elllobregat op 3rd 2022 / Candidates (Women) Pool-B 2022
Update Megabase 2023 05	5249	nicht heruntergeladen	07.12.2022	Tata Steel India Blitz 2022 / Tata Steel India Rapid 2022
Update Megabase 2023 04	5778	nicht heruntergeladen	30.11.2022	WchT Final 13th rapid 2022 / MrDodgy Online Inv Gp-A 3rd blitz 2022
Update Megabase 2023 03	5215	nicht heruntergeladen	23.11.2022	Meltwater Tour Final rapid 2022 / WchT Pool-B 13th rapid 2022
Update Megabase 2023 02	5389	nicht heruntergeladen	16.11.2022	Speed Chess Q2 KO blitz 2022 / Saint Louis Fall-A 2022
Update Megabase 2023 01	19298	nicht heruntergeladen	16.11.2022	Aimchess Rapid KO 2022 / Aimchess Rapid Prelim 2022

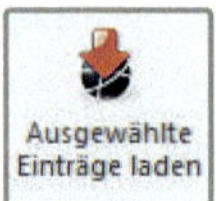

9 Klicken Sie auf die Schaltfläche ***Ausgewählte Einträge laden***, nachdem Sie die Updatepakete ausgewählt haben.

10 Das Laden der Partien kann nun ein paar Sekunden dauern. Warten Sie, bis dieses Dialogfeld erscheint.

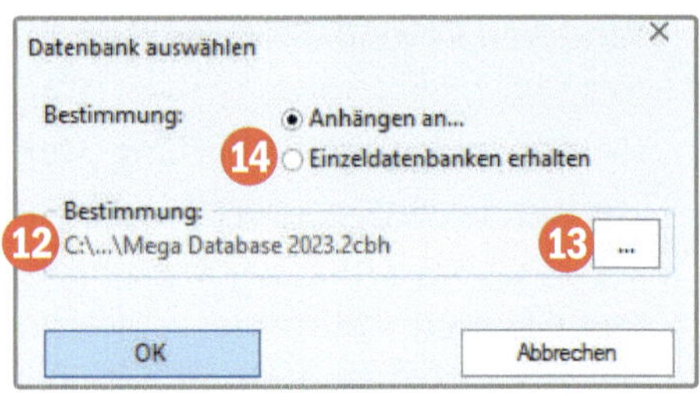

11 Nun haben Sie die Wahl: Voreingestellt als Zieldatenbank ist die Megabase ⓬. Über die Schaltfläche mit den drei Punkten ⓭ können Sie eine andere Zieldatenbank festlegen. Wenn Sie die heruntergeladenen Partien dagegen in neuen Datenbanken speichern wollen, aktivieren Sie das Optionsfeld ***Einzeldatenbanken erhalten*** ⓮. ChessBase legt dann im Datenbankpfad unter ***Download/Subscription*** für jedes geladene Updatepaket eine separate Datenbank an und speichert die neuen Partien darin.

12 Klicken Sie im Dialogfeld ***Datenbank auswählen*** auf ***OK***, um die neuen Partien in der gewählten Zieldatenbank beziehungsweise in Einzeldatenbanken zu speichern.

Übrigens: Jede neue Megabase enthält automatisch auch die Partien der Mega Datenbanken aus den Vorjahren sowie die neu eingepflegten oder korrigierten, historischen Schachpartien. Wenn Sie also eine aktuelle Mega Datenbank installiert haben, brauchen Sie Ihre älteren Megabase-Versionen natürlich nicht mehr zu aktualisieren.

Und noch ein Hinweis: Das aktivierte Megabase-Abonnement wird direkt mit Ihrem ChessBase Account verknüpft. Daher können Sie von jedem Ihrer Rechner, also zum Beispiel auch während einer Reise vom Notebook aus, auf alle neuen Partien zugreifen, ohne dass Sie die Updates auf jedem Gerät einzeln aktivieren müssen.

6.6 ChessBase auf dem neuesten Stand halten

Da gerade von Updates die Rede ist: So wie es einen Update-Service für Datenbanken gibt, genauso versorgt ChessBase Sie selbstverständlich mit Aktualisierungen für das Programm selbst.

Zwar erscheint beim Start von ChessBase automatisch ein Popup, das darauf hinweist, wenn es eine neue Programmversion gibt. In diesem Fall brauchen Sie nur einmal in das Popup zu klicken, um die neueste Version zu installieren.

Eine neue Programmversion steht für Sie bereit. Download jetzt starten?

Programm-Update

Dennoch gibt es Gründe für die im Folgenden beschriebene manuelle Installation, beispielsweise wenn man momentan sehr beschäftigt ist, gleichzeitig mit anderen Anwendungen arbeitet und einen günstigeren Zeitpunkt abwarten möchte. Außerdem kann man das genannte Popup erfahrungsgemäß leicht übersehen und versehentlich »wegklicken«.

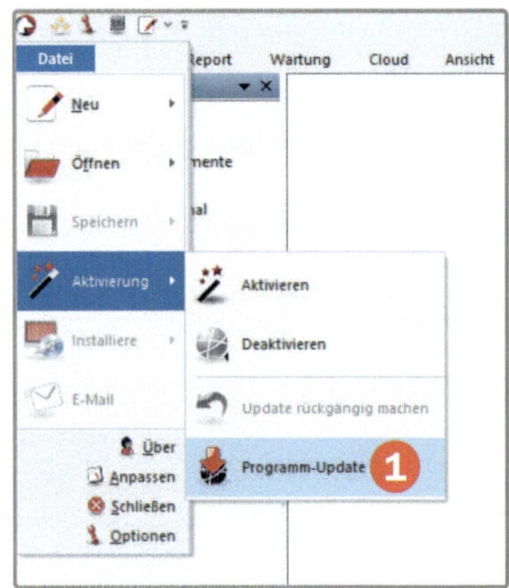

Um anstehende Aktualisierungen für Ihr ChessBase-Programm manuell herunterzuladen und zu installieren, klicken Sie im Datenbankfenster auf ***Datei*** und anschließend auf ***Aktivierung*** und im Untermenü auf ***Programm-Update*** ❶.

Falls Ihr ChessBase bereits auf dem neuesten Stand ist, erscheint im folgenden Meldungsfenster eine entsprechende Mitteilung beziehungsweise neben ***Update Version*** steht nichts, also keine Zahl – in diesem Fall brauchen Sie nichts zu tun. Falls Programm-Updates erhältlich sind, informiert das Meldungsfenster über die momentan installierte (***Ihre Version***) sowie die erhältliche Programmversion (***Update Version***). Klicken Sie in diesem Fall auf ***Ja***, um die neueste ChessBase-Version zu installieren und folgen Sie im Weiteren den Anweisungen des Assistenten.

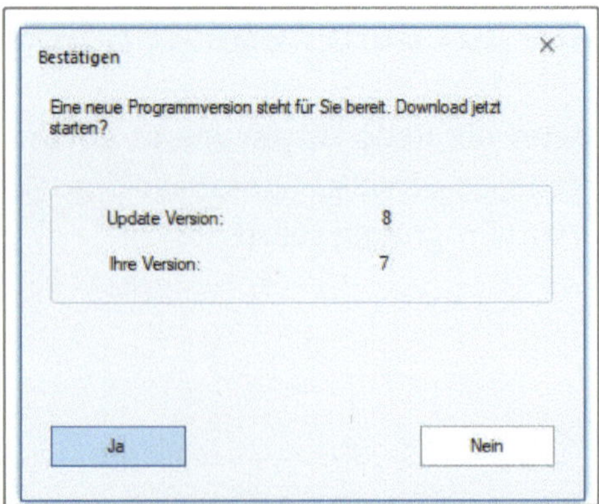

An Ihren ChessBase-Einstellungen, dem Brett-Layout usw. ändert sich mit der Installation von Programm-Updates selbstverständlich nichts. Das heißt, Sie finden Ihre ChessBase-Umgebung so vor wie vor der Update-Installation.

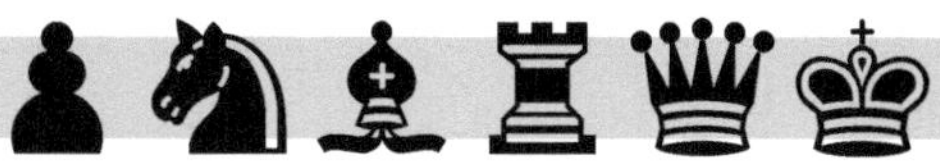

Index

Symbole

A

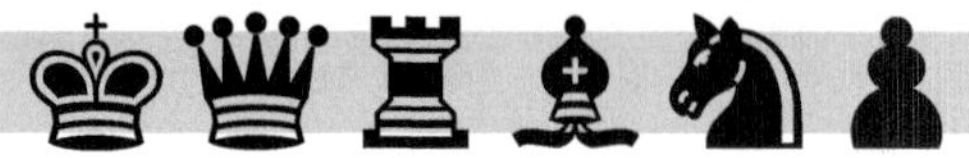

B

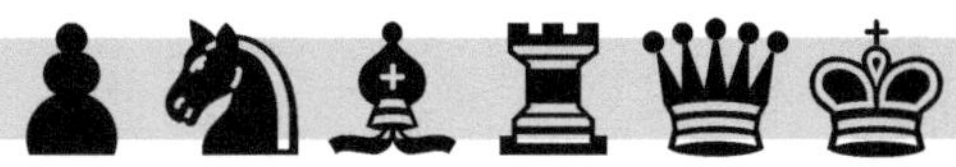

C

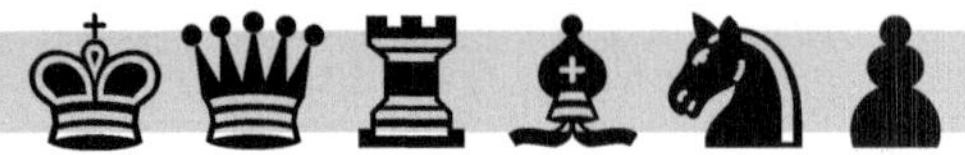

D

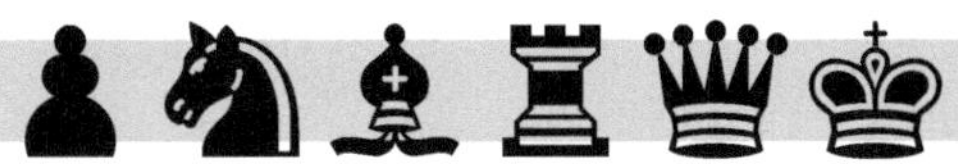

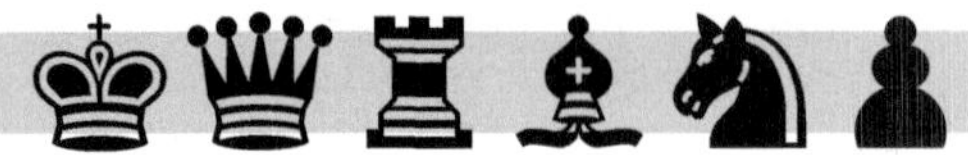

E

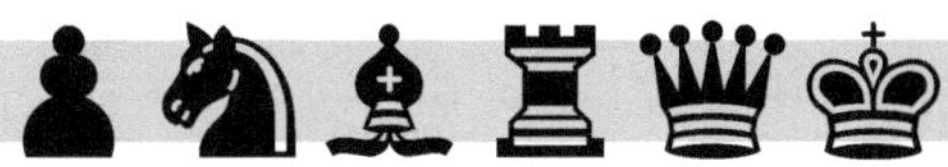

F

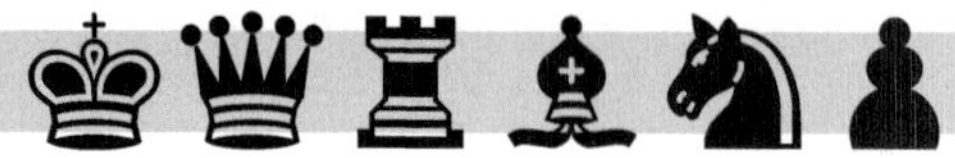

G

H

I

J

K

L

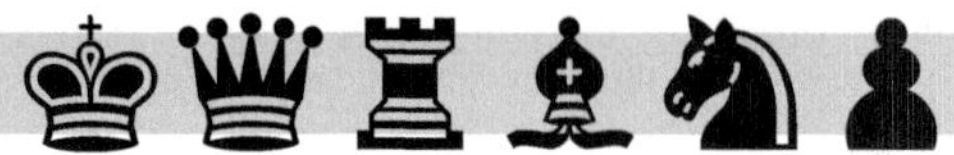

M

N

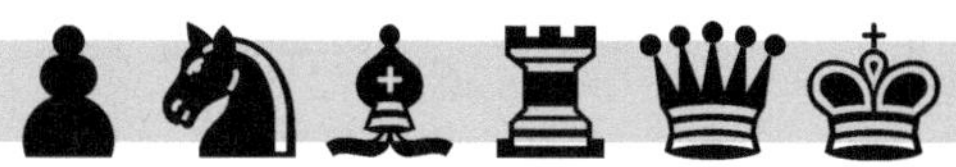

O

P

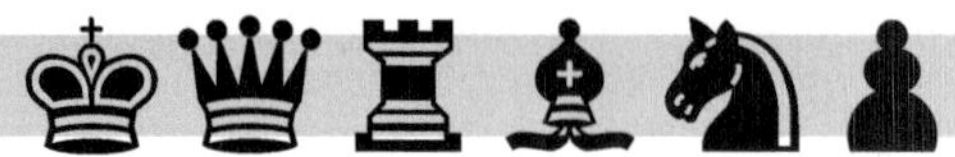

R

S

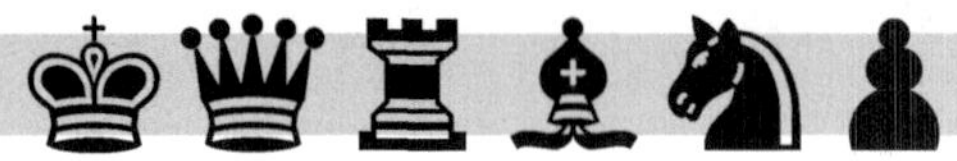

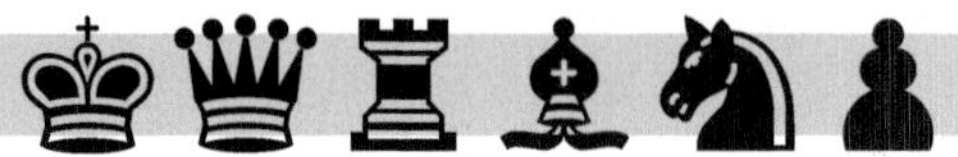

T

U

V

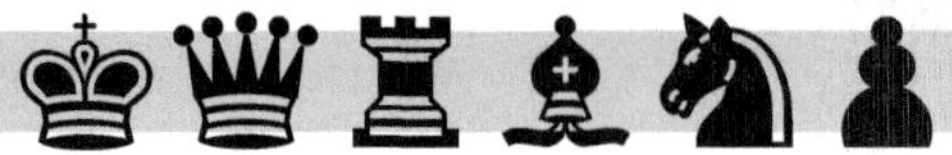

W

Z